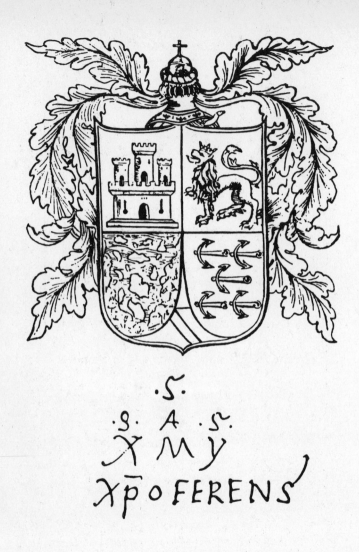

Wappen und Unterschrift des Columbus
(Erläutert auf Seite 4)

Christoph Columbus

Das Bordbuch

Leben und Fahrten des Entdeckers
der Neuen Welt
in Dokumenten und Aufzeichnungen
1492

Herausgegeben und bearbeitet
von Robert Grün

Mit 26 Abbildungen, Karten und Faksimiles

WILHELM HEYNE VERLAG
MÜNCHEN

HEYNE SACHBUCH
19/757

Erläuterungen zu Seite 2:

Wappen des Columbus: Es zeigt oben links die Burg von Kastilien, oben rechts den Löwen von León, unten die neu entdeckten Inseln, unten rechts fünf Anker als Zeichen der Admiralswürde des Columbus. Er war 1493 geadelt worden (vgl. auch S. 139)

Unterschrift des Columbus: Sie wird entschlüsselt – in deutscher Übersetzung – als: »Diener des Erlösers, Christi, des Sohnes der Mariae, Christoph«. Die letzte Zeile »Christo Ferens« (= Christusträger) bezieht sich sowohl auf Columbus' Vornamen als auch darauf, daß Columbus den Vorsatz hatte, die Lehre Christi in die neuentdeckten Länder zu bringen (vgl. auch S. 12)

Umwelthinweis:
Dieses Buch wurde auf chlor- und säurefreiem Papier gedruckt.

Taschenbucherstausgabe 09/2001
Copyright © 1979 by Edition Erdmann in K. Thienemanns Verlag,
Stuttgart – Wien
Wilhelm Heyne Verlag GmbH & Co. KG, München
http://www.heyne.de
Printed in Germany 2001
Umschlagillustration: Daniel Zupanc, Wien
Umschlaggestaltung: Hauptmann und Kampa Werbeagentur, CH-Zug
Herstellung: Helga Schörnig
Satz: ew print & medien service gmbh, Würzburg
Druck und Verarbeitung: Elsner Druck, Berlin

ISBN: 3-453-18717-2

INHALT

Erster Teil
ICH, DIE KÖNIGIN
(Nach dem Bericht des Fernando Colón)
Seite 7

Zweiter Teil
DIE GOLDENEN INSELN
(Das Tage- und Bordbuch des Christoph Columbus)
Seite 75

Dritter Teil
PARADIES UND HÖLLE
(Nach den Berichten des Diego Alvarez Chanca und des Michele des Cuneo)
Seite 149

Vierter Teil
IN KETTEN
(Nach dem Bericht des Bartolomé Las Casas)
Seite 205

Fünfter Teil
OPHIR
(Nach dem Bericht des Diego Mendez)
Seite 271

Sechster Teil
DIE GROSSE DUNKELHEIT
(Nach dem Bericht der Fernando Colón)
Seite 323

Anhang
Seite 343

Als Columbus versprochen hatte, eine neue Erdhalbkugel zu entdecken, hielt man ihm entgegen, eine solche Halbkugel könne gar nicht existieren, und als er sie dennoch entdeckt hatte, behauptete man, sie sei schon längst bekannt gewesen.

Voltaire

Erster Teil

ICH, DIE KÖNIGIN

(Nach dem Bericht des Fernando Colón)

> Im Wachen und im Traum seit zwanzig Jahren,
> Erfüllt mich ein Gedanke groß und fest:
> Hinaus in der Atlantis Meer zu fahren,
> Weit, weit nach West und immer nur nach West.
>
> *Salomon Tobler*

»Yo la reyna«
»Ich, die Königin«
(Unterschrift der Königin Isabella von Kastilien)

I

Das Brett, an das sich Colombo* klammerte, war nicht sehr groß. Aber immer schwerer wurde es, immer mehr sog es sich mit Wasser voll. Er wußte, daß es bald sinken würde, so, wie die »Bechalla« gesunken war. Wäre er nicht verwundet, würde er sich auch ohne das Treibstück über Wasser halten können. Aber mit dem verwundeten Bein? Es schmerzte höllisch. Salzwasser war nicht die beste Medizin für eine blutende Wunde.

Die Seeschlacht war vorüber. Den Tag würde er sich merken: 13. August 1476. Er würde sich ihn merken, wenn es nicht sein Todestag war. Die Dreizehn hatte ihm nie Glück gebracht. Vor zwei Jahren, am 13. Mai: Langsam stiegen Bergzacken über der Kimm auf, eine Insel. Dann, aus der Nähe, war es eine Insel gewesen, eine Insel, die der Palette eines Malers glich. Blauer Himmel, auf dem, zerfetzten Bettlergewändern gleichend, tiefschwarze Wolken trieben; weiße Häuser, grüne Wiesen, braune Berge, violette Felsen, gelber Sand. In einem unbekannten Hafen war der Anker gefallen. Menschen, die ein seltsames Kauderwelsch sprachen, das nur sie selber verstanden. Alle hier seien Piraten, meinte der Kapitän. Und Mädchen mit Pfirsichwangen, lachenden Augen und schmalen Hüften. Schönere Mädchen als in Savona. Mädchen, die wegen eines Kusses nicht viel Aufhebens machten. Wie hatte sie geheißen? Felicité. Ja, Felicité. Sie hatte ihm den Himmel gezeigt, der sich über die Insel spannte, und den, der auf Erden war. Auf dem Rückweg zum Schiff hatte er noch eine Erinnerung an Korsika mitgenommen. Lange hatte es gedauert, bis die Wunde im Rücken verheilt war.

Die Seeschlacht war vorüber. Fünf Schiffe waren von Noli ausgefahren, schwer beladen mit Mastix aus Chios. Günstige

---

* Je nach dem historisch-geographischen Sinnzusammenhang wird der Name Christoph Columbus in der deutschen Schreibweise, in der italienischen (Cristoforo Colombo), in der spanischen (Cristóbal Colón) oder in der portugiesischen (Christoval Colom) gebraucht.

Winde, ein ruhiges Meer. An der Südküste Portugals war es nicht mehr ruhig gewesen. Da waren plötzlich vierzehn Schiffe aus den Wellen gewachsen. Daß sie von Wilhelm von Casanova befehligt wurden, daß es Enterschiffe Ludwigs XI. waren, hatten sie erst gewußt, als es schon zu spät war. Die Übermacht war zu groß gewesen. Fünf schwerfällige Schiffe, mit Mastix beladen, gegen vierzehn flinke Schiffe, die Geschütze besaßen! Ergeben hatten sie sich nicht. Wie es sich für Genuesen gehörte, überwogen die Toten die Überlebenden.

Die Nacht war wie ein schwarzes Tuch auf das Wasser herabgefallen. Ein Stern zuerst, dann unendlich viele. Lichter am Himmel. Aber sie wiesen keinen Weg. Vielleicht schwamm er im Kreis.

Sein Leben zog an ihm vorüber. Fünfundzwanzig Jahre stiegen aus dem dunklen Wasser herauf. Die Kindheit in dem Haus nahe der Porta dell'Olivella: Sie war nicht von Fröhlichkeit erfüllt gewesen. Sorgen der Eltern lasteten auch auf den Kindern. Zank, Hunger und ein Schwert, das ewig über dem Dasein hing: die Forderungen der Gläubiger. Die Webstühle. Wie er sie gehaßt hatte! Schon mit sechs Jahren hatte er Wolle kämmen müssen. Lesen, schreiben, rechnen lernen. Sein Wunsch, Kartenzeichner zu werden, war nicht erfüllt worden. Er hatte weiter Wolle kämmen müssen. Das Leben war erst am Abend lebenswert geworden. Da war er mit den anderen Jungen zum Hafen gelaufen. Der Hafen: Schiffe, die in See stachen oder von fernen Zielen zurückkehrten, aus der Ägäis, der Levante oder gar von den Kanarischen Inseln, die Malocello entdeckt hatte. Das Meer! Dieses lockende, leuchtende Meer, das einen geheimnisvollen Duft mit nach Genua brachte: den Duft unbekannter Gestade.

Die Übersiedlung nach Savona. Es hatte sich nichts geändert, nur Giovanni Pellegrino war gestorben. Ein Esser weniger. Deshalb wurde es für die anderen nicht mehr. Der Vater suchte jetzt beim Wein Trost für seine Erfolglosigkeit. Die erste Fahrt auf dem Meer, mit Sardinenfischern. Dann endlich hatte er durchgesetzt, daß er dem verhaßten Webstuhl Lebewohl sagen

Cogaletto bei Genua, der Geburtsort des Columbus

durfte. Das Meer! Es hatte ihn nach Tunis gelockt, nach Chios, nach Korsika. Zuletzt war er in den Dienst der Brüder Spinola getreten, deren Flotte Mastix nach Lissabon, England und Flandern brachte. Das lockende Meer! Nun lockte es in die Tiefe.

Als er von der Fahrt nach Korsika zurückgekommen war, hatte die Mutter zu ihm gesagt: »Du bist nicht zum Weber geboren, Cristoforo. Wie dein Schutzpatron wirst du Christus über das Meer tragen. Du wirst Heiden den wahren Glauben bringen, wie es Vivaldi und wie es viele andere getan haben.« Christophorus, der Heilige, hatte nicht beten können und war doch immer ans Ufer gekommen. Er konnte beten. Vielleicht schenkte ihm das Meer das Leben, wenn er betete.

Er zuckte zusammen. Noch mehr Lichter. Standen auch diese Lichter am Himmel? Oder leuchteten sie von der Erde her? War das Lagos? Vielleicht war es Lagos. Er klammerte sich an das Brett und schwamm auf die Lichter zu.

»Mir tut es nicht leid um ihn. Er war ein Vagabund auf dem Wasser.«

»Wie alle Genuesen. Vivaldi hat damit begonnen, den Seeweg nach Indien um Afrika herum zu suchen – im Jahr 1291 schon! – und Malocello, wieder ein Genuese, hat ihn nachgeäfft.«

»Daran ist der Südwestwind schuld. Er macht alle närrisch.«

»Darin ist schuld, daß sie alle Räuber sind. Sie taugen nicht für Arbeit. Colombo hätte in Genua bleiben sollen. Für Savona ist er keine Zierde. Er macht Versprechungen, die er nicht halten kann, und kauft Waren, die er nicht bezahlen kann.«

Carlo Scarmozzi, feist, behäbig, reich, Vorsteher der Zunft der Tuchhändler in Savona, blickte zu dem von der Sonne ausgebleichten Schild mit der Inschrift *Domenico Colombo Tabernarius* hinauf.

»Mit Käse handelt er auch«, sagte er. »Als ob es für einen Tuchhändler nicht genug Schande wäre, Wein auszuschenken.«

»Der Käse hat es ihm angetan!« Der Kaufmann Vernazzi lachte leise – drinnen im Haus saß die weinende Frau. »Deshalb hat er seine Tochter einem Käsehändler zur Frau gegeben.«

»Bianchinetta? Er mußte froh sein, daß er sie an den Mann brachte. Sie ist flach wie ein Brett und hat die häßliche Nase der Colombos.«

»Und die versprochene Mitgift ist er schuldig geblieben.«

»Bavarello hat ihn jetzt verklagt.«

Vernazzi seufzte. »Eine Zeitlang habe ich mich auch mit dem Gedanken getragen, das zu tun. Aber – wo nur Sand ist, kann man keine Goldkörner finden.«

»Man könnte ihn zwingen, daß er das Haus verkauft.«

»Wie willst du ihn zwingen, wenn er nie da ist, sobald wir kommen?«

Scarmozzi schnitt eine Grimasse. »Wahrscheinlich hat er sich in den Weinkeller verkrochen. Dort gefällt es ihm besser als bei den Webstühlen. Laß die anderen arbeiten – das ist seine Parole.«

»Arbeiten? Auch Bartolomeo ist ein Taugenichts! Er zeichnet Landkarten. Als ob das eine Arbeit wäre!«

Eine Weile Schweigen. Vernazzi starrte in sein Glas. Scarmozzi hatte die feisten Finger gefaltet, so, als bete er. Von der Bucht kam ein leichter Wind herüber, der nach Tang und Fischen roch. Die Sonne verwandelte die Oberfläche des Meeres in pures Gold.

Vernazzi klopfte plötzlich hart mit dem Knöchel des Zeigefingers auf die Tischplatte. »Ich habe es satt«, stieß er hervor, Haß in der Stimme. »Ich habe es satt, für andere zu arbeiten. Ins Gefängnis mit ihm!«

»Ins Gefängnis«, murmelte Scarmozzi und blickte auf seine gefalteten Hände. »Vielleicht kommt er dort zur Vernunft ...«

»Signora Colombo!«

Der Wind wurde stärker. Ein Fischerboot wurde an Land gezogen. Das Meer glänzte nicht mehr golden, es war graugrün geworden, und die Wellen züngelten und zischten wie Schlangen. Im Rahmen der Tür, die in den Schankraum führte, zeigte sich eine Frau mit verweinten Augen.

»Noch ein Glas, Signore Vernazzi?«

»Der Wein ist nicht sehr gut, Signora Colombo. Vom Tuchmachen versteht Euer Mann mehr.«

»Ja«, sagte die Frau mit tonloser Stimme.

»Euer Mann kommt bald zurück?«

»Ich weiß es nicht, Signore Vernazzi.«

»Habt Ihr schon nachgesehen, ob er nicht im Weinkeller sitzt?«

Susanna Colombo gab keine Antwort. Sie begann zu weinen, still, tonlos, man hörte nicht, daß sie weinte, man sah nur, wie das Weinen ihren Körper erschütterte. Sie wußte, weshalb die beiden Männer hier waren. Nun würden sie auch noch das Haus verlieren. In Vernazzis Augen stand keine Gnade. Aber was machte das noch aus? Würde Gott es nicht verbieten, ginge sie ins Meer hinaus, bis die Wellen über ihr zusammenschlugen.

»Nehmt es nicht so schwer, Signora Colombo«, sagte Scarmozzi. »Vielleicht ist er gar nicht tot.«

»Er war auf der ›Bechalla‹.«

Die ›Bechalla‹ war gesunken, mit Mann und Maus. Das wußte ganz Savona, und in Genua rangen die Brüder Spinola die Hände. Die Schiffe lagen auf dem Meeresgrund, der kostbare Mastix lag bei ihnen, und die Mannschaft war ertrunken, wenn sie nicht im Kampf mit den Franzosen gefallen war.

»Dabei lebt Genua mit Frankreich in Frieden«, sagte Scarmozzi. »Casanova hätte die Schiffe nicht aufbringen dürfen.«

»Die ›Bechalla‹ führte die Flagge Burgunds«, widersprach Vernazzi. »Mit Burgund hat Ludwig Krieg.«

Susanna Colombo antwortete nicht. Was wußte sie von Ludwig, von Casanova und der Flagge Burgunds? Sie wußte nur, daß Cristoforo tot war. Cristoforo tot! Sie hatte ihn so sehr geliebt. Er war ihr Trost gewesen. Nun blieb ihr nur noch Giacomo. Giacomo durfte kein Seemann werden ...

»Alle Seefahrer sind Seeräuber«, brach es aus Scarmozzi heraus. »Ich sagte nicht: Bleibe im Lande, sondern bleibe am Lande. Wäre Euer Cristoforo bei den Webstühlen geblieben –«

»Nach Quinto hätte er gehen müssen, zu seinem Großvater! Giovanni Colombo wollte ihn nach Brabant zu einem Tuchmacher in die Lehre schicken. Aber er zog sich sofort zurück, als er sehen mußte, daß Cristoforo nichts taugte und nur Flausen im Kopf hatte und daß noch jemand dazu beitrug, daß diese Flausen immer größer wurden. Hätte Cristoforo den Rat seines Großvaters befolgt, wäre er noch am Leben«, sagte Vernazzi.

Nur zu gut wußte Susanne Colombo, daß dieser Vorwurf ihr galt. Hätte sie Cristoforo halten können? Das Meer war stärker als sie gewesen. Sie öffnete auch jetzt den Mund nicht. Ein Blick, in dem sich Verachtung und Haß mischten, streifte zuerst Vernazzi und dann Scarmozzi. Sie wandte sich langsam um und ging ins Haus zurück.

»Ein Kapitän, meinte sie, würde er werden«, höhnte Vernazzi.

»Ein Admiral!«

»Und nun liegt der Admiral auf dem Meeresgrund bei den Mastixfässern.«

»Wie unser Geld«, murrte Scarmozzi. »Wir wollen Domenico das Haus erst nehmen, wenn sie ihren Schmerz überwunden hat.« Er erhob sich ächzend.

Vernazzi stand gleichfalls auf. »Drei Monate gebe ich ihr Zeit dazu«, erklärte er. »Das ist mehr als genug. Um einen Vagabunden trauert man nicht länger.«

Der »Vagabund auf dem Wasser« saß in einer Schenke in Lagos und hörte mit offenem Mund einem weißhaarigen Alten zu, dessen Erzählung auch die anderen Matrosen fesselte, obwohl sie ihnen wahrhaftig nicht neu war. Sie lachten über Bartolomeu, wenn er es nicht hören konnte, und glaubten ihm auch nicht, daß ihm Dom Henrique selber die Hand geschüttelt hatte. Aber er gehörte zu Lagos wie das alte, verwitterte Haus, das sich Dom Henrique in Sagres, auf der äußersten Spitze von São Vicente, hatte erbauen lassen, um dort ein Leben mit Gelehrten, Meereskundigen, Astrologen und Kartenzeichnern zu verbringen und die Seefahrer zu empfangen, die einen Weg nach Abyssinia zum Priesterkönig João suchten, der reicher als alle Fürsten und Könige Europas war. Er gehörte dazu wie dieses Haus und der Anker, der auf dem Grab Diego de Teives lag, des Entdeckers der fernen Inseln Flores und Corvo. Denn das war sicher: Bartolomeu war schon ein Stück einer ruhmreichen Vergangenheit.

»Bartolomeo Perestrello war der erste. Er fand Porto Santo. Dann kam Diego de Teive zurück und erzählte, daß sich an einem Morgen – sie hatten Kurs nach Südwesten genommen, immer nach Südwesten – plötzlich Klippen aus dem spiegelglatten Meer erhoben hatten, Klippen und hohe Berge, deren Gipfel dichter Rauch verhüllte. Sie waren näher herangefahren, und da hatten sei gesehen, daß sie auf zwei Inseln gestoßen waren, bewohnte Inseln.« Bartolomeu kicherte. »Aber nicht von Menschen waren sie bewohnt, sondern von Geiern. Hunderte von Geiern waren es, nein, Tausende.«

»Hast du sie gezählt?« fragte einer der Matrosen und lachte schallend auf.

Bartolomeu warf ihm einen stechenden Blick zu. »Dorthin bin ich nie gefahren, zu den Inseln, für die Diego de Teive wegen ihrer Bewohner gleich den Namen ›açores‹ zur Hand hatte. Ich war auf Cadomostos Schiff.«

Cristoforo Colombos Herz klopfte immer rascher. Cadomosto war ein Italiener, Perestrello war ein Italiener. Immer wieder waren es die Italiener, die die weißen Flecken auf den Landkarten zum Verschwinden brachten. Auch die Kapverdischen Inseln hatte ein im Dienst Heinrichs des Seefahrers stehender Italiener entdecke. »Kurs in die Hölle?« fragte einer der Matrosen.

Der Alte nickte. »Kurs in die Hölle. Zum Greifen nahe war sie, und sie sah auch genau so aus, wie man's immer erzählt hat. Oft glaubten wir, die Flammen würden unser Schiff erfassen. Und das Schreien der Verdammten haben wir auch gehört.«

»Aber Kap Não habt ihr nicht passiert –«

Die Augen Bartolomeus begannen zu funkeln. »Wir und Kap Não nicht passiert! Leicht war's ja nicht für Cadomosto, das ins Werk zu setzen. Ihr wißt ja, wie das damals war. Keinen Seefahrer gab's, der nicht glaubte, daß hinter Kap Não die Hölle beginne und das kochende Seewasser jedes Schiff zerstörte. Kap Não lag also vor uns. Geraden Wegs in die Hölle hinein? Die Mannschaft weigerte sich, weiter Dienst zu tun, und viel hat nicht gefehlt, und Cadomosto hätte am Vormast gebaumelt. Schließlich hat er uns doch so weit gebracht. Einen Tag in die Hölle hinein und dann wieder zurück – das versprach er uns.« – »Er hat's auch gehalten?«

Der Alte grinste. »Die Hölle war gar keine Hölle. Die blieb zur linken Hand. Verdammt heiß war's gewiß, und gekocht hat das Wasser manchmal auch. Aber keiner von uns hat mehr an ein Zurück gedacht. Wir sind nach Süden gefahren, immer nach Süden.«

»Um Afrika herum nach Indien? Oder zum Priesterkönig João, um ihn zu einem Bündnis gegen die Mauren zu bewegen?« Einer lachte, und die anderen stimmten ein.

Bartolomeu wartete, bis es wieder ruhig geworden war. Er wußte, daß seine Zuhörer dem Ende seiner Erzählung entgegenfieberten, obwohl sie es oft genug gehört hatten. »Um Afrika herum? Da gibt's keinen Weg«, sagte er verächtlich. »Dort, wo wir waren, liegt das Ende der Seefahrt, dort, wo ein Fluß ins Meer mündet – Senegal nannte ihn Cadomosto –, in dem Fische schwimmen, deren Maul größer als das eines Ochsen ist.«

»Sonst habt ihr dort nichts gesehen?«

Bartolomeu dämpfte seine Stimme zu einem Flüstern. »Außer den Fischen? Außer den Ungeheuern, die einen Panzer auf dem Rücken tragen? Außer den Vögeln, die bunter als ein Regenbogen sind? Ja, wir haben *ihn* gesehen. Er stand am Ufer und war ganz nackt, und eine schwarze Haut hatte er – er, der Satan selber. Als er unser Schiff erblickte, warf er einen haßerfüllten Blick auf uns, und dann verschwand er im Wald. Das war auch Cadomosto zu viel. Er gab Befehl zur Heimkehr.«

»Wäre ich an des Satans Stelle gewesen, hätte ich euch einen Sturm geschickt, als Strafe dafür, daß ihr in mein Reich eingedrungen wart.«

Bartolomeu schüttelte den Kopf. »Wir kamen wieder glücklich heim. Und diesmal war Dom Henrique zufrieden. Er schüttelte mir die Hand, denn ich war's gewesen, der den Satan als erster erblickt hatte. ›Bartolomeu‹, sagte er zu mir, ›jetzt weißt du, wie er aussieht. Wenn du in die Hölle kommst, wirst du's ihm erzählen, daß er einmal vor dir davongelaufen ist.‹«

Das war das Ende der Erzählung. Das wußten alle, und deshalb stellte niemand mehr eine Frage. Aber unter den Matrosen war einer, ein Neuer, der mit Gil Eannes bis Dakar gefahren und dabeigewesen war, als die ersten Negersklaven und der erste Goldstaub aus Westafrika nach Lissabon gebracht wurden. Er kannte die Spielregeln nicht und zeigte auf Bartolomeus Hand. »Deshalb hast du sie dir solange nicht gewaschen, weil sie dir Dom Henrique geschüttelt hat?« fragte er und brüllte los.

Er wartete vergeblich auf Beifall. Feindselige Blicke streiften ihn. »Du bist wahrscheinlich ein Venezianer?« fragte einer lauernd. »Einer wie il Miglione, dieser Angeber und Betrüger?«

»Il Miglione?«

»Das ist der, der in Cathai gewesen sein will und behauptet, er habe die gelben Teufel entdeckt.«

»Du meinst Marco Polo? Mit dem bin ich auch gefahren. Und verlaß dich drauf, daß er kein Betrüger ist.«

Nun erst erhob sich Gelächter. Aber es war ein Gelächter, das eine deutliche Drohung war. Nur Colombo verstand nicht, weshalb die Matrosen lachten. »So eine Fahrt müßte man machen können«, sagte er seufzend.

»Das willst du, Junge?«

»Und ob!«

»Dann mußt du nach Lissabon.«

»Du glaubst, daß ich dort eine Heuer bekäme?«

»Sogar eine nach Thule.«

Colombo riß die Augen auf. »Ans Ende der Welt?« stammelte er.

Nun erst lachten die Matrosen los. Es war ein Lachen, das von Herzen kam. Keiner von ihnen glaubte, daß die Erde, eine Kugel, ein Ende besaß.

II

Domenico Colombo war ein Redner mit Überzeugungskraft. Es gelang ihm sogar, Pietro Vernazzi weiszumachen, daß er seine Schulden bald bezahlen würde. Als dann ein Totgesagter nach Savona zurückkehrte, gewann er vollends die Oberhand. Er zog mit Cristoforo von Haus zu Haus und zeigte ihn her wie ein Schaustück. Das dauerte nicht lange. Bei Tag und bei Nacht, selbst in Träumen rief den jungen Seemann die Stadt, die für ihn die Stadt aller Städte war: Lissabon.

Die Stadt am Tejo! Menschen aller Nationen drängten sich in den Straßen, Berberfürsten und verschleierte Frauen gehörten ebenso zum alltäglichen Bild wie Negersklaven und Negerfürsten mit einem bunten Gefolge. Von der Praça do Commercio konnte man eine unübersehbare Zahl von Schiffen sehen, die ausliefen, vor Anker gingen, auszogen, unbekannte Fernen zu entdecken, aus der lockenden Ferne zurückkehrten. Geld und Gold, Reichtum, wohin immer man in dieser Stadt blickte! Kirchen und Paläste schossen aus dem Boden, Gold-Castellanos rollten in den Schenken, und die Mädchen waren wie die auf Korsika. Spüren konnte man das pulsende Leben Lissabons, ob man nun durch die Alfama mit ihren engen Gäßchen wanderte, auf dem Terreiro do Paço stand und den dunkelhäutigen Fischverkäuferinnen zusah, die flache Körbe auf dem Kopf und große goldene Ringe in den Ohren trugen, oder auf dem Hügel von Belem, wo einem die ganze Stadt zu Füßen lag. Leuchtendes, herrliches, geliebtes Lissabon! Und Genua? Genua schlief und sah zu, wie seine Besitzungen von den Türken geplündert wurden. Und Savona? Savona war ein Gefängnis, in dem Webstühle standen, eine Stadt, die an einem anderen Meer als Lissabon lag. Es war ein träges Meer, das nur Fischerbarken trug ...

Dennoch zog es Colombo immer wieder nach Genua. Er liebte die Stadt, in der er das Licht der Welt erblickt hatte, und hätte sie gern aus ihrer stumpfen Trägheit aufgerüttelt: Sieh doch hin nach Lissabon, sieh doch hin nach Portugal! Nach der Weltherrschaft streben sie dort! Und du? Du handelst mit Mastix, mit Zucker und Wolle. Du siehst nicht, daß auch vor dir eine Welt liegt, die noch zu gewinnen ist. Deine Söhne müssen dich verlassen, weil du's nicht siehst ...

Im Haus der Brüder Centurione ging Colombo bald ein und aus. Luigi Centurione, der »Kaufmann von Genua«, war die Ausnahme. Er sah, *wie* groß die Welt war, er erkannte, daß man danach nur zu greifen brauchte, wenn man sie haben wollte. Colombo gefiel ihm. Er vertraute ihm Schiffe an.

Schiffe! Das waren die Schlüssel, mit welchen man die Tore öffnete, die in die unbekannte Welt führten. Schiffe! Colombo verstand, daß man es erst erlernen mußte, diese Schlüssel zu gebrauchen. Er fuhr nach Chios, wieder nach Korsika, lernte die Straße von Messina kennen, das Jonische Meer, er kam bis Andros und Euböa. Erst drei Jahre nach seiner Rückkehr aus Thule sah er Lissabon wieder. Es ließ ihn nicht mehr los. Daran war auch eine Kapelle im Convento dos Santos schuld.

Sie war klein, zierlich und dunkelhaarig. Und sie war nicht wie die Mädchen auf Korsika. Wenn man ihr zulächelte, senkte sie den Kopf, wenn man ihr folgte, lief sie, als wäre nicht ein Capitano des mächtigen Handelshauses Centurione, das nun auch in Lissabon eine Niederlassung gegründet hatte, hinter ihr her, sondern der Teufel selber. Aber sie kam Tag für Tag in das Kloster, um zu beten. Das ließ einen Hoffnung schöpfen, wenn man glaubte, daß das kein Zufall war.

Jugendbildnis des Columbus
(Lithographie von Kunz)

Colombo wußte bald, wer sie war: Felipa hieß sie und war die Tochter keines Geringeren als des Statthalters von Porto Santo. Bartolomeo Perestrello? Bartolomeo Perestrello aus Piacenza? Irgendeinmal, irgendwo hatte er diesen Namen schon gehört. In der Schenke in Lagos – da war es gewesen!

Und auch Martino Behaim hatte den Namen Perestrello lobend erwähnt. Perestrello hatte Porto Santo entdeckt.

Die Tochter eines Statthalters und ein Kapitän? Weshalb nicht? Nicht Feldherren, Kapitäne waren es jetzt, welche die Welt eroberten. Auch er würde ein Stück Welt erobern. Auch Felipa würde er erobern. Martino Behaim mußte ihm helfen.

Ein Stück Welt erobern ... Dazu genügten Schiffe nicht. Bücher waren ein gewichtigerer Schlüssel als Schiffe. Denn man mußte auch wissen, wie sie aussah, diese Welt ... Pierre d'Ailly, der französische Kardinal, der sich Petrus Alliacus nannte, hatte sie in seinem berühmten Werk »Imago mundi« genau beschrieben. Aber ob das, was der Franzose schrieb, auch richtig war? Ob nicht Aristoteles recht hatte, der behauptete, man könne den Ozean, der Spanien von Indien trenne, in wenigen Tagen überqueren? Und auch Strabo, der die Meinung vertrat, kein Festland stelle sich dem entgegen, der nach Westen, immer nach Westen segle ...? Hatten die beiden recht, dann hatte auch er recht: *daß man den Osten erreichte, wenn man nach Westen fuhr.*

Die Erde war eine Kugel, und darum lag der Osten im Westen! War das nicht klar? Um Indien, das von Marco Polo entdeckte Cathai und die Insel Cipango zu erreichen, bedurfte es da des Umwegs um Afrika? Wenn man nach Westen segelte – war das nicht der kürzere Weg? Auch Paolo dai Pozzo Toscanelli, der berühmte Florentiner Arzt und Astronom, in dessen Haus die berühmtesten Geographen und Schiffahrer ein und aus gingen, schien dieser Meinung zu huldigen. Colombo nahm Toscanellis Brief zu Hand und las ihn wieder. Er kannte jedes Wort, das Toscanelli niedergeschrieben hatte, er hätte den Brief aus dem Gedächtnis hersagen können. Dennoch las er ihn stets von neuem. Toscanelli, den schon Afonso V. um den kürzesten Weg nach Indien befragt hatte, *mußte* wissen, wie der Erdball aussah. Dieser Brief, den der Florentiner an Fernan Martins, den Beichtvater Afonsos V., geschrieben hatte, lautete:

Toscanelli an Martins.

Mit Vergnügen habe ich vernommen, daß du mit eurem edlen, hochherzigen König so vertraut bist. Über den kürzesten Weg nach Indien, wo die Gewürze wachsen (der Seeweg ist kürzer als der, den ihr nach Guinea nehmt), habe ich mich schon oft geäußert. Du schreibst mir, daß euer König von mir eine einleuchtende Darlegung wünscht. Ich gebe sie dir im folgenden.

Obwohl ich überzeugt bin, daß man dies besser auf einem Globus zeigen sollte, will ich dennoch den Weg auf einer eigenhändig gezeichneten Karte erläutern. Auf ihr ist der ganze Westen der bewohnten Welt von Irland nach Guinea zu sehen, nebst allen Inseln, auf die man dort stößt. Ihnen gegenüber, im Westen, liegt der Anfang von Indien mit den Inseln und Orten, die von allen möglichen Gewürzen überfließen. Dorthin solltest du dich, wenn du die Möglichkeit hast, wenden.

Wundert euch nicht, daß ich die Teile, wo die Gewürze wachsen, Westen nenne, da man doch gewöhnlich behauptet, sie befänden sich im Osten. Von euch aus gesehen, ist es der Westen. Denn es ist der kürzere Weg.

Auch habe ich in die Karte viele Orte der indischen Länder eingetragen, in die man sich begeben könnte, falls irgendein unvorhergesehener Zufall, ein Sturm etwa, eintritt. Vernehmt auch, daß auf all diesen Inseln Kaufleute leben, daß es dort Schiffe, Matrosen und Waren gibt, Waren wie nirgendwo sonst auf der Welt. Allein in dem Hafen Zaiton, zu dem schon die Araber segelten, laden jährlich mehr als 100 Schiffe Pfeffer und andere Gewürze.

Dieses Land ist sehr dicht bewohnt, und es gibt dort viele Königreiche und Städte unter der Herrschaft eines Fürsten, der sich Groß-Khan nennt, was in unserer Sprache König der Könige bedeuten würde. Seinen Sitz hat dieser Regent meist in der Stadt Cathai.

Schon vor zweihundert Jahren versuchten die Bewohner

dieser Länder mit den Völkern der Christenheit eine Verbindung aufzunehmen. Obwohl ihnen dies mißlang, sandten sie weiter ihre Boten. Auch zu Papst Eugen kam ein Gesandter und berichtete von der großen Freundschaft, die sie uns Christen entgegenbrächten. Mit ihm habe ich mich oft unterhalten, über vielerlei Dinge, über die Größe der Gebäude, in denen der Groß-Khan wohnt, über die riesigen Flüsse, die das Land durchströmen, und über die Marmorbrücken, die die Flüsse überspannen. Glaubt mir, daß es dieses Land wie kein zweites verdient, daß man es aufsucht. Ihr könntet dort nicht nur großen Gewinn erzielen, sondern auch Gold, Silber, Edelsteine und alle nur denkbaren Gewürze in großer Auswahl und reicher Menge bekommen.

Auf der Karte siehst du Abschnitte. Jeder von ihnen ist 250 Meilen breit. Bis zur großen Stadt Quisai, die einen Umfang von hundert Meilen hat und in der sich hundert Marmorbrücken befinden, sind es von Lissabon 26 Abschnitte, also nahezu ein Drittel des Erdumfanges. Der Name der Stadt bedeutet in unserer Sprache »Stadt des Himmels«, von ihr erzählt man wahre Wunderdinge.

Auch Cipango solltet ihr aufsuchen. Die Insel ist sehr reich an Gold, Perlen und Edelsteinen. Man bedeckt dort die Tempel und Gebäude des Königs mit purem Gold.

Da nun der Weg dorthin noch nicht bekannt ist, sind auch alle anderen Wege noch nicht erforscht. Eines ist aber sicher: Man kann dorthin gelangen, dazu braucht man nicht mehr als ein gutes Schiff.

Da ist alles, was zu berichten ich in der Lage bin. Sollte es nicht genügen, bin ich bereit, mich eurem König jederzeit zur Verfügung zu stellen.

Florenz, 25. Juni 1474   *Paolo dai Pozzo Toscanelli*

Cristoforo Colombo legte den Brief wieder auf den mit Kartenskizzen bedeckten Tisch. Zwei Sätze standen vor ihm, ob er die Augen schloß, ob er sie geöffnet hatte. Es war ihm, als hätte sie jemand mit Flammenschrift an die Wand geschrieben. *Denn es ist der kürzere Weg!* Das war der eine Satz. Und der andere: *Man kann dorthin gelangen, dazu braucht man nicht mehr als ein gutes Schiff!*

Ein gutes Schiff! Ein Schiff, das den Gefahren gewachsen war, die im Westen drohten ... Luigi Centurione besaß solche Schiffe. Luigi Centurione glaubte daran, daß die unbekannte Welt groß und voller Reichtümer sei.

Colombo nickte, als hätte er ein Gespräch geführt und soeben beendet. Er mußte nach Genua reisen und mit dem Kaufmann sprechen. Nicht nur das: Auch in Savona hatte er zu tun. Bartolomeo mußte mit nach Lissabon kommen. Er brauchte ihn jetzt. Nicht den Bruder. Den Kartenzeichner brauchte er.

Aber vorher ... Colombo seufzte. Vorher mußte er Felipa erobern. Sie durfte den Weg zu dem Kloster nicht umsonst zurücklegen, sie durfte nicht glauben, daß er nicht mehr um sie warb. Abermals dachte er: Martino Behaim! Martino Behaim mußte ihm helfen.

Martino Behaim schüttelte den Kopf. »Ich kann Euch nicht helfen, Cristoforo. Mag sein, daß Felipa ganz in das Kloster übersiedeln wird und daß Ihr sie deshalb dann und wann sehen werdet. Aber sie wird für Euch kein Auge haben.«

Colombo erschrak. »Sie will Nonne werden?« stieß er hervor.

»Ihr Vater ist gestorben.«

»Um des Himmels willen! Das kann, das darf nicht wahr sein: Dom Bartolomeo tot?«

»Er ist tot, Cristoforo. Ich glaube, er konnte es nicht überwinden, daß er Porto Santo zugrunde gerichtet hat.«

»Er war kein guter Statthalter?« Colombo runzelte die Stirn.

So sehr Behaim selber wegen des plötzlichen Todes Dom Bartolomeos erschüttert war, jetzt mußte er lachen. »Er meinte es zu gut mit seiner Kolonie. Weil er fand, daß es auf Porto Santo an Tieren mangelte, setzte er eine Kaninchenmutter samt ihrem Wurf aus. Schon nach ein paar Monaten sah man auf der

Insel mehr Kaninchen als Grashalme. Sie fraßen alles Grün, und dann, als es kein Grün mehr gab, drangen sie auch in die Scheunen ein. Die Kolonisten, die sich dieser Plage nicht erwehren konnten, mußten nach Madeira flüchten.«

Colombo blieb ernst. »Arme Felipa«, murmelte er und fuhr dann plötzlich auf: »Ich muß mit ihr sprechen!«

»Habt Ihr es so eilig? Felipa wird warten, wenn sie Euch liebt –«

»Der Westen wartet nicht, Martino!«

Behaim lächelte. »Habt Ihr Angst, daß Euch jemand zuvorkommt?«

»Auch das. Und ich muß nach Genua. Besser morgen als übermorgen. Centurione wird mir Schiffe geben –«

»Centurione? Nur einer kann Euch ermächtigen, Asien zu entdecken: der König von Portugal. Ihr scheint nicht zu wissen, daß Portugal mit Kastilien Frieden geschlossen hat.«

Colombo fuhr auf: »Was hat dieser Friede mit Asien zu tun?«

»Alles, Cristoforo. Portugal und Kastilien haben in Alcaçovas einen Pakt geschlossen, einen Pakt über die Aufteilung der Welt. Wollt Ihr hören, was Portugal zugesprochen wurde? Alle entdeckten und noch zu entdeckenden Länder vom Kap Não bis Indien mit allen Meeren, Küsten und Inseln. Portugal die eine Hälfte der Welt, Kastilien die andere! Und ich weiß, daß der Papst den Vertrag von Alcaçovas bald durch eine Bulle bestätigen wird.«

Colombo war blaß geworden. »Und Genua?« stieß er unbeherrscht hervor. »Genua bleibt nichts als – Chios?«

Behaim trat auf Colombo zu und legte ihm die Hand auf die Schulter. »Ihr könnt die Welt nicht teilen, Cristoforo«, sagte er ernst. »Ihr müßt Euch entscheiden: hie Genua, dort das Land, das Ihr suchen wollt und vielleicht finden werdet. Sagt es mir, wenn ich mit dem König sprechen soll.«

»Ihr – Ihr meint, daß er mir Schiffe geben würde?«

Behaim trat wieder zurück. »Vielleicht«, sagte er. »Vielleicht würde er Dom Christoval Colom Schiffe geben. Ihr versteht mich? Und – wenn es Euch zu sehr schmerzt, denkt daran, daß wir alle Bürger *einer* Welt sind.«

Bürger *einer* Welt! Bürger *einer* Welt? Colombo schlug die Hände vors Gesicht. Einer Welt, in der es kein Genua mehr gab? Einer Welt, in der Cristoforo Colombo heimatlos war wie ein – Vagabund?

III

Colombo ging unruhig auf dem Deck auf und ab. Wenn es wahr war, daß Martino Behaim die Heimreise nach Nürnberg angetreten hatte – was dann? Wo lag dann der Weg, der in den prunkvollen Palast auf dem Terreiro do Paço führte? Toscanellis Briefe? Sie allein würden kein Schlüssel sein, der die Tür öffnete, die in die Gemächer Joãos II. führte. Pedro de Meneses? Vielleicht war der Graf von Villa Real bereit, ihm zu einer Audienz beim König zu verhelfen.

Die Zeit verrann. Und der Westen wartete noch immer. Afrika war das Ziel, dem nun alle zustrebten. Der Westen war vergessen. Guinea lag fest in portugiesischer Hand. São Jorge da Mina an der Goldküste war erbaut worden, Handelsfaktorei und Festung zugleich. Von dort wies der Weg nach Süden. Denn man wußte jetzt, daß die Länder, die unter dem Äquator lagen, nicht unbewohnbar, sondern sogar dicht bevölkert waren. Wo lag das Ende Afrikas? Wo lag der südlichste Punkt der Welt? Das wollte man wissen und erkunden, sonst nichts.

Von der Südspitze Corvos grüßte ein steinerner Reiter, den die Natur geschaffen hatte. Mit der Linken hielt er die Zügel, die Rechte hatte er ausgestreckt. Sie wies nach Westen. Auch Dom Henrique hatte erkannt, daß der Weg nach Westen führte. Und der neue König? Man erzählte, daß er von der Absicht beseelt war, Diego Cão mit zwei Karavellen auszuschicken, damit endlich der Weg nach Indien gefunden werde. Der Weg nach Indien ... Für Dom João II. schien es nur einen Weg nach Indien zu geben: den Weg über das Meer, das an Afrikas Südspitze brandete. Marco Polo? war ein Phantast wie alle Venezianer. Und das goldbedachte Cipango und Cathai, das Reich der Marmorbrücken, waren Ausgeburten seiner allzu üppigen Phantasie.

Colombo lächelte, wenn er daran dachte. Phantasie? Wer keine Phantasie besaß, wer über seinen eigenen Schatten nicht hinaussah, konnte die Welt nicht entdecken. Auch den großen Alexander hatte seine Phantasie in die Ferne gezogen, in eine Ferne, die greifbar, hart und kein Traum war.

Die Nächte waren kein Lächeln wert. Da war er allein, vollkommen allein. Und die Erinnerungen erwachten und fielen ihn wie wilde Tiere an.

Die Hochzeit in der Kapelle im Convento dos Santos. Stunden nie erträumten Glücks. Der Abschied von Lissabon. Die Fahrt nach Porto Santo, wo von der Natur längst wieder ein Ausgleich geschaffen worden war. Das kleine Haus, davor ein Garten, den Felipa in einen Teppich von rosa und blauen Hortensien verwandelte. Das Leben Diegos, seines Sohnes, das Felipa das Leben gekostet hatte. Ein Jahr namenloser Trauer. Die Aufzeichnungen Bartolomeo Perestrellos. Auch Perestrello war überzeugt gewesen, daß im Westen riesige, dicht besiedelte Reiche lagen und daß der Ozean viel schmaler war, als Ptoloemäus es annahm. Diego Ortiz de Cazadilla vor allem war von des Ptolemäus Unfehlbarkeit überzeugt. Hatte man dem Beichtvater des Königs bewiesen, daß der Ägypter irrte, war auch schon der König gewonnen.

Dann: Funchal. Auf Madeira hatte er für Centurione Zucker gehandelt. Das Leben war sinnlos geworden. Doch war ihm ein anderer Weg geblieben? Seine Börse war leer gewesen, leer wie sein Herz. Endlich, endlich die Rückkehr nach Lissabon. Ein König, der auf dem Totenbett lag. Martino Behaim hatte ihn vertröstet, er solle warten, bis João II. den Thron bestieg. Sie nannten João II. den vollkommenen Herrscher. Ob er es war, würde sich erweisen. Die Vollkommenheit der Herrscher wurde an ihrer Weisheit gemessen.

Nun diese Fahrt nach Guinea. Sie bewies erneut, daß der Ozean dem Mutigen gehörte. Und sie hatte ihm neue Erkenntnisse gebracht: wie ein Schiff bei Sturm von vorne zu steuern war, wie man es anstellte, ein Schiff von der Leeküste abzuhalten, welchen Proviant man für eine lange Reise mitnahm, welche Waren für den Handel mit den Eingeborenen. Vor allem aber: daß der Glaube an Gott und ein gutes Schiff jene Grenzen überwanden, die Ptolemäus, Strabo und den anderen unüberwindlich erschienen waren. Er selber hatte den Fuß auf den Boden einer Küste gesetzt, von der weder ein Römer noch ein Grieche je gesprochen hatte.

In der Ferne ein Streifen, der einmal dunkelrot war und dann wieder silbern aufglänzte: Lissabon. Liebte er die Stadt noch oder haßte er sie schon? Er wußte es nicht. Lissabon hatte ihm alles versprochen und kein Versprechen gehalten. Es kam nur darauf an, ob es sein größtes Versprechen hielt. Tat er das, würde er es lieben – trotz Felipas Tod.

Drei Wochen Warten. Drei Wochen Hoffnung. Martino Behaim war tatsächlich nach Deutschland zurückgekehrt. Aber Pedro de Meneses hatte erreicht, daß sich der König bereit erklärte, Colom anzuhören. Zehn Minuten! Zehn Minuten für den Plan, das Gesicht der Welt zu verändern.

Wie in einem Käfig lief Colombo, gezwungen, sich hier in Lissabon Colom zu nennen, wenn er überhaupt Gehör finden wollte, in dem großen Saal auf und ab, von dem man auf das rechte Tejoufer hinuntersah. Manchmal blieb er vor einem der hohen Fenster stehen. Sein Blick fiel auf Schiffe, Schleppkähne, riesige Schuppen, Boote, Menschen, die – sinnlos, schien es – wie Ameisen durcheinanderkrabbelten, eine einzige Farbensymphonie, über die ein blauer Himmel gespannt war. Colombo sah das bunte Bild und sah es auch nicht. Wenn sich die hohe Flügeltür, die in das Arbeitszimmer des Königs führte, hinter ihm geschlossen hatte, würde sich sein Schicksal entscheiden. Der Weg nach Westen gehörte Portugal. Ein Nein des Königs verschloß ihn für immer.

Colombo nahm seine unruhige Wanderung wieder auf. Immer, wenn er die Mitte des Saales erreicht hatte, machte er hastig kehrt. Zwei Männer, die, in ein Gespräch vertieft, auf der anderen Seite des Saales unter einem großen Gemälde Dom Henriques standen, waren es, die ihn zu dieser Flucht bewogen. Sie waren seine Feinde, Feinde seines Plans. Und ihr Einfluß auf den König war groß, groß wie der des Bischofs von Céuta, Diego Ortiz de Cazadillas, der zugleich der Beichtvater Joãs II. war. Ein »wissenschaftliches Collegium« nannten sich die drei, Kosmographen nannten sie sich. Durch Pedro de Meneses kannte er ihre Meinung: Cristoforo Colombo ist ein weltfremder Träumer: Cristoforo Colombo ist unzuverlässig wie der Venezianer, der behauptete, er habe Cathai entdeckt; im Westen liegt kein Land, im Westen kann kein Land liegen, weil Ptolemäus es nicht erwähnt hat.

Drei Feinde, drei mächtige Feinde. Wenn es ihm nicht gelang, den König zu überzeugen ... »Dom Christoval Colom!«

Noch ein Saal, ein kleiner Saal, in dem hünenhaft gebaute Männer, Leibwächter, auf dem Boden saßen und würfelten. Noch eine Tür. Ein Raum, düster, schmucklos, kahl. Karten hingen an den Wänden, Stöße von Büchern bedeckten einen großen Tisch. Auf einem zweiten Tisch zwei silberne Leuchter, in denen Kerzen steckten. Eine Bibel, ein goldenes Kruzifix. Ein blasses, von einem rotblonden Bart umrahmtes Gesicht; kühle, forschende Augen. Zwei unruhige Hände. Colombo beugte das Knie.

Der König sagte: »Ihr verlangt viel, Colom. Drei bemannte Karavellen, Proviant für ein Jahr, Handelsware. Daß ich Euch zum Vizekönig der von Euch entdeckten Reiche ernenne. Den zehnten Teil aller Metalle und Einkünfte, den diese Länder bringen werden. Das Privileg, auf allen Schiffen, welche mit den von Euch entdeckten Ländern Handel treiben werden, ein Achtel des Schiffsraums für Euch beanspruchen zu dürfen. Das ist viel, Colom. Ist es nicht zu viel?«

»Will er mit mir feilschen? Ist er ein König oder ein Krämer?« dachte Colombo und dachte voll Freude zugleich: »Er hat alles gelesen, was ich niedergeschrieben habe und ihm durch Meneses überreichen ließ, und er hat es nicht nur einmal gelesen.«

»Viel für die halbe Welt, Majestät?« fragte er.

»Niemand weiß, ob es diese halbe Welt gibt.«

»Marco Polo bezeugt sie, Toscanelli bezweifelt sie nicht, und auch Martino Behaim –«

»Ich habe Marco Polos Reisebericht gelesen, Colombo. Er hat mir gefallen, er hat mich sogar amüsiert. Aber die Wissenschaft nimmt ihn nicht ernst. Cathai? Cipango? Ptolemäus hat keines dieser Länder erwähnt.«

»Ptolemäus hat auch nicht erwähnt, daß Afrika besiedelt werden kann, daß in Afrika Menschen leben, Majestät.«

»Ihr wißt, daß Cão vom Kongo zurückgekehrt ist?«

»Ptolemäus hat auch diesen Fluß nicht beschrieben, Majestät.«

Der König lächelte. »Dennoch, Colom. Der Weg nach dem Osten Afrikas und der Weg nach Ostindien, der um Afrikas Südspitze führt, liegt mir mehr am Herzen als der Eure. Euer Weg ist der Weg ins Ungewisse.«

Colombo trat einen Schritt vor. »Es ist der nähere Weg, Majestät«, sagte er beschwörend. »Toscanelli hat ihn mit dreitausend Seemeilen errechnet, Martino Behaim mit dreitausendachtzig. Ich nehme nicht mehr als zweitausendvierhundert Seemeilen an.«

»Von hier?« Der König lächelte noch immer.

»Von den Kanarischen Inseln bis Cipango, Majestät.«

Der Regent schüttelte den Kopf. »Die Junta dos Matematicos ist anderer Meinung. Ihr wißt, was die Junta dos Matematicos ist?«

»Ja, Majestät.« Colombo bemühte sich, die Fäuste nicht zu ballen.

»Die Junta dos Matematicos ist der Rat, den ich für die Schiffahrt, das Seewesen und die Entdeckungen gebildet habe. Es gehören ihr Gelehrte an, Colom: der Bischof von Céuta,

Diego Ortiz de Cazadilla, der Astronom Diego de Vilhegas und meine beiden Leibärzte, Rodrigo und José Vizinho, letzterer ein Schüler des Rabbiners Abraham Zacuto. Und diese Gelehrten, Colom, haben den Weg nach Cipango – falls es Cipango gibt – mit zehntausend Seemeilen errechnet. Mehr als vier Knoten könnt Ihr mit dem besten Schiff an einem Tag nicht zurücklegen. Soll ich Euch vorrechnen, wie lange Ihr bis Cipango brauchen würdet, selbst dann, wenn nie ein widriger Wind Eure Fahrt hemmen sollte? Muß ich Euch erinnern, daß mich Gott eines Tages fragen wird, weshalb ich das Leben meiner Untertanen leichtfertig aufs Spiel gesetzt habe? Das Leben meiner Untertanen und Euer Leben, Colom! Denn von dieser Fahrt würdet Ihr nie zurückkehren.«

Colombo biß sich auf die Lippen. »Menschen sagt er, und Schiffe meint er«, dachte er. »Die Junta dos Matematicos irrt«, sagte er hitzig. »Sie irrt und wird immer irren, weil sie sich von Ptolemäus nicht losreißen kann.«

Der König legte die Hand auf die Bibel und zog sie wieder zurück. »Ich würde die Behauptung nicht wagen, daß die Junta unfehlbar ist«, sagte er bedächtig. »Und Ihr würdet es wohl nicht wagen, zu behaupten, daß Ihr unfehlbar seid?«

João legte die Hand abermals auf die Bibel. Diesmal ließ er sie dort. Noch bedächtiger, noch gedehnter als vorher sagte er: »Unfehlbar ist nur einer, Colom.«

»Gott hat mich, den Geringsten seiner Diener, auserwählt, den Weg nach dem Westen zu finden.«

Ein Phantast? Ein Narr? Ein Schwärmer? »Die Junta wird über Euren Vorschlag noch einmal beraten –«

»Das bedeutet ein Nein, Majestät«, fuhr Colombo unbeherrscht auf.

»Die Stellungnahme der Junta wird von mir selbst überprüft werden. Wartet, Colom, faßt Euch in Geduld. Ein Baum, der solche Früchte tragen soll, muß langsam wachsen. Auch ich will warten.«

»Ob Cão den östlichen Seeweg nach Indien finden wird?«

Ein Phantast, ein Narr, ein Schwärmer – das alles zusammen.

Und noch mehr: einer, dessen Fanatismus gefährlich ist ... Er vergißt die Grenzen, die zwischen Gott, dem König und ihm gezogen wurden. João sagte kühl, beherrscht:
»Geh jetzt, Colom. Ich werde Euch rufen lassen.«
»Ein Wort sei mir noch gestattet, Majestät –«
»Das letzte Wort hat die Junta.«
Das Gesicht immer dem König zugewandt, ging Colombo zur Tür. Er vergaß, sie hinter sich zu schließen. Die Leibwächter würfelten immer noch. »Verspielt«, grölte einer und ließ die Rechte klatschend auf seinen Schenkel niedersausen. Verspielt! Das Wort dröhnte Colombo noch in den Ohren, als er den steilen Weg zum Hügel von Belem hinaufstieg. Verspielt! Ja, er hatte verspielt. Heute. *Nur* heute. Denn er würde weiterspielen, bis er gewann.

Um zu wissen, was geschehen war, brauchte Bartolomeo seinen Bruder nur anzusehen. »Also nichts ...«
Cristoforo Colombo lachte wild auf. »Die Junta wird meinen Vorschlag noch einmal beraten.«
»Das heißt: der Bischof von Céuta. Wenn Cazadilla die Wahl zwischen Gott und Ptolemäus hätte, würde er sich für den Ägypter entscheiden.«
Colombo ließ sich auf einen Stuhl fallen und schob die auf dem Tisch liegenden Karten beiseite. »Kann sein, daß ich zu viel gefordert habe. Er, der vollkommene Herrscher, hielt mir das vor.«
Bartolomeo schnitt eine höhnische Grimasse. »Du *hast* zu viel gefordert, Cristoforo. Heute erfuhr ich, daß João mit einem anderen João einen sauberen Handel abgeschlossen hat.«
»Mit João Forge, der einen Weg quer durch Afrika suchen will?«
Bartolomeo schüttelte den Kopf. » Mit João Estreito, einem Kaufmann aus Funchal. Estreito wird sich mit seinem eigenen Schiff und auf seine Kosten auf die Suche nach Antilia machen. Ein Unternehmen, das die Krone keinen Maravedi kosten wird –«

Colombo wußte genug von Antilia, dieser seltsamen Insel, auf der sieben aus Spanien geflohene Bischöfe im Jahre 711 – damals war Spanien den Mauren in die Hände gefallen – sieben Städte gegründet hatten. Auch Martino Behaim hatte das Eiland auf seiner Karte eingezeichnet. »Und von dort kann Estreito nach Cipango weitersegeln«, stieß er hervor, blaß und keuchend. »Mein Plan, den sie mir stehlen! Der König von Portugal ist nicht nur ein Krämer, sondern auch ein Dieb!«

»Gib acht, daß er dich nicht hört. Und – sei vorsichtiger, wenn du mit Alentejo, dem Krämer, sprichst. Er ist dir nicht mehr gewogen.«

»Alentejo war hier?«

Bartolomeo nickte. »Er hat nicht vergessen, mich zu erinnern, was wir ihm schulden. Außerdem ist er der Meinung, daß man die verfluchten Genuesen, die zu nichts taugen, aus dem Lande jagen sollte.«

Cristoforo hatte das Gesicht in den Händen vergraben. Er sah keinen Weg mehr. Bartolomeo zeichnete Tag und Nacht, aber der Verkauf der Karten brachte kaum noch etwas ein. Und er selbst? Centurione beantwortete seine Briefe nicht mehr. Er verzieh ihm nicht, daß er Funchal verlassen hatte.

»Wir müssen fort«, sagte Bartolomeo in die Stille hinein.

»Wohin? Wohin ohne Geld –?«

»Vielleicht können wir eine Heuer auf einem Schiff finden, das nach England fährt.«

»Nach England? Was soll ich in England?«

Bartolomeo lachte spöttisch auf. »Das fragst du? Der siebente Heinrich wird sich nicht darum kümmern, wie Portugal und Kastilien die Welt untereinander aufgeteilt haben. Auch der Segen des Papstes wird für ihn kein Hindernis sein.«

»Das meinst du?« Cristoforo sah auf. »Nach England? Ich will noch warten, Bartolomeo.«

»Worauf, du Narr?«

»Der Graf von Villa Real wird mir helfen.«

Bartolomeo sprang auf und begann, die Hände auf dem Rücken, wie ein gereiztes Tier in dem kleinen Raum von einer

Wand zur anderen zu laufen. »Du kämpfst gegen die Dummheit, Cristoforo«, zischte er. »Darum kämpfst du vergeblich. Du kämpfst gegen die Habgier, und deshalb kämpfst du vergeblich. Du kämpfst auch gegen die Sattheit. Du mußt ein Land aufsuchen, wo man Hunger hat, Hunger nach Gold, Entdeckungen, Ländern, Macht. Du mußt –«

»Ich werde nach Spanien gehen –«

»Nach Spanien?« Bartolomeo lachte auf. »Eine Frau willst du bewegen, daß sie dir Schiffe für eine Fahrt ins Ungewisse gibt?«

»Eine Frau ...« Cristoforo Colombo lächelte mit einem Mal. »Ja, eine Frau, Bartolomeo ... Frauen fragen nicht nach Entfernungen, Breitengraden und Ptolemäus. Von Ahnungen lassen sie sich leiten, von ihrem Gefühl. Dort, wo der Verstand aufhört, beginnt die Größe der Frau.«

Bartolomeo preßte die Hände an die Ohren und stürzte aus dem Raum. Auch er glaubte nun, daß sein Bruder ein Phantast, ein Narr, ein weltfremder Träumer war.

»Das Geschwätz dieses Phantasten ist schuld, daß dem König das Gutachten der Junta nicht genügt«, sagte der Bischof von Céuta leise zu dem neben ihm sitzenden Rodrigo. »Dieser Genuese ist nicht nur eitel, sondern auch gefährlich.«

Der Arzt nickte. »Was dadurch bewiesen ist, daß seinethalben der Kronrat einberufen wurde. Wegen eines Betrügers wird der Kronrat einberufen!«

»Der Vizekönig werden will.«

»Sein Schicksal müßte das des Herzogs von Braganza werden.«

»Ja, hängen müßte man ihn.«

»Oder das des Herzogs von Viseu.«

»Ja, erdolchen müßte man ihn.«

Rodrigo zuckte die Achseln. »Der König wird ihn weder hängen lassen noch erdolchen. Aber er könnte zustimmen. Was dann?«

»Er wird nicht zustimmen. Das wenigstens ist sicher.«

Der Arzt lächelte schwach. »Er wird zustimmen, hochwürdigster Herr Bischof.«

»Ihr kennt ihn besser als ich?«

Wieder dieses schwache Lächeln. »Ihr kennt seine Seele, ich kenne seinen sterblichen Leib. Habgier und Ruhmsucht können auch im Ehebett genährt werden. Ihr vergeßt, daß Portugal eine Königin besitzt. Ihr vergeßt ferner, daß diese Königin in Genua das Licht der Welt erblickt hat.«

»Es darf nicht sein, Rodrigo –«

»Sind es Eure Schiffe?« Der Arzt lächelte wieder.

»Das Reich, Meister Rodrigo –«

»Ihr wollt sagen, daß Ihr an Diaz' Unternehmung beteiligt seid?«

»Nicht ich, Rodrigo. Die Kirche –«

»Der König!«

»Der König!«

Die zwölf Mitglieder des Kronrates erhoben sich. João II. schien wie gehetzt, sein Blick war unstet. Er setzte sich an den Kopf des langgestreckten Tisches. Er sprach hastig, mit einer Stimme, die Unsicherheit verriet.

»Das Ansuchen des Christoval Colom ist bekannt. Auch das Urteil der Junta über ihn und seinen Plan. Es könnte sein, daß die Junta diesen Plan zu rasch verworfen hat. Colom meinte, daß sie sich zu sehr an Ptolemäus orientiert. Ich sitze auf dem Thron Henriques. Die Nachwelt soll von mir nicht sagen, ich hätte Portugals Glück vertan. Ich will das Urteil des Kronrates hören.«

Diego Ortiz de Cazadilla erhob sich rasch. Er streckte beide Hände vor, als gelte es, den Teufel zu bannen. Sein Blick erfaßte den König und ließ ihn nicht mehr los. Er begann sehr leise:

»Es geht nicht darum, ob Ptolemäus oder Colom im Recht ist, Majestät. Es geht um die Pläne, wie Colom sie vorschlägt. Das sind Pläne, Majestät, welche die Aufmerksamkeit der Nation zerstreuen, ihre Hilfsquellen erschöpfen, ihre Kraft zersplittern. Das sind Pläne, Majestät, welche der Furie des

Krieges und der Pest Beistand leisten. Jeder Mann, der hier verlorenginge, könnte eines Tages gebraucht werden: gegen den Feind, der zwar nun vorgibt, unser Freund zu sein, und doch unser Feind geblieben ist: gegen Kastilien.«

Rodrigo lächelte schwach, das Lächeln war auf seinem Gesicht wie eingefroren. Diego de Vilhegas blickte angespannt zur Decke hinauf, als könnte er dort ablesen, ob er Coloms Plan gutheißen oder verdammen solle. José Vizinho saß zusammengesunken da und starrte seine häßlichen Hände an. Der König umklammerte mit beiden Händen die Kante des Tisches und konnte den Blick von dem Bischof nicht wenden. Der Graf von Villa Real hatte einen roten Kopf.

Nun hob Cazadilla die Stimme:

»Die Größe der Herrscher wird nicht danach gemessen, ob sie ihr Reich auszudehnen vermögen. Sei wird danach gemessen, wie sie ihr Land regieren. Portugal darf sich nicht an ein Unternehmen wagen, dessen Ausgang ungewiß ist. Wir haben einen Großteil von Afrika schon in Händen. Dort liegt unser Weg, unser Ziel: Heiden das Licht des wahren Glaubens zu bringen. Und wenn Ihr, Dom João, noch ein weiteres tun wollt, tun müßt, dann bekämpft die Mauren! Dort ist Euch Gewinn sicher, dort ist Euch Ruhm sicher und – der Dank des allmächtigen Gottes. Denkt daran, daß ER Euch auf Euren Thron gesetzt hat. Die Nachwelt soll nicht von Euch sagen dürfen, Ihr wäret kein Diener Gottes gewesen.«

Rodrigo lächelte nicht mehr, Angst war von seinem Gesicht abzulesen. Vilhegas starrte den Bischof an, erstaunt über so viel Kühnheit. Vizinho hatte jetzt die Hände ineinander verkrampft, man sah, wie die Knöchel weiß hervortraten. Der König atmete laut, sein Blick, noch immer unstet, glitt von dem glatten Gesicht des Bischofs ab, blieb eine Weile an Vizinhos Händen hängen und erfaßte dann den Grafen von Villa Real, der noch immer einen roten Kopf hatte.

»Und Ihr, Meneses?«

Der Graf tat, als gäbe es den König nicht. Er sah nur den Bischof an. Seine Worte galten nur ihm.

»Ihr habt recht, Cazadilla, es geht nicht darum, ob Ptolemäus oder Colom im Recht ist. Es geht um Pläne, wie Colom sie vorschlägt. Das sind Pläne, die die Nation vor Müßiggang – dieser Feile, welche die Tapferkeit zerstört – bewahren und ihr Reichtum und Ansehen bringen. Gewiß, sie fordern Opfer. Aber diese Opfer werden nicht umsonst sein. Kastilien wird erkennen, daß wir, die wir die Schrecken und Geheimnisse der Weltmeere nicht fürchten, um so mehr zu fürchten sind. Und da habt Ihr nicht recht. Cazadilla. Große Herrscher wagen große Unternehmungen. Afrika? Die Mauren? Wollt Ihr uns glauben machen, daß wir Afrika nur deshalb nicht kolonisieren, die Mauren nur deshalb nicht besiegen werden, weil Colom mit drei Schiffen auf ein unbekanntes Meer hinausfährt?«

Jetzt wandte er sich an den König:

»Ich bin kein Gelehrter, sondern Soldat. Wer keine Schlacht wagt, kann keine Schlacht gewinnen. Ja, denkt daran, daß ER Euch auf Euren Thron gesetzt hat: Auch die Heiden in den Ländern, die Colom finden wird, warten auf das Licht des wahren Glaubens. Aber vergeßt nicht, daß auf demselben Thron Dom Henrique gesessen hat. Die Nachwelt soll von Euch nicht sagen dürfen, Ihr hättet Dom Henriques großes Werk nicht fortgesetzt.«

Stille, Totenstille, nur einen Herzschlag lang. Der König sprang auf. Seine Stimme klang heiser.

»Holt Colom!«

»Ich hole ihn«, sagte der Graf von Villa Real und lächelte.

In dem Haus auf dem Hügel von Belem zerknüllte ein Mann mit dem Gesicht eines Geiers Karte um Karte. Auf seinen Lippen stand Schaum. Er fuhr herum, als die Tür knarrte.

»Wer seid Ihr?« herrschte ihn der Graf von Villa Real an.

»Juan Alentejo, ein Krämer. Sie sind fort, diese elenden Schurken, sie sind fort!«

Der Graf wechselte die Farbe. »Wer ist fort? Wen meint Ihr?«

Alentejo rang die Hände. »Diese diebischen Genuesen. Sie schulden mir dreihundert Maravedis. Dreihundert Maravedis! Ein Vermögen für einen Bettler wie mich –«

Einen Augenblick stand der Graf wie erstarrt da. »Der Teufel soll Euch und eure Maravedis holen«, schrie er unbeherrscht und sagte, schon wieder ruhig und Trauer in der Stimme: »Portugal hat in dieser Stunde mehr verloren.«

IV

Das Kind weinte leise vor sich hin. »Du hast Hunger, Diego?«
»Durst, Vater.«
»Bald bekommst du zu trinken.«
»Wo, Vater?«
Wo? Colombo preßte die Lippen aufeinander. Wo? Eine staubbedeckte Straße, die zu beiden Seiten von ödem Marschland und sumpfigen Wiesen gesäumt wurde, in denen langhornige Stiere wateten. Nirgendwo ein Haus. Weit und breit kein Mensch. Ein träger Fluß, der schlammiges braunes Wasser zum Meer wälzte. Wo, Vater? Hier gab es kein Trinkwasser. Hier gab es nur Stechfliegen und eine unbarmherzige Sonne, deren Strahlen wie spitze glühende Nadeln stachen. Wo Wasser finden, wo Nahrung? Man würde ihm, einem Bettler, die Tür weisen.

Einem Bettler! War er mehr als ein Bettler? Aber er war ein Bettler, der hochfliegende Pläne hatte, ein Bettler, der eine Welt entdecken wollte und nach Kastilien gekommen war, nicht um ein Almosen zu erbitten, sondern um Schiffe, Geld, Proviant, Mannschaft, Handelsware, Vollmachten, einen Titel für sich zu fordern. Einstweilen wußte dieser Bettler nicht, wie er seinen Sohn ernähren würde. Einstweilen war dieser Bettler außerstande, den Durst seines Kindes zu stillen. Ein Narr, ein Phantast, ein weltfremder Träumer? Hatten der Bischof von Céuta, Rodrigo und all die anderen nicht doch recht? Bartolomeos Worte: »Du hättest in Funchal bleiben sollen, Cristoforo.« Eine staubbedeckte Straße, auf der ein Vagabund mit seinem Sohn wanderte, eine Straße, die zu keiner Hoffnung führte.

»Wohin führst du mich, Vater?«
»Zu Freunden.«
»Du hast hier Freunde?«
»Viele, Diego.«
»Hier ist es nicht schön.«
»Du möchtest zurück nach Lissabon?«

Das Kind hörte zu weinen auf und klatschte in die Hände. »Zu Teresita! Teresita hat mich gelehrt, das Schiff auf dem Wasser fahren zu lassen. Du hast das Schiff doch mit?«

Diegos Schiff, die »Santa Maria« ... Bartolomeo hatte es gebaut, eine kleine Karavelle, die sogar einen Laderaum besaß. Colombo hielt mit Mühe Tränen zurück. Er hatte die »Santa Maria« vergessen, vielleicht hatte Alentejo sie inzwischen mitgenommen oder auf den Boden geworfen und zertrampelt.

»Du hast die ›Santa Maria‹ doch mit, Vater?«

Diego war kein Kind, das von einer Stunde zur anderen vergaß. Es war alles so schwer. Das Leben war ein Ballast, den man mit sich schleppte, in eine düstere graue Zukunft hinein.

»Teresita hat das Schiff –«
»O Gott, Vater! Sie wird wieder Steine laden, und die ›Santa Maria‹ wird sinken...«

Das Schiff war schon gesunken. Das Schicksal hatte es zu sehr mit Steinen beschwert. Diego hatte wieder zu weinen begonnen. In der Ferne hob sich ein steiler Felsen, von einem grauen, verwitterten Gebäude gekrönt, in den bleigrauen Himmel. Ein Kloster? Vielleicht Santa Maria de Rábida... Auf dem Schiff hatte man erzählt, daß die Mönche mildtätig seien. Einem Kind konnten sie Wasser und ein Stück Brot nicht verwehren.

»Hör auf zu weinen, Diego.« Colombo zeigte in die Ferne. »Dort wohnen meine Freunde, in dieser schönen Burg.«

»Aber das Schiff, Vater –«

*Columbus mit seinem Sohn Diego
vor der Pforte des Klosters La Rábida*

»Ich habe Teresita verboten, es zu beladen.«
»Teresita kennt keinen Gehorsam –«
»Dann wird dir Onkel Bartolomeo ein neues Schiff bauen, ein schöneres, größeres.«

Ein Weg zweigte von der Straße ab, der zu dem Felsen wies. Er schien mitten hinein in die Sümpfe zu führen. Colombo spürte, wie das Kind vor Angst zu zittern begann.

»Soll ich dich tragen, Diego?«
»Diese schrecklichen schwarzen Pferde – sie werden mich aufspießen.«

Colombo hob das Kind auf. »Das sind keine Pferde, Diego, das sind Stiere. Sie tun Kindern, die nicht weinen, nichts zuleide.«

»Was ist das – Stiere?«

Stiere? Was waren Stiere? Colombo schien es, als sammelten sie sich plötzlich, als vereinigten sie sich zu einer drohenden dunklen Masse, die ihn und seinen Sohn vernichten, zu Tode trampeln wollte. Er begann rascher auszuschreiten und dann zu laufen. Als er die Stiere nicht mehr sehen konnte, glaubte er, sie stürmten hinter ihm her. Das Kind wenigstens wollte er retten. Er selber? Für ihn war es besser, wenn er hier sein Ende fand. Cristoforo Colombo, ein kühner Genuese, der den Weg nach Cipango finden wollte ...

Keuchend blieb er vor der Pforte des Klosters stehen. Klopfen? An eine Klosterpforte klopfen und um Brot und Wasser betteln? Wäre Diego nicht –

»Was wollt Ihr?«

Colombo fuhr herum. Ein Mönch stand vor ihm, breit, feist, mit einem schneeweißen Bart.

»Ist das der heilige Petrus, Vater?«

Der Mönch lächelte. »Ihr wollt bleiben?«
»Das Kind hat Durst –«
»Ihr wollt nicht bleiben?«
»Ich muß nach Cordoba.«
»Zu Fuß? Mit dem Kind?«

Colombo lachte schrill auf. Dann schrie er mit einer Stimme, die von Hohn überquoll: »Ich habe es eilig, ehrwürdiger Vater! Wollt Ihr wissen, wer in Cordoba auf mich wartet? Die Königin –«

Der Prior des Klosters, Juan Perez de Marchena. Garcia Hernandez, Arzt in Palos. Antonio de Marchena, Custodio von Sevilla. Ein alter Seemann, der Pedro Velasco hieß. Fünf Männer saßen um den großen Eichentisch im Refektorium des Klosters und entdeckten und entschleierten die Welt. Sie verkleinerten Ozeane, gaben Ländern, die sie nicht kannten, klingende Namen, bekehrten Heiden, fuhren auf Schiffen, die sie nicht besaßen.

Pedro Velasco sagte nachdenklich: »Das war vor dreißig Jahren. Ein schwerer Sturm hatte uns nach Nordwesten verschlagen, so weit nach Nordwesten, daß wir glaubten, Irland liege im Osten. Unser Schiff war leck, und wir wußten nur zu gut, daß die nächste Sturmnacht das Ende bedeutete. Und dann – das war wie ein Wunder – dann, als wir noch weiter nach Westen gefahren waren, war das Meer plötzlich ruhig und glatt. Jeder Seemann weiß, was ruhige See zu bedeuten hat: daß sich Land in der Nähe befindet. Hätte nicht der Winter vor der Tür gestanden, wäre unser Schiff in einem besseren Zustand gewesen, hätten wir weiter Kurs nach Westen genommen und – vielleicht das Land gefunden, das Ihr suchen wollt, Colón.«

Fray Antonio schüttelte den Kopf. »Ich glaube, das Westmeer besitzt eine Ausdehnung, die jede menschliche Vorstellung von Größe übersteigt«, sagte er bedächtig. »Und ich glaube nicht, daß es dort Land gibt. Der heilige Augustin meint, daß der weitaus größte Teil der Erdoberfläche mit Wasser bedeckt ist. Wo wäre das, wenn nicht im Westen?«

»Aristoteles versichert, daß zwischen dem Ende von Spanien und dem Anfang von Indien nur ein schmales Meer liegt«, fuhr Colombo auf. »Er versichert auch, daß dieses Meer zu befahren ist.«

»Bei günstigem Wind.«

»Und ist es sicher, daß Aristoteles das Westmeer meint?« warf der Prior ein.

Colombo verteidigte sich sofort. »Den Weg um Afrika kann Aristoteles nicht gemeint haben. Das sind viele Meere und nicht nur ein einziges. Der Entdecker Cathais, Marco Polo –«

»Der Venezianer ist kein sicherer Gewährsmann.«

»Auch in Kastilien nicht?«

»Auch hier nicht, Colón.« Fray Juan lächelte. »Ich sehe und höre schon, wie sie in Salamanca über Euch herfallen. Marco Polo? Sein Reisebericht verdiente es, in die Sammlung der schönsten Märchen aus Tausendundeiner Nacht aufgenommen zu werden.«

»Das heißt, daß auch hier Ptolemäus und immer nur Ptolemäus gilt?«

»Der heilige Augustin, Colón.«

Colombo ballte die Fäuste. Keiner erwähnte Toscanelli, keiner Martino Behaim. Was die Alten niedergeschrieben hatten, galt. Es würde sogar noch gelten, wenn er längst den Westweg nach Indien entdeckt hatte. »Der heilige Augustin selber hat Esra für einen Propheten angesehen«, sagte er zornig. »Esra hat bezeugt, daß sechs Teile des Erdballs bewohnt sind und daß nur der siebente mit Wasser bedeckt ist. Wo wäre dieses bewohnte Land, wenn nicht im Westen?«

Ptolemäus, Aristoteles, der heilige Augustin, Esra – von ihnen wußte Pedro Velasco nichts. Seeleute waren sie sicherlich nicht gewesen... »Keiner weiß das«, sagte er spöttisch. »Und nur einer wird wissen, ob sich dort Land oder Wasser befindet. Der, der den Weg nach Westen gewagt hat.«

Colombo warf ihm einen dankbaren Blick zu. »Ihr würdet wohl fahren, Velasco?«

»Schon morgen früh. Mit Gott und gutem Wind. Ihr wißt, wessen Wahlspruch das ist?«

»Der Wahlspruch der Königin?«

»Der Wahlspruch Don Enrique de Guzmans, des Herzogs von Medina Sidonia.«

»Colón weiß wohl nicht, wer Don Enrique ist«, sagte der

Arzt nachdenklich. »Der reichste Mann Kastiliens, reicher sogar als die Krone. Seine Besitzungen, seine Handelsflotte –«

Colombo hörte nicht mehr, was Garcia Hernandez über Seine Herrlichkeit den Herzog zu sagen wußte. Plötzlich kam ihm wieder zu Bewußtsein, daß er ein Bettler war. Zwei Mönche, ein Arzt, ein Greis, der irgendeinmal zur See gefahren war, und ein Bettler redeten sich die Köpfe und die Herzen heiß wegen eines Stücks Welt, das in einer grauen, nur durch Schiffe erreichbaren Ferne lag. Ein Narr, ein Phantast, ein weltfremder Träumer! Narren, Phantasten, weltfremde Träumer – das waren sie alle hier, alle fünf, die da saßen. Wie aus weiter Ferne hörte er die Worte des Custodio:

»Dafür wird der Herzog ein offenes Ohr haben.«

»Wenn er nicht, dann der Graf von Medinaceli.«

»Werdet Ihr ihm schreiben, Fray Juan?«

Der Prior lächelte. »Ich bin ein guter Untertan und der Königin sehr ergeben, Fray Antonio. Ich werde der Königin schreiben.«

Colombo erwachte. Träumte er? Fieberte er? »Was sagt Ihr da?« brachte er mühsam über die Lippen.

»Ich werde der Königin schreiben, Colón. Auch einen Brief, der Euch dem Beichtvater der Königin, Hernando de Talavera, empfehlen wird, werdet Ihr erhalten.«

»Ihr – Ihr –?«

»Ein einfacher Mönch, denkt Ihr, sollte Euch helfen können? Ich bin der Beichtvater der Königin gewesen, Colón. Das ist viel –«

Die vier Männer sahen erstaunt, wie sich der seltsame Fremde mit den kühnen Gedanken plötzlich erhob und seltsam steif zu dem Altar schritt, der am Ende des Raumes errichtet war. Sie hörten, wie Colón laut zu beten begann...

Das Dankgebet war verfrüht gewesen. Der Herzog von Medina Sidonia war aus Sevilla abberufen worden. Der Graf von Medinaceli befand sich in Cordoba. So ging die Wanderung des Bettlers weiter – von Kloster zu Kloster. Und die Zeit verrann.

Schon lag die Flucht aus Lissabon wieder ein halbes Jahr zurück.

Es war Januar, als Colombo die uralte Stadt der Kalifen betrat, die durch Ferdinand und Isabella, die »katholischen Majestäten«, der Christenheit zurückgegeben worden war. Nachdem ihm alle Klöster den Zutritt verwehrt hatten, mietete er sich in einem einfachen Gasthof in der Nähe des Guadalquivir ein. Bald begann er das Mißtrauen zu spüren, das man hier allen »extrangeros« entgegenbrachte.

Cordoba glich eher einem Heerlager als einer Stadt. Zelte waren auf allen Plätzen errichtet, Reiter galoppierten durch die engen winkeligen Gassen, Lagerfeuer brannten während der Nacht. Und jeder Fremde konnte ein Spion sein, ein Spion des Königs von Portugal, ein Spion Karls VIII. von Frankreich, sogar ein Spion Muley Boabdil El Zagals, des Maurenkönigs, der soeben mit seinem Neffen, Mohamed Boabdil El Chiquito, ein Bündnis geschlossen hatte, um Granada und sein Reich gegen den Ansturm der verhaßten Christen zu halten.

Der Graf von Medinaceli, der bei dem beabsichtigten Angriff auf Granada die Reiterei befehligen würde, besaß nicht die Zeit, sich mit den phantastischen Träumen eines Fremden zu befassen. Hernando de Talavera war mit Ferdinand und Isabella nach Toledo gereist. Bald begann die Not wieder mit hartem Finger an die Tür Colombos zu pochen. Er zeichnete Landkarten, er zeichnete Seekarten und war froh, wenn ihn Leonardo de Esbarraya, ein Genuese, der in der Nähe der Puerta del Hierro eine Apotheke besaß, zum Abendessen einlud. Wieder enträtselten er und Freunde, die er allmählich gewann, eine unbekannte Welt. Wieder ließen Männer, die keine Schiffe besaßen, Schiffe hinaus auf die Weltmeere fahren. Nur ein unterschied bestand zu La Rábida. Aus dem Refektorium eines Klosters war der Keller eines Weinkelterers geworden. Rodrigo de Harana sprach gern von seinen Weinen, die er selber gern trank, noch lieber aber von Marco Polo, dessen Bericht er gelesen hatte. Davon, daß Cristóbal Colón ein zweiter Marco Polo werden würde, war er überzeugt.

Der Freunde wurden mehr: Juan Sanchez, ein Arzt. Diego, Rodrigo de Haranas Sohn. Pedro de Harana, ein entfernter Verwandter des Besitzers der Weinkelterei. Auch ein Mädchen ließ seine Meinung hören, wenn der Ozean, der Spanien von Indien trennte, einmal schmäler, einmal breiter wurde. Sie war eine Waise, hieß Beatriz und war mit Pedro de Torquemada, dem Großinquisitor, verwandt. Obwohl Tochter eines Bauern, wußte sie von Ptolemäus, Strabo, Aristoteles und dem heiligen Augustin mehr als mancher der Männer, die später, je nach Laune, Colombo als Abenteurer oder Phantasten bezeichneten. Und sie war es, die erkannte, daß die einmal in dem Weinkeller und dann wieder in Esbarrayas Apotheke geführten Dispute Colombo eher quälten als das Ziel vergessen ließen, das in eine immer weitere, längst nicht mehr greifbare Ferne rückte. Sie sah, wie Colombo litt.

Wie konnte sie ihm helfen? Ein Weg dämmerte ihr auf, abenteuerlich, verwegen, kühn wie der Plan Colóns. Sie verwarf diesen Weg und schalt sich eine Närrin. Sie wehrte sich, als er greifbare Formen anzunehmen und sie bei Tag und bei Nacht zu quälen begann. Sie lief vor ihm davon, aber er lief ihr zu beharrlich nach. Allmählich begann sie sich die Frage vorzulegen, ob es nicht doch Erfolg versprach, wenn sie nach dem weit entfernten, unbekannten Toledo fuhr.

Sie sagte sich, daß es sinnlos war, wenn sie hoffte, daß sie, die Tochter eines Bauern, zu dem allmächtigen Torquemada vordringen könnte. Aber sie sagte sich zugleich, daß eine Frau, die so aussah wie sie, einen Weg zu dem Großinquisitor finden würde. Daß Torquemada mit Don Pedro Gonzalez de Mendoza, dem Erzbischof von Toledo, Großkardinal von Spanien, erstem Minister der kastilischen Krone, befreundet war, wußte jedes Kind. Daß Isabella das tat, was der »dritte König des Reiches« ihr riet, war ebenso bekannt. Dieser Weg, er konnte von Mendoza weiterführen, zu Alonso de Quintanilla, dem Hauptschatzmeister der Krone. Quintanilla war es, der gewonnen werden mußte: Er verwaltete das Geld, und mit Geld konnte man Schiffe kaufen, ausrüsten und mit Proviant versorgen. Beatriz begann auf ihrem Schachbrett Figuren hin und her zu schieben, als wäre es *ihr* Spiel und als gehörten die Figuren ihr.

Wie weihte ihren Bruder ein. Pedro stimmte zu und fand einen Weg, der es ihr ermöglichte, nach Toledo zu reisen. Im Mai brach sie auf, und Anfang Juli kehrte sie nach Cordoba zurück. Sie kam mit leuchtenden Augen zurück. Denn sie hatte bewiesen, daß Frauen dort, wo Männer gescheitert waren, immer noch einen Weg fanden.

Beatriz sagte: »Quintanilla erwartet Euch, Cristoforo. Er ist gestern nach Cordoba zurückgekehrt.«

Colombo warf ihr einen erstaunten Blick zu. »Welchen Quintanilla meint Ihr, Beatriz?«

»Kennt Ihr einen anderen als den Schatzmeister der Krone?«

»Und ich soll zu ihm? Er erwartet mich? Was soll ich bei ihm?«

»Seid Ihr nicht mehr entschlossen, den Westweg nach Asien zu finden?«

Colombo preßte beide Hände gegen sein klopfendes Herz. »Ihr – Ihr wart in Toledo, Beatriz?« stammelte er fassungslos. »Deshalb wart Ihr so lange fort?«

Sie nickte lächelnd. »Beim Großinquisitor. Mein Weg, Cristoforo – was kümmert Euch mein Weg? Auch die Königin wird Euch anhören.«

Colombo schloß die Augen. Er glaubte zu taumeln. Ein Traum war in Erfüllung gegangen, ein Traum, den er nur noch für einen Traum angesehen hatte. Er fragte leise: »Warum habt Ihr das für mich getan, Beatriz?«

»Weil ich Euch liebe, Cristoforo.«

Colombo hatte die Augen noch immer geschlossen. Er erlebte ein zweites Mal die Stunde, da er, verzweifelt und des Lebens überdrüssig, vor der Pforte des Klosters La Rábida gestanden hatte. Nun warteten zwei Königinnen auf ihn.

Columbus erläutert im Hause Rodrigo de Haranas in Cordoba seinen Plan

V

Nur zu sehr erinnerte der Saal Colombo an den im königlichen Palast zu Lissabon. Er war noch prunkvoller. An den mit Zedernholz verkleideten Wänden hing Bild neben Bild. Colombo blickte zu ihnen hinauf, während er langsam an einer Wand nach der anderen entlangschritt. Alfred der Große. Wilhelm der Eroberer. Der eiserne Plantagenet Heinrich II. Philipp der Kühne von Burgund. Alfons der Weise von Kastilien. Isabellas Vorfahren. In den Adern der Königin rollte wahrhaft königliches Blut; Blut, überliefert von Kreuzfahrern und Eroberern. Wie keine Frau je zuvor war sie zu herrschen bestimmt.

Höflinge überall, die schwatzten und lachten. Erstaunte, anmaßende, spöttische, verächtliche Blicke streiften Colombo. Man wußte schon, wer der schlechtgekleidete rothaarige Fremde war: ein Vagabund, der den Kopf voller Flausen hatte, ein Bettler, der von Klosterpforte zu Klosterpforte zog, ein Kartenzeichner, dessen Geliebte eine Bauerntochter war. Ein Genuese war er und ein Großsprecher, wie alle, die in Genua, Venedig, Florenz oder anderswo in dem Lande zu Hause waren, das sich der Türken nicht erwehren konnte. Kein Kastilier, kein Aragonier. Und dennoch wollte er es wagen, seine Flausen der Königin vorzutragen.

»Amigo!«

Colombo fuhr herum. Vor ihm standen zwei Männer, beide lächelten. »Habt Ihr Angst?«

Colombo verzog das Gesicht. »Angst? Ich erinnere mich nur der Augenblicke vor der Audienz beim König von Portugal. ›Die Junta wird entscheiden, Colom.‹ ›Salamanca wird entscheiden, Colón.‹ Allmählich weiß ich nicht mehr, wie ich heiße.«

Antonio Geraldi, der päpstliche Nuntius, lachte knapp auf. »Ihr vergeßt, daß Ihr hier keine Feinde habt.«

»Der Neid ist der Anker, der auch das Schiff mit in die Tiefe zieht.«

»Der Neid...« Alexander Geraldi, der Bruder des Nuntius, Lehrer des königlichen Prinzen Juan, nickte nachdenklich. »Müßt Ihr ihn jetzt schon fürchten? Ich glaube, das hat Zeit, bis Ihr zurückgekehrt seid.«

»Zurückgekehrt!« Colombo seufzte. »Ich wollte, ich stäche schon in See.«

»Quintanilla ist von Eurer kühnen Idee begeistert, amigo. Nicht so sehr Euretthalben. Der Krieg gegen die Mauren kostet Geld. Alles wird man Euch konzedieren, nur das eine nicht: daß Ihr mit leeren Taschen zurückkehrt. In diesem Fall – meinen Kopf drum! – würde sich Euer Protektor liebevoll Euer annehmen.«

»Torquemada?«

Der Nuntius nickte. »Und gebt acht, daß *sie* Euch nicht zu gut gefällt. Ferdinand nimmt es mit der ehelichen Treue nicht genau. Aber sie? Für sie ist ihre Schönheit nur Mittel zum Zweck. Und der Zweck heißt: Die Pesos d'Oro zusammenhalten!«

»Cristóbal Colón!« Eine Tür hatte sich geöffnet, ein Herold hatte den Saal betreten.

»Geht mit Gott!«

»Und mit kühlem Herzen!«

»Mit Gott und gutem Wind«, murmelte Colombo sehr leise.

Hocherhobenen Hauptes ging er an den Höflingen vorüber. Er hörte, wie einer von ihnen sagte: »Ich möchte jetzt nicht die Königin sein. Habt Ihr den Wein gerochen, den er trinkt? Diesen *billigen* Wein –«

Ein kleiner Saal. Die Wände mit Fahnen geschmückt. Ein einziges hohes Fenster, das den Blick auf die maurische Steinbrücke und die Mezquita, die von dem Sultan Abd Er Rahman erbaute und später der Jungfrau Maria geweihte Moschee, freigab. Zwei Throne. Neben der Königin Purpur. Colombo kniete nieder und senkte den Kopf.

»Steht auf, Colón!«

Eine herrische Stimme. Die Ferdinands? Colombo erhob sich.

»Tretet näher!«

Colombo spürte, noch bevor er sich den beiden Thronen näherte, wie Blicke nach ihm griffen, ihn prüften. Er erwiderte sie und sah zuerst den König an. Eine offene, heitere Stirn, ein schon fast kahler Kopf. Helle, gute Augen in dem sonnverbrannten Gesicht. Gute, gütige Augen. Aber es war nicht zu vergessen, daß man Ferdinand in Spanien den Weisen, in Italien den Frommen, in Frankreich und England jedoch den Treulosen nannte. Auch João II. besaß gute Augen.

»Euer Plan ist bekannt, Colón. Ihre Majestät die Königin hat gegen ihn Bedenken. Damit Ihr richtig versteht: Die fromme Christin hat gegen ihn Bedenken.«

Isabella, Herrscherin der vereinigten Königreiche Kastilien, Aragonien und León: nußbraunes, rötlich schimmerndes Haar, hellblaue Augen, ein regelmäßiges Gesicht, schön geformte, aber unruhige Hände, ein zu kleiner Mund, ein Mund, wie ihn Felipa besessen hatte. Colombo sagte zu ihr:

»Ich glaube, ein Werkzeug des Himmels zu sein, das auserkoren ist, Taten zu vollbringen, die Euch zum Ruhme gereichen werden, Majestät.«

Die Königin gab keine Antwort. Ferdinand sah auf einen Sonnenstrahl, der schräg in den Raum fiel. Es war, als säßen Puppen auf den Thronen. Nur der dritte König sprach.

»In Euren Ausführungen, Colón, befinden sich Sätze, die sich mit dem Text der Heiligen Schrift nicht vereinbaren lassen.«

Der Großkardinal stand neben dem Thron Isabellas, groß, wuchtig, ganz in Purpur. Obwohl Colombo nie versucht hatte, sich vorzustellen, wie der erste Minister der Krone, dem er bisher nie begegnet war, aussah, war er verwundert. Auch Mendoza besaß gute, freundliche Augen, er besaß das Gesicht eines Gelehrten, der Macht haßt und nicht in Reichen und Bereichen lebt, die von dieser Welt sind. Die herrische Stimme paßte nicht zu diesen Augen, zu diesem Gesicht.

Colombo sagte: »Ich glaube, es kann nichts Gottloses an dem Versuch sein, die Grenzen menschlicher Kenntnis zu erweitern und sich der Werke der Schöpfung zu versichern.«

Mendoza lächelte. »Ihr weicht meinem Einwand geschickt aus, Colón. Ihr hättet auch sagen können, daß Ihr die Heilige Schrift anders deutet als ich. Und Ihr glaubt allen Ernstes, daß es so viele Jahrhunderte nach der Schöpfung noch immer uns unbekannte Länder gibt?«

»Es gibt sie. Auch Marco Polo –«

»Länder von Wert?« fragte Ferdinand ungeduldig.

»Reiche Länder, Majestät. Cipango –«

»Immer wieder Marco Polo!« Der Erzbischof lächelte noch immer. »Epikur hat niedergeschrieben, daß die Erde nur auf der nördlichen Halbkugel bewohnt und nur auf dieser Seite vom Himmel überdacht ist, daß sich auf der anderen Seite das Chaos, ein Abgrund oder eine unendliche Wasserwüste befindet. Epikur oder der Venezianer? Marco Polo reißt die Wurzel unseres Glaubens aus, Colón. Lebten auf der anderen Seite der Erdkugel Menschen, könnten sie nicht von Adam abstammen. Denn wir hätten Adams Nachkommen das dazwischenliegende Meer überquert? Marco Polo ist ein Ketzer, Colón. Er leugnet, daß alle Menschen von *einem* Elternpaar abstammen.«

»Er schleudert mir ins Gesicht, daß auch ich ein Ketzer bin, und will das nur nicht aussprechen«, dachte Colombo und sagte beinahe schroff:

»Wißt *Ihr*, hochwürdigster Herr Erzbischof, *wie* Gott diesen Menschen half, ihr Ziel zu erreichen? Wißt *Ihr*, weshalb er ihnen das Licht des wahren Glaubens verwehrte?« Er hob die Stimme. »Ich weiß, daß es unsere heiligste Aufgabe ist, ihnen dieses Licht zu bringen.«

Die Königin schwieg noch immer und sah auf ihre unruhigen Hände hinab.

Ferdinand fragte unwillig:

»Ihr glaubt, daß Ihr diese Länder finden werdet, Colón?«

»Ich werde sie finden, Majestät.«

»Wie lange werdet Ihr brauchen?«

»Salomo brauchte drei Jahre, die Welt zu umsegeln. Drei Jahre«, warf der Erzbischof ein.

König Ferdinand von Aragonien
(Stich von Nikolaus Hautt)

Königin Isabella I. von Kastilien
(Stich von Vignon)

»Salomo wählte den falschen Weg. Von den Kanarischen Inseln werde ich nur ein paar Wochen brauchen. Mit *guten* Schiffen.«

Der König fragte weiter: »Ihr kennt diese Länder nicht, Colón. Wie wollt Ihr wissen, daß es reiche Länder sind?«

»Es sind Länder, wo das Gold aus der Erde gewonnen wird und nicht als Handelsware erworben werden muß.«

»Das wißt Ihr?«

»Ja«, sagte Colombo kühn und wartete auf die Frage: »Wie könnt Ihr das wissen, Colón?«

Schweigen. Aus der Tiefe kam Pferdegetrappel, dann das Weinen eines Kindes. Die Frage, auf die Colombo wartete – aus dem Mund des Königs und aus dem des Erzbischofs –, kam nicht. Eine andere sprang ihn an, eine, die er nicht erwartet hatte. Sie kam von der Königin.

»Ist es wahr, Colón, daß Ihr Euren Bruder nach England geschickt habt, um Heinrich den Siebenten für Eure Idee zu gewinnen?«

»Es ist wahr«, sagte Colombo betroffen.

»Und von England wird sich Euer Bruder Bartolomeo nach Frankreich begeben, um Euren Plan Anne de Beaujeu vorzulegen?« Ferdinand lachte.

»Ich werde nicht ruhen –«

Isabella hob die Hand. »Das ehrt Euch, Colón. Das ehrt Euch wie Eure Aufrichtigkeit. Wir werden unsere Räte befragen, ob sie Euren Plan für durchführbar halten. Wir müssen auch prüfen, ob wir die Mittel für Euer Unternehmen – jetzt, da der Krieg gegen Granada bevorsteht – aufbringen können. Ihr werdet warten, bis wir unsere Entscheidung getroffen haben?«

»Die Junta dos Matematicos«, ging es Colombo durch den Kopf. »Die Mittel! Auch der König von Portugal hatte feilschen wollen! – Ich werde warten«, sagte er mit einer Stimme, aus der seine ganze Enttäuschung klang.

»Inzwischen werdet Ihr Euch in die Obhut Quintanillas begeben.«

Colombo beugte das Knie. »Ich danke Euch, Majestät.«

Die Königin nickte. Der König sah wieder nach dem Sonnenstrahl. Der Großkardinal sagte:

»Für die Ausrüstung der Reiterei müssen noch dreitausend Gold-Excelentes aufgebracht werden –«

Draußen standen noch immer die Höflinge. Sie umringten Colombo.

»Habt Ihr eine ganze Flotte erhalten?«

»Seid Ihr schon Admiral?«

»Ist Beatriz de Harana in den Adelsstand erhoben worden?«

»Euer Landsmann Marco Polo wird aus dem Grab heraussteigen und mit Euch fahren?«

Mit zusammengepreßten Lippen schritt Colombo der Tür zu, welche die Erlösung für ihn bedeutete. Nur keine Antwort geben, warnte er sich, nur nicht die Antwort geben, die dieses hochmütige Geschmeiß verdiente. Sie liefen neben und hinter ihm her. Er wandte sich doch um, als er hörte: »Ein Spion der Mauren ist er!« Aber er lächelte, als er sah, daß einer der Höflinge mit der einen Hand auf ihn zeigte und mit der anderen auf seine Stirn tippte.

Er sagte leise: »Genau so ist Christus verhöhnt worden.«

An blassen, betroffenen Gesichtern vorbei schritt er dem Ausgang zu und ließ die Tür hinter sich offen.

Die Zeit verrann. Warten. Vertröstet werden. Wieder warten. Ein schrecklicher, zermürbender, demütigender Kampf begann, der weniger grausam, weniger unerbittlich gewesen wäre, wäre er mit scharfer Klinge geführt worden. Unablässig hatte Colombo Menschen zu bekämpfen, die er überzeugen sollte, die ihn nicht verstanden, die sich anmaßten, alles besser zu wissen als er. Geduldig mußte er Woche für Woche Rede und Antwort stehen, Beweisgründe anhören, die seine Heiterkeit erregt hätten, wäre er nicht schon wieder der Verzweiflung nahe gewesen. Tag für Tag war er gezwungen, das geplante Unternehmen Menschen zu erklären, die nicht begriffen, wer er war. Er wußte, daß sie ihn verhöhnten, daß sie ihn für einen Narren ansahen, auch für einen Betrüger. Er konnte sich nicht wehren, wenn sein Stolz verletzt wurde. Und wenn er die Straße betrat, liefen die Kinder hinter ihm her und schrien: »Der verrückte Genuese! Der verrückte Seemann!«

Der Rat, der Cristóbal Colóns Vorhaben prüfen sollte, war gewählt worden. Hernando de Talavera stand an seiner Spitze. Beratungen wurden abgehalten, zu manchen zog man Colón zu. Eine Einigung über die Breite des zwischen Spanien und Indien liegenden Ozeans kam nicht zustande. Auch als der Hof und mit ihm Talavera samt allen astrologos, Seefahrern, Schiffsführern und filosofos nach Salamanca übersiedelten, änderte sich nichts. Keine Zustimmung, keine Ablehnung. Die Majestäten hatten keine Zeit, sie waren mit Krieg und nur mit Krieg beschäftigt.

Colombo geriet wieder in Not. In Salamanca nahm sich seiner niemand an. Er wandte sich an Quintanilla und erhielt – zu seiner Überraschung – einen »Vorschuß für das Unternehmen der geplanten Entdeckung Indiens«. Es war kein hoher Vorschuß, aber er half ihm über die ärgsten Nöte hinweg. Als der Hof Salamanca wieder verließ und sich nach Malaga begab, ließ er jede Hoffnung fahren. Zur gleichen Zeit gebar ihm Beatriz einen Sohn. Zur gleichen Zeit erhielt er zwei Briefe. Der eine stammte von João II.

An Christoval Colom, Unseren besonderen Freund.

Wir wünschen, daß Ihr nach Lissabon kommt, aus den Gründen, die Ihr kennt, und damit Euer Fleiß und Eure hohe Begabung uns nützlich seien. Ein Weg wird sich finden, der Euch zufriedenstellt. Da Ihr wegen verschiedener Angelegenheiten, in die Ihr verwickelt seid, zu befürchten habt, daß Unsere Richter Euch verfolgen werden, sichern Wir Euch durch diesen Brief zu, daß Ihr weder verhaftet noch zurückgehalten noch angeklagt noch ausgefragt werden sollt. Unsere Gerichtspersonen werden den Befehl erhalten, sich hiernach zu richten.

Christoph Columbus wird vom Talavera-Ausschuß in Salamanca verhöhnt
(Gemälde von N. Barabino)

Und der zweite Brief... Er kam aus England, Bartolomeo hatte ihn geschrieben. War Heinrich VII. bereit, Schiffe für die Fahrt nach Indien zur Verfügung zu stellen? Colombo öffnete hastig das Schreiben und las:

Meinem geliebten Bruder Cristoforo Colombo in Spanien.

Meine Fahrt nach England war nicht vom Glück begünstigt. Vielleicht auch wollte Gott mich prüfen. Zuerst fiel ich in die Hände von Seeräubern, dann wurde ich krank und geriet in große Not. Erst als ich durch Fleiß und meiner Hände Arbeit – wieder einmal stellte ich Seekarten her – endlich hochgekommen war, konnte ich meine Reise zum Abschluß bringen. Es dauerte lange, bis es mir gelang, eine Audienz beim König zu erwirken. Er nahm mich freundlich auf und hörte mir aufmerksam zu, als ich mich meines Auftrags entledigte.

Um ihn besser mit dem Zweck und Sinn Deines Vorschlags vertraut zu machen, überreichte ich ihm eine Weltkarte, die ich selber gezeichnet hatte. Auf ihr waren auch die Länder zu finden, die Du zu entdecken gedenkst. Er fragte viel, und seine Wißbegierde ließ mich hoffen, daß er bereit sei, deinem Plan zuzustimmen. als ich ihn verließ, versprach er mir, er werde mir bald und, wie er hoffe, eine günstige Nachricht geben.

Ich wartete und wartete und zeichnete wieder Seekarten, um meinen Unterhalt zu fristen. Endlich kam der Bote, der mich in den königlichen Palast rief. Heinrich VII. empfing mich im Thronsaal, von seinen Räten umgeben. Noch bevor er den Mund öffnete, wußte ich, was ich zu erwarten hatte. »Cristoforo Colombos Worte sind leeres Gerede, seine Pläne die eines Narren.«

Nun werde ich mich nach Frankreich begeben. Gebe Gott, daß mir am Hofe Karls VIII. mehr Glück beschieden ist. Gebe Gott, daß Du das uns gesteckte Ziel früher erreichst – in Kastilien.

Spöttisch auflachend legte Colombo den Brief seines Bruders aus der Hand. »... leeres Gerede, seine Pläne sind die eines Narren.« Auch Fray Hernando de Talavera würde das eines Tages verkünden. Es galt, keine Zeit mehr zu vergeuden. In Kastilien? In Kastilien würde er sein Ziel nie erreichen.

Noch einmal sprach der bei Quintanilla vor. Abermals ein Vorschuß? Wenn ihn die Königin gewährte... Aber die Königin hatte keine Zeit. Malaga stand vor dem Fall.

Als Colombo Spanien verließ und ihn niemand daran hinderte, glaubte er endgültig zu wissen, woran er war.

Zu beiden Seiten des Tejo stauten sich die Menschen. Fahnen wehten, die Fenster waren mit Blumen geschmückt.

»Ein Fest, wem zu Ehren?« fragte Colombo den Nächststehenden.

»Bartolomeu Diaz zu Ehren. Diaz hat Afrika umschifft und den Seeweg nach Indien gefunden.«

Colombos Gesicht war aschgrau geworden. »Das ist nicht wahr«, stieß er hervor.

»Seid Ihr auch einer von jenen, die glauben, daß in den südlichen Regionen der Teufel zu Hause ist?«

»Das kann nicht wahr sein –«

»Ein Narr!«

»Natürlich ein Genuese!«

Colombo lief davon, als wären Furien hinter ihm her. Seine letzte Hoffnung! Das Haus seiner letzten Hoffnung zusammengebrochen? Er hetzte zum königlichen Palast. Dort erfuhr er, daß Bartolomeu Diaz tatsächlich den östlichen Seeweg nach Indien erschlossen hatte. Cabo de Boa Esperança hatte der König die Südspitze Afrikas getauft. Kap der guten Hoffnung! Es war wie ein Hohn...

João II. empfing seinen besonderen Freund Colom nicht mehr. Er ließ ihm durch einen Höfling sagen, er brauche ihn nicht mehr.

VI

Die Zeit verrann weiter, wie Sand lief sie durch die Finger. Die Königin gewährte keine Vorschüsse mehr. Colombo, ruhelos, suchte Trost bei Büchern. Die »Historia rerum ubique gestarum« von Aeneas Sylvius, Plinius' Naturgeschichte, Pierre d'Aillys Weltgeographie – so sehr ihm diese Werke gefielen, am liebsten griff er doch nach Marco Polos Bericht. Auch Senecas Medea las er, und eine Stelle gefiel ihm besonders gut. Wie waren die Worte, die der Chor am Ende des zweiten Aktes sprach?

> Venient annis saecula seris,
> Quibus Oceanus vincula rerum
> Laxet, et ingens pateat tellus
> Tehysque novos detegat orbes,
> Nec sit terris ultima Thule.

> Eine Zeit wird kommen,
> Da der Ozean sich öffnet,
> Der Erdkreis sich auftut,
> Neue Welten das Meer zeigt.
> Nicht am Ende der Erde liegt Thule.

Neue Welten? Er sah sie vor sich! Was half es? Die Zeit verrann. Sie verrann im gastlichen Haus des Herzogs von Medinaceli, sie verrann im Kloster zu Sevilla, in dem ihm einer der wenigen, die an ihn glaubten, Trost zusprach: Diego de Deza.

»Faßt Euch in Geduld, Colón. Wenn Granada gefallen sein wird...«

Colombo besaß keine Geduld mehr. Er reiste nach La Rábida, seinen Sohn zu besuchen. Er floh nach Cordoba, zu Beatriz und seinem zweiten Sohn, der Fernando getauft worden war. Aber immer wieder zog es ihn nach Sevilla zurück, wo der »Talavera-Ausschuß« noch immer nicht wußte, wie breit das zwischen Spanien und Indien gelegene Meer war.

1490. Der Frühling war ins Land gezogen, als Hernando de Talavera Colombo zu sich rufen ließ.

»Abgelehnt«, sagte er und zuckte bedauernd die Achseln. »Ihr dürft mir glauben, Colón, daß ich mit Euch fühle und daß es mir für Euch leid tut.«

Colombo wurde blaß. Mit zitternden Knien ließ er sich auf einen Stuhl fallen. Abgelehnt! Nach sieben Jahren abgelehnt! Sieben Jahre, sieben verlorene, sinnlos vertane Jahre... »Das kann nicht wahr sein«, murmelte er mit erstickter Stimme. »Ihr scherzt, hochwürdiger Herr, sagt mir doch schon, daß Ihr scherzt.«

»Es ist mein Ernst, Colón. Tragt es wie ein Mann und – wie ein Christ.«

»Um mir diesen Rat zu geben, habt Ihr sieben Jahre gebraucht?« schrie Colombo auf. In seinen Augen standen Tränen.

»Wir haben sieben Jahre gebraucht, weil wir gründlich prüften. Euer Plan ist undurchführbar, Colón. Wollt Ihr weiser sein als unsere Gelehrten?«

»Eure Gelehrten, die an Büchern kleben, die längst nicht mehr als Staub und Asche gelten!«

»Meint Ihr die Heilige Schrift, Colón?«

»Ich? Eure Gelehrten sollten die Bibel gründlicher lesen.«

Der Blick Talaveras wurde hart, abweisend. Er sagte mit kalter Stimme:

»Es ist meine Pflicht und der Befehl der Königin, daß ich Euch die Gründe der Ablehnung bekanntgebe –«

»Ihr könnt sie für Euch behalten. Ptolemäus ist das Alpha und Ptolemäus ist das Omega –«

»Die Fahrt würde drei Jahre dauern, selbst wenn der westliche Ozean schiffbar wäre. Aber der westliche Ozean trägt keine Schiffe. Es gibt im Westen auch kein Land. Dann ferner: Von den fünf Zonen der Erde sind nur drei bewohnt. Würdet Ihr das Land der Antipoden erreichen, wäre eine Rückkehr nicht möglich – das ist ein weiterer Grund. Vor allem jedoch: Die Krone könnte es vor Gott und sich selbst nicht verantworten, das Leben ihrer Untertanen für ein so frevelhaftes Unternehmen aufs Spiel zu setzen.«

Colombo saß mit gesenktem Kopf und geballten Fäusten da. Haß stieg in ihm hoch, Haß gegen alle. Drei Schiffe nur... Der Herzog von Medinaceli besaß mehr als hundert Schiffe, der König von Portugal, die Königin von Spanien, der König von England – alle besaßen sie Schiffe genug. Laut sagte er, was er dachte: »Gott hat sie alle mit Blindheit geschlagen.«

»Was sagt Ihr da?« fuhr Talavera auf.

Colombo erhob sich. Jetzt stand in seinen Augen blanker Hohn. »Ich habe von Euren Gelehrten gesprochen, hochwürdiger Herr«, sagte er sehr leise. »Wen habt *Ihr* denn gemeint?«

»Ihr wagt es –?«

»Ich wage es, nach Frankreich zu gehen. Und ich werde es wagen, irgendeinmal, Euch zu beweisen, daß Spanien seine große Stunde versäumt und verschlafen hat.«

Wieder blieb eine Tür offen. Talavera bedeckte die Augen mit den Händen. Alles war so schwer... Die große Stunde versäumt und verschlafen? Wenn es so war... Er schauderte bei diesem Gedanken. Er mußte diese Last, diese gefährliche Last abwälzen. Bald! Auf wen? Der Großkardinal war zu wendig, zu glatt, zu schlau. Es blieb nur ein Weg: Die Königin selber mußte die Verantwortung tragen.

Ein Brief aus Fontainebleau:

Meinem geliebten Bruder Cristoforo Colombo in Sevilla.

Endlich, Colombo! Gott hat meine Gebete erhört. Die Schwester des Königs, Anne de Beaujeu, hat Deinen Plan einem aus ihren Ministern, Gelehrten und Sternkundigen gebildeten Rat vorgelegt, und das Urteil dieses Rates lautet, daß Deinem Unternehmen bei günstigen Winden Erfolg beschieden sein könnte. Daß das Westmeer befahren werden kann, bezweifelt hier niemand. Auch an Marco Polo zweifelt Frankreich nicht.

Du wirst Deine Wünsche beschneiden müssen. Die Staatskasse Frankreichs ist leer. Zwei Schiffe, ein Fünfzehntel des zu erwartenden Gewinns – mehr wirst Du nicht erreichen. Aber denk daran, daß Du den Ruhm mit niemandem wirst teilen müssen.

Ich kann es nicht erwarten, Dich in die Arme zu schließen. Nimm Deine Söhne und Beatriz mit. Die Sonne über Frankreich ist heller als die über Kastilien und Portugal.

»Nein«, sagte Fray Juan. »Das darf nicht sein.«

Colombo stand beim Fenster und blickte auf den verödeten Hafen von Palos hinunter. »Alles schläft hier«, sagte er, Trauer in der Stimme. »Und Gelehrte wissen von der See und Schiffen mehr als Kapitäne. Frankreich wird der Ruhm zufallen –«

»Das darf nicht sein, Colón. Hört Ihr? Das darf nicht sein! Ihr wollt nicht mehr warten?«

»Worauf? Waren sieben Jahre Geduld zu wenig?«

Der Prior seufzte. »Der Krieg war daran schuld, Colón, daß Ihr kein Gehör fandet. Granada steht vor dem Fall und der Krieg vor seinem Ende –«

Colombo schüttelte den Kopf. »Ihr habt viel für mich getan, Fray Juan. Aber das könnt Ihr nicht von mir verlangen: daß ich mich noch einmal Gelehrten ausliefere, die keine Gelehrten sind.«

»Auch der Königin würdet Ihr Euch nicht ausliefern?«

Colombo trat einen Schritt näher. »Es war der Befehl der Königin, daß mir die Gründe für die Ablehnung meines Planes vorgelesen wurden. Die Königin hat die Kurzsichtigkeit ihrer Ratgeber mit ihrer eigenen Kurzsichtigkeit unterschrieben.«

»Frankreich ist arm –«

»Darum wird es den Reichtum, den ich ihm bringen werde, um so besser brauchen können.« Colombo setzte sich an den großen eichenen Tisch und warf Marchena einen Blick zu, in dem sich Mißtrauen und Erstaunen mischten. »Warum wollt Ihr mich halten?« fragte er. »Wollt Ihr mir die Schiffe geben, die ich brauche?«

»Die Königin wird sie Euch geben –«
Colombo lachte. »Wenn Mendoza das zuließe, vielleicht.«
»Sie wird sie Euch geben, Colón. Wie lange werdet Ihr warten?«
Nun war Colombo nur noch erstaunt. »Ein Brief – ich verstehe. Ein Rat wird gebildet werden –«
»Ich werde nach Santa Fé reisen.«
»Und Ihr glaubt allen Ernstes, daß Ihr Euch durchsetzen könnt?« Colombo schüttelte den Kopf. »Gegen Mendoza, Talavera, die filosofos, die astrologos, die heimlichen Einflüsterer –«
»Ich werde einen Fürsprecher haben, Colón, dem sie alle nicht gewachsen sein werden. Ihr wartet also?«
Zögernd sagte Colombo: »Ich will warten. Vierzehn Tage und nicht einen Tag länger. Wollt Ihr mir Euren Fürsprecher nennen?«
»Das Gewissen der Königin«, sagte Fray Juan.

Santa Fé. Die Königin hatte zwanzigtausend Maravedis geschickt. In höfischer Kleidung ritt Colombo auf einem Maultier in die Stadt, von der man auf die Burg der maurischen Könige, die kal'at al hamra, hinübersah. Wieder ein Thronsaal. An den Wänden hingen erbeutete Fahnen. Die Königin war allein.
»Ich danke Euch, Colón, daß Ihr gekommen seid.«
»Ich danke Euch, Majestät, daß Ihr mich rufen ließet. Ich wage zu hoffen –«
»Ihr habt *mein* Vertrauen, Colón. *Nur* das meine.«
»Ich werde Euch nicht enttäuschen –«
Isabella hob lächelnd die Hand. »Quintanilla wartet auf Euch. Er wird mit Euch den Vertrag beraten, den ich mit Euch zu schließen gedenke.«
»Majestät –« Colombo schossen die Tränen in die Augen.
Drei Stunden später verließ er Santa Fé. Man hatte dem Bettler geboten, was einem Bettler gebührte. Von den zwanzigtausend Maravedis waren ihm zehntausend geblieben. Zehn-

tausend Maravedis, höfische Kleider und ein Maultier... Das war wenig Lohn für sieben verlorene Jahre, doch es genügte, die Kosten einer Reise nach Frankreich zu decken.

Die Marquise von Moya stützte den Kopf mit beiden Händen und sah die Königin nachdenklich an. »Sein Stolz gefiel mir so wie seine Unnachgiebigkeit. Genova la Superba! Anne de Beaujeu wird ihn mit offenen Armen aufnehmen.«

Isabella lachte. »Ich glaube, er hat *Euch* gefallen, Isabel. Meine Tochter Juana bekam große Augen, als sie ihn einmal sah. ›Der große Seemann‹, sagte sie.«

Luis de Santangel, der Verwalter der königlichen Privatschatulle, nickte. »Die Prinzessin ist kein Kind mehr. Sonst würde ich sagen: Kinder kommen der Wahrheit immer am nächsten.«

»Das sagt Ihr?« fragte die Königin überrascht. »Ihr, der Ihr den Schlüssel zu unserer Schatulle unter das Kopfkissen legt, wenn Ihr schlafen geht...«

»Dafür hätte ich die Schatulle gern geöffnet –«

Die Königin lachte gepreßt auf. »Das sieht einer Verschwörung ähnlich«, beklagte sie sich. »Ihr habt vergessen, Juan Perez de Marchena beizuziehen. Er warf mir vor, ich vergäße über Granada die Welt, über den Heiden, die wir besiegen und vertreiben wollten, die Heiden, die bekehrt werden sollten.«

Santangel sagte, schwach lächelnd: »Mir steht es nicht zu, der Königin Vorwürfe zu machen... Was dem Beichtvater erlaubt ist, ist dem letzten der Hofbeamten nicht erlaubt –«

»Das heißt also, daß Ihr mir Vorwürfe macht, Santangel. Nehmt kein Blatt vor den Mund!«

»Was nützte das, Majestät? Colón befindet sich auf dem Wege nach Frankreich. Die Marquise hat recht: Man wird ihn in Fontainebleau mit offenen Armen aufnehmen.«

Isabellas Gesicht veränderte sich. Es wurde hart, verschlossen. »Ich will Eure Meinung hören, Santangel«, sagte sie schroff. »Ist es Eure Meinung oder« – sie erschrak und dachte:

»Sollte Ferdinand plötzlich anderen Sinnes geworden sein?« – »oder die des Königs?«

»Es ist auch Quintanillas Meinung, Majestät.«

»Quintanilla bläst auch in dieses Horn? Mit einem Mal? Er selber hat mir versichert, daß Colón in seinen Forderungen maßlos war.«

»Er hat Euch, ein guter Untertan, Eure Meinung hören lassen, Majestät. Er hat sich, ein guter Untertan, als er mit dem Genuesen verhandelte, an Eure Befehle gehalten, Majestät.«

»Und Ihr seid nicht der Meinung, daß Colón die Maßlosigkeit selber war?«

»Drei Schiffe, ein Titel, ein Zehntel des Gewinns – ist das viel für die halbe Welt?«

Isabella biß sich auf die Lippen. »Für eine Welt, die es vielleicht nur in den kühnen Träumen eines Mannes gibt –«

»Glaubt Ihr das, Majestät?«

»Nein«, sagte die Königin betroffen, erneut erschrocken, weil ihr, nun erst, allzu deutlich wurde, daß sie immer dem Genuesen und nie Talavera und seinem Rat geglaubt hatte.

Santangel erhob sich und sah auf die Königin hinab. Seine Stimme klang weich, fast zärtlich, beschwörend zugleich. »Ihr habt so viel Mut gehabt, Majestät, Mut für Unternehmungen, bei welchen es nicht sicher war, ob der Erfolg auf Eurer Seite sein würde, und Ihr habt viel Geld für diese Unternehmungen gewagt. Drei Schiffe, ein Titel, der Euch nichts kostet, auf der einen Seite, auf er anderen – vielleicht, das gebe ich zu – ein Zuwachs an Macht, wie Ihr ihn nicht einmal erträumen könnt! Ein Zuwachs an Macht für Euch, für die Kirche und ein Zuwachs zur Ehre Gottes! Denkt doch daran, was die anderen – Portugal etwa – durch ihre Entdeckungen gewonnen haben! Denkt auch daran, wie Spaniens Feinde triumphieren würden, wenn diese halbe Welt Frankreich in den Schoß fiele...« Er wagte es, die Hand zu heben, als ihm die Königin ins Wort fallen wollte. »Die Gelehrten, diese ewigen Besserwisser? Ihr Urteil gilt mir nichts. Portugal erntet dort, wo es für die Gelehrten nur Wasser und Wüsten gab. Ich räumte vorhin ein:

Columbus vor Ferdinand und Isabella in Sante Fé
(Stich nach einem Gemälde von Wenzel Brozik)

vielleicht die halbe Welt. ich gab zu, daß das Unternehmen fehlschlagen könnte. Würde das ein schlechtes Licht auf die Krone werfen?«

»Es kann nicht fehlschlagen«, sagte die Marquise und verschloß sich erschrocken mit der Hand den Mund.

Isabellas Blick glitt zu ihr hinüber und blieb dann an Santangel hängen. »Und der König?« fragte sie mit tonloser Stimme.

»Der König denkt anders, seit Granada gefallen ist.«

»Auch er nimmt also an dieser Verschwörung teil.« Isabella lachte bitter auf. »Weiß der König das nicht, was Ihr wißt, Santangel: daß die Schatulle leer ist?«

Jetzt vermied es Santangel, die Königin anzusehen. Zögernd sagte er: »Der König wüßte einen Weg...«

»Der – König – wüßte – einen Weg?« Wieder veränderte sich Isabellas Gesicht. Es war, als sähe sie in sich hinein. Plötzlich schrie sie auf: »Der König meint, ich soll meine Juwelen verpfänden?«

»Zur Ehre und zum Ruhme Gottes, Majestät...«

Stille. Das Lächeln auf Isabellas Gesicht war wie eingefroren. Isabel de Moya glaubte, ihr Herz klopfen zu hören. Ein Vogel schrie grell und mißtönend. Isabella dachte: »Zur Ehre und zum Ruhme Gottes? oder zu Ferdinands Ruhme, den ich bezahlen soll?« Dann dachte sie: »Zu Spaniens Ruhme« und sagte kaum hörbar:

»Veranlaßt, Santangel, daß ein Bote hinter Colón hergeschickt wird.«

VII

Juan de Coloma, Sekretär des Herrscherpaares, verlas mit eintoniger Stimme:

»Cristóbal Colón, geboren zu Genua, erhält für sich auf Lebenszeit und für seine Nachfolger sowie seine Erben den

Rang eines Admirals in jenen Ländern, die er entdecken und erobern wird. Seine Rechte werden die gleichen sein, wie sie der Großadmiral von Kastilien in seinem Bereich besitzt.

Cristóbal Colón wird Vizekönig der von ihm entdeckten Länder werden, mit dem Recht, zum Gouverneur jeder Insel oder Provinz drei Bewerber vorzuschlagen, unter welchen die Krone einen auswählen wird.

Cristóbal Colón erhält das Recht, von allen Perlen, Edelsteinen, Gold, Silber, Spezereien sowie allen anderen Kauf- und Handelswaren, die in seinem Bereich gefunden, gebrochen, gehandelt oder gewonnen werden, nach Abzug der Kosten ein Zehntel für sich zu behalten.

Cristóbal Colón oder sein Stellvertreter wird der einzige Richter in allen Prozessen sein, die aus dem Verkehr zwischen jenen Gegenden und Spanien erwachsen.

Cristóbal Colón beteiligt sich jetzt und in Zukunft am achten Teil der Kosten für die Ausrüstung von Schiffen zu dieser Entdeckung und erhält dafür den achten Teil des Gewinns.«

Coloma sah auf und lächelte schwach. »Ein Emporkömmling«, dachte er, »ein bettelhafter Glücksritter, der seine Admiralschaft für nichts erhält und nichts zu verlieren hat, wenn sein Unternehmen mißglückt. Ein Großredner, dem es gelungen ist, sogar die Königin zu beschwatzen und zu betrügen. – Seid Ihr zufrieden, Colón?« fragte er spöttisch.

»Don Colón ist zufrieden«, sagte Fray Juan an Colombos Stelle hastig.

»*Don* Colón«, dachte Coloma, »hier ist er das nicht, sondern nur in der Wildnis, aus der er – das gebe Gott! – nie zurückkehren wird. Soll ich ihn mit der Nase darauf stoßen? Besser, zu schweigen...« Selbst dieser Abenteurer konnte gefährlich werden. Allmählich wußte man nicht mehr, woran man mit den Menschen war.

»Und hier ist Euer Paß, Colón. Ich verlese ihn:

Wir haben den Edelmann Cristóbal Colón mit drei ausgerüsteten Schiffen nach Indien gesandt, aus gewissen Gründen und für bestimmte Ziele. Dies bestätigen Wir hierdurch.«

»Eure Vollmacht, Colón«, sagte Fray Juan und sah Colombo von der Seite her an.

»Meine Vollmacht«, murmelte Colombo, der nur sah, was am Ende der Schriftstücke stand.

»Und dann« – Coloma konnte nicht anders, er mußte durch dieses spöttische Auflachen seinem Groll Luft machen, ein wenig Luft zumindest – »ein Brief, der Euch in drei Exemplaren ausgehändigt wird. Ihn sollt Ihr den Königen und Fürsten übergeben, die in den Reichen herrschen, die Ihr finden werdet.

›Dem durchlauchtigsten Fürsten ...

Unserem Freund senden Wir, Don Fernando und Doña Isabel, von Gottes Gnaden König und Königin von Kastilien, von León, von Aragonien, von Sizilien, von Granada, von Toledo, von Valencia, von Galicien, von Mallorca, von Sevilla, von Sardinien, von Cordoba, von Korsika, von Murcia, von Jaën, von Algarbien, von Algeciras, von Gibraltar und den Kanarischen Inseln; Graf und Gräfin von Barcelona, Landesherren von Biscaya und Molina, Herzöge von Athen und Neopatria; Grafen von Roussillon und Cerdagne; Markgrafen von Oristano und Gociano, Grüße und Segenswünsche. Zu Unserer Freude haben Wir vernommen, daß Ihr Unser Volk achtet und liebt und begierig seid, Neues über Unsere Erfolge zu erfahren. Wir haben daher beschlossen, Unseren edlen Kapitän Cristóbal Colón zu Euch zu senden, um Euch wissen zu lassen, daß Wir Uns bester Gesundheit erfreuen.‹«

»Das werdet Ihr den Herrschern geben, die Ihr – das wolle Gott! – zu unseren Freunden und zu Christen machen werdet«, sagte Fray Juan und sah Colombo abermals an.

»Und zu Christen«, wiederholte Colombo noch leiser als vorhin.

Columbus nimmt 1492 Abschied von Ferdinand und Isabella
(Stich aus der Historia Americana 1634)

Coloma lächelte, jetzt beinahe gutmütig. »Das habt Ihr wohl in Euren kühnsten Träumen nicht erhofft, Colón? Das gebt Ihr doch zu?«

»Ich habe es immer gewußt.«

»Daß Ihr Admiral werden würdet?« fuhr der Sekretär, schon wieder wütend, auf.

Mit einer Stimme, die ihm selber fremd war, sagte Colombo: »Darauf kommt es nicht an. Aber das, das habe ich immer deutlich gesehen« – er zeigte auf die Schriftstücke –, »daß das dort zu lesen sein würde. Im Traum habe ich es gesehen und auch, wenn ich wach war. Nur die Augen brauchte ich zu schließen...«

»Die Größe des Augenblicks verwirrt ihn«, dachte Fray Juan erschrocken, und er fragte: »Ihr meint die Vollmacht, diese herrliche Vollmacht?«

Colombo zeigte wieder auf die Schriftstücke und sagte leise: »Daß dort zu lesen sein würde: ICH, DIE KÖNIGIN.«

Die Höflinge standen schwatzend im Vorraum. Sie verstummten sofort, als Fray Juan und Cristoforo Colombo den Saal betraten. Sie bildeten eine Gasse und sahen die beiden nicht an. Das war auch nicht möglich. Denn sie standen mit gebeugten Rücken da.

Zweiter Teil

DIE GOLDENEN INSELN

(Das Tage- und Bordbuch des Christoph Columbus)

Segle westwärts, sonne dich am Lichte,
Das umglänzt den stillen Ozean;
Denn nach Westen flieht die Weltgeschichte:
Wie ein Herold segelst du voran.

August Graf von Platen

Bevor ich die erste Zeile
niederschreibe, weihe ich
dieses Buch der allergnä-
digsten Jungfrau Maria.
Sie möge meine Gebete er-
hören und mich das finden
lassen, was ich suche:

INDIEN

Das Schiff des Columbus, die »Santa Maria«
(Holzschnitt 1493)

DIE ARMADA

Generalkapitän: *Cristoforo Colombo*

»Santa Maria«

Kapitän: *Cristoforo Columbo*

1. Offizier: *Juan de la Cosa*
Steuermann: *Peralonso Niño*
Dolmetscher: *Luis de Torres*
Profos: *Diego de Harana*
Schreiber: *Rodrigo de Escobedo*
Aufsichtsbeamte der Krone: *Rodrigo Sanchez de Segovia*
          Pedro Gutierrez

40 Mann   100 Tonnen

»Pinta«

Kapitän: *Martin Alonso Pinzón*

1. Offizier: *Cristóbal Quintero*
Steuermann: *Cristóbal Garcia Sarmiento*
Arzt: *Maestro Diego*

26 Mann   60 Tonnen

»Niña«

Kapitän: *Vincente Ibanez Pinzón*

1. Offizier: *Juan Niño*
Steuermann: *Bartolomeo Garcia*
Arzt: *Maestro Alonzo de Moguer*

24 Mann   60 Tonnen

AUGUST 1492

Montag, den 6. August

Es fing mit einem Unglück an. Nachdem wir bei günstigem Wind am 3. August 1492, einem Freitag, frühmorgens Palos verlassen hatten, rächte es sich heute schon, daß ein Teil der Mannschaft zum Dienst und zu der Fahrt gepreßt worden ist[*]. Das Steuerruder der »Pinta« brach, und ich würde bei San Fernan beschwören, daß da die Hand Gómes Rascóns mit im Spiele war. Schon mehrmals fiel es mir auf, daß Rascón und Quintero, dem die »Pinta« gehört, tuschelnd beieinanderstanden. Quintero haßt mich und schiebt mir die Schuld zu, daß er diese Fahrt unternehmen muß. Sein schönes Schiff, das er schon auf dem Grund des Meeres sieht! Das große Ziel hat keiner im Auge.

Vielleicht rechnet Quintero auch damit, daß ich mich auf die »Pinta« begeben werde. Eine Meuterei, die er angezettelt

---

[*] Die Stadt Palos war durch ein königliches Dekret wegen eines schweren Vergehens gegen die Krone verurteilt worden, zwei Schiffe samt Bemannung zu stellen. Die Mannschaft erhielt den üblichen Heuersatz für vier Monate im voraus. Die dritte Karavelle stellte Alonso Pinzón zur Verfügung. Washington Irving schrieb: »Als der königliche Befehl bekannt wurde, bemächtigte sich Entsetzen der ganzen Stadt. Man sah die geforderten Schiffe jetzt schon samt der Mannschaft als dem Verderben geweihte Opfer an. Niemand wollte Schiffe stellen, und die kühnsten Seeleute entsetzten sich vor einem Kreuzzug, der ihnen ebenso toll wie phantastisch erschien. Erst als Juan de Penalosa, ein Mitglied des königlichen Hausmarschallamtes, auf Colóns Bitte in Palos erschien und mit den schwersten Repressalien drohte, wurden die Schiffe gestellt. Ihre Ausbesserung und Bemannung stieß erneut auf den Widerstand der Bevölkerung, und viele liefen auf Nimmerwiedersehen davon. Und alle jene, die an Bord gehen mußten, nahmen als seelischen Ballast die schrecklichen Erzählungen und Fabeln mit, welche über den Ozean und unbekannte Länder in den abergläubischen Köpfen spukten und geisterten.«

hat? Jetzt schon? obwohl ich glaube, daß ich mich auf Alonso Pinzón verlassen kann, mache ich mir große Sorgen. Wie soll das noch werden?

DONNERSTAG, DEN 9. AUGUST

Meine Berechnung, daß wir nicht mehr weit von den Kanarischen Inseln entfernt sein könnten, erwies sich als richtig. Heute konnten wir Gran Canaria anlaufen. Meine Hoffnung, ich könnte die »Pinta« durch ein anderes Schiff ersetzen, erfüllte sich nicht. So bleibt kein anderer Weg als der Versuch, ein neues Steuerruder anfertigen zu lassen. Pinzón glaubt, daß er das zuwege bringen wird. Auch die Dreieckssegel der »Niña« will ich ersetzen, durch runde, damit das Schiff sicherer arbeiten kann und nicht zurückbleibt.

Es gibt für den Seefahrer keinen größeren Feind als den Aberglauben. Als wir Teneriffa passierten, konnten wir gerade einen Ausbruch des Vulkans beobachten. Der Rauch und die Flammen, die glühenden Lavamassen, das dumpfe Getöse, das aus dem Erdinneren kam, versetzten die Mannschaft in panischen Schrecken. Ein böses Omen – was sonst? Ich erzählte ihnen vom Ätna und anderen Vulkanen, fand aber nur taube Ohren. Sie glauben, daß der Vulkan nur deshalb ausgebrochen sei, weil wir diese Fahrt unternehmen.

Das bereitet mir gewiß Sorge, aber noch mehr beunruhigt mich die Nachricht, die ein von Ferro kommendes Schiff brachte. Angeblich sollten in der Nähe drei portugiesische Karavellen kreuzen, welche den Auftrag haben, mich gefangenzunehmen und meinem Unternehmen so ein Ende zu setzen. Der Weg von La Rábida bis Cordoba ist weit und der von Palos bis Lissabon noch weiter. Dennoch weiß der König von Portugal schon, daß ich in See gestochen bin. Er braucht mich nicht mehr, nachdem Diaz den östlichen Weg nach Indien gefunden hat, und will mir dennoch den Westweg verwehren. Wenn es mir gelingt – und das wird mir gelingen –, das Meer zu gewinnen und Gegenden zu erreichen, wohin sich andere Schiffe nicht wagen, werden Joãs Karavellen unverrichteter Dinge nach Lissabon zurückkehren. Die Zeit, die mir immer zu rasch verronnen ist, verrinnt mir nun zu langsam. Erst in drei Wochen wird die »Pinta« wieder seetüchtig sein.

SEPTEMBER 1492

Donnerstag, den 6. September

Das sind Höllenqualen! Wir liegen bei völliger Windstille zwischen Gran Canaria und La Gomera. Auch darin sieht die Mannschaft ein böses Omen. Ich werde mich daran gewöhnen, daß alles ein böses Omen ist. Auch wenn wir den Fuß auf den Boden Indiens setzen werden, wird das ein böses Omen sein.

Cristóbal Quintero betet. Ich glaube nicht, daß er um günstigen Wind betet, sondern den Himmel anfleht, die Portugiesen mögen mich gefangennehmen. Ferro liegt zum Greifen nahe vor uns und somit auch die Gefahr. Ich fürchte sie nicht. Denn ich weiß, daß der Allmächtige und San Cristoforo mir beistehen werden.

Samstag, den 8. September

Endlich! Gott hat mein Gebet erhört. Ein aus Nordosten kommender Wind ermöglicht es uns, die Fahrt fortzusetzen. Rasch werden wir nicht vorwärtskommen, denn wir müssen gegen eine starke See anlaufen. Noch immer ist Ferro in Sicht, die portugiesischen Karavellen hingegen haben sich noch nicht gezeigt. Wahrscheinlich liegen sie in irgendeiner Bucht im Hinterhalt.

Sonntag, den 9. September

Gestern und in der vergangenen Nacht legten wir nur 36 Meilen zurück. Heute waren es 60. Ich trug weniger ein, damit die Mannschaft nicht allzu sehr den Mut verliert, falls die Fahrt länger als angenommen dauern sollte.

Den Mut! Ich sehe nur schreckensblasse Gesichter und angstgeweitete Augen. Sogar Tränen habe ich gesehen – bei Seeleuten! Alle sind verzweifelt und glauben, daß sie ihre Heimat, ihre Frauen und Kinder nie wiedersehen werden. Ich weiß, was sie so bedrückt: daß es weit und breit kein Land mehr gibt.

Ich bin der einzige, der deshalb jubeln möchte.

Montag, den 10. September

Heute ließ ich die Mannschaft zusammenrufen und sprach von den Ländern, die auf uns warten. Ich schilderte sie, wie ich sie aus dem Bericht Marco Polos kenne. Als ich die Reichtümer erwähnte, das Gold und die Edelsteine, mit welchen sich ein jeder die Taschen würde füllen können, hellten sich die Mienen doch etwas auf.

Zugleich gab ich den Kapitänen den Befehl, den Weg nach Westen fortzusetzen, falls wir durch irgendeinen unvorhergesehenen Umstand getrennt werden sollten. Ich schärfte ihnen ein, nicht weiter als 700 Meilen zu fahren. Denn das ist nach meinen Berechnungen gewiß: daß wir nach 700 Meilen Fahrt auf Land stoßen werden.

Da die Angst immer größer werden wird, je mehr wir uns von der Heimat entfernen, werde ich dabei bleiben, zwei Berechnungen zu führen. Die eine, die richtige, werde ich sorgsam verschließen und nur für die Majestäten und mich behalten, die andere wird offen zur Einsicht für jedermann ausliegen. Daß ich hier weniger eintragen werde, versteht sich.

Dienstag, den 11. September

Nun sind wir 150 Meilen von Canaria entfernt. Wir sichteten ein Stück von einem Mastbaum, der ohne Zweifel schon lange im Wasser trieb und von einem Schiff mit etwa 100 Tonnen stammen mochte. Ich wollte, ich hätte diesen traurigen Zeugen eines Untergangs allein gesehen! Wieder gab es Wehklagen und Tränen und zum ersten Mal auch Drohungen. Ich werde sehr auf der Hut sein müssen. Auch Peralonso Niño läuft mit hängendem Kopf umher. Diese Angst ist wie die Pest und steckt jeden an.

Donnerstag, den 13. September

Wüßte ich nicht, daß der Allmächtige schützend die Hand über mich hält, müßte nun auch ich den Mut verlieren. Ich stehe einem Rätsel gegenüber, auf das vor mir wohl noch kein Seefahrer gestoßen ist. Ich glaubte zu träumen. Ich schloß die Augen und öffnete sie wieder. Aber das half nichts. Die Magnetnadel wies, anstatt auf den Nordpol zu zeigen, ungefähr einen halben Strich nordwestlich. Eine Erklärung? Ich weiß keine. Und ich zittere vor der Stunde, da die anderen mich mit Fragen bestürmen werden. Gewiß werden sie behaupten, der Teufel selber lenke unsere Flotte.

Freitag, den 14. September

Je weiter wir nach Westen fahren, desto mehr weicht die Nadel ab. Wie nicht anders zu erwarten, haben alle diesen unerklärlichen Vorfall bemerkt, und er erfüllt sie mehr mit Schrecken als die Unendlichkeit des Ozeans, und als es der treibende Mastbaum vermochte. Juan de la Cosa bedrängte mich am meisten. »Die Grundgesetze der Natur gelten hier nicht mehr«, hielt er mir schreiend vor. »Wir sind in eine Welt eingedrungen, in der unbekannte unheimliche Einflüsse regieren und der Kompaß kein Führer mehr zu sein vermag. Führt uns zurück, Colón, bevor wir alle verloren sind!«

Hinter de la Cosa standen die anderen. Niño, de Escobedo und die ganze Mannschaft. Von ihren finsteren Gesichtern war nur zu deutlich abzulesen, daß sie planten, mich über Bord zu werfen. Ich versuchte, ihnen die Abweichung zu erklären – vergeblich! Als sie schon auf mich eindrangen, rettete mich Gott durch ein Wunder. Einer schrie: »Ein Reiher!«, und alle blickten zum Himmel hinauf. Ein Reiher und ein zweiter! Als ich sie beschwor, daß Land nun nicht mehr weit sein könne – auch sie wissen, daß sich diese Vögel nicht mehr als 100 Meilen vom Land entfernen –, ließen sie von mir ab. Was wird geschehen, wenn wir nach 100 Meilen Fahrt nicht auf Land stoßen?

SAMSTAG, DEN 15. SEPTEMBER

Die Schrecken nehmen kein Ende. Plötzlich zeigte sich – etwa um die zehnte Stunde – eine riesige Feuerflamme am Himmel, und ehe ich sie richtig gesehen hatte, stürzte sie vom Himmel ins Meer. Ich hörte, wie auf der »Pinta« Schreie laut wurden, und kann unschwer erraten, daß Alonso Pinzón so wie ich Stunde um Stunde Gebete zum Himmel sendet, daß wir bald Land sichten mögen. Am Nachmittag begann es zu regnen, der Himmel wurde bleigrau. Dennoch kommen wir rasch vorwärts. Gestern waren es achtzig Meilen. Zwanzig habe ich wieder unterschlagen.

SONNTAG, DEN 16. SEPTEMBER

Wir sind in den Einfluß eines Windes geraten, der, der Sonne folgend, beständig von Osten nach Westen weht. Es regnet nicht mehr, und der Himmel ist strahlendblau wie der Frühlingshimmel über Andalusien. Dazu diese wohltuende Wärme! Am Morgen dachte ich, daß nur der Gesang der Nachtigallen fehlte, um glaubhaft zu machen, daß wir uns einem Paradies näherten. Wo ist das schreckliche wüste Meer der Junta dos Matematicos, wo sind die jedes Schiff zerschmetternden Stürme, von welchen Talavera und seine Gelehrten gefaselt haben?

Auf dem Wasser schwimmen da und dort Kräuter und Pflanzen, manche gelb und vergilbt, manche frisch und grün. Auf einer dieser Pflanzen sah ich sogar einen Frosch. Dies alles und auch die Thunfische, die in nächster Nähe der Schiffe spielen, ließen darauf schließen, daß wir bald auf Land stoßen werden. Auch die Mannschaft huldigt diesem Glauben und zeigt endlich fröhliche Gesichter. Auf der »Niña« wurde sogar gesungen.

Jetzt bin ich der einzige, der nicht daran glaubt. Denn wir haben noch viel zu wenig Wasser hinter uns gebracht. Das östliche Ende Asiens ist auf jeden Fall noch weit, aber vielleicht stoßen wir früher auf unbekannte Inseln.

Dienstag, den 18. September

Das Meer ist ruhig wie der Guadalquivir bei Sevilla. Die »Pinta« segelt nun als erste. Pinzón will durchaus den Preis gewinnen, den die Königin für den ausgesetzt hat, der als erster Land erblickt. Niemand gönnt ihm diesen Preis mehr als ich. Zwei Pelikane kamen auf die »Santa Maria«, und das läßt auch mich hoffen, daß wir bald eine Insel, vielleicht sogar eine ganze Inselgruppe sichten werden.

Donnerstag, den 20. September

Die See ist weiter so ruhig und glatt, daß viele Matrosen ins Wasser springen und neben den Schiffen herschwimmen. Einer von ihnen sah einen ganzen Schwarm von Goldbrassen. Pinzón glaubte, Land gesichtet zu haben, als wir jedoch näherkamen, zeigte es sich, daß ihm eine riesige Wolke einen Possen gespielt hatte. Die fröhlichen Mienen sind wieder verschwunden, denn irgendwer hat das Gerücht in Umlauf gebracht, hier wehe der Wind *immer* von Osten nach Westen und deshalb sei eine Rückkehr nicht möglich.

Sonntag, den 23. September

Noch immer kein Land! Das Meer ist wieder dicht von grünen Pflanzen und Kräutern bedeckt, manchmal sogar so dicht, daß die Schiffe nur mühsam vorwärtskommen. Die Mannschaft murrt wieder, und die tollsten Mutmaßungen springen von einem Schiff zum anderen über: Wir könnten – wie in einem Eismeer – in dem Pflanzenmeer steckenbleiben; das Meer werde immer seichter, und wir würden bald auf tückische Riffe stoßen; wir wären wohl in der Nähe von Inseln gewesen, hätten diese aber verfehlt und segelten nun in eine Gegend, in der es überhaupt keine Winde gebe; die Schiffe würden bald verfaulen und auseinanderfallen.

Das alles ist es nicht, was die Mannschaft beunruhigt. Wir sind zu lange von zu Hause fort, und nichts ist für eine Truppe gefährlicher als Ungeduld und Müßiggang. Aber ich bin außerstande, aus dem Nichts einen Feind hervorzuzaubern, mit dem sie ihre Kräfte messen könnten. Der einzige Feind für sie – bin ich.

Mittwoch, den 26. September

Die Lage wird immer bedrohlicher. Peralonso Niño überbrachte mir die Bedenken und Befürchtungen der Mannschaft: Die Vorräte würden bald zu Ende gehen; die Schiffe seien zu schwach für diese weite Fahrt, und ich solle daran denken, daß wir den schon zurückgelegten Weg ein zweites Mal – auf der Heimfahrt – zurücklegen müßten; das Land, das wir suchten, gebe es gar nicht. Auch die Gelehrten hätten diese Meinung geäußert.

Niño lächelte spöttisch, als ich ihm klarlegte, daß es meine feste Absicht sei, weiter nach Westen zu fahren. Er meinte, niemand werde widerlegen können, daß ich auf dem Deck ausgeglitten und über Bord gefallen sei.

Freitag, den 28. September

Das ist offene Meuterei! Ein Matrose von der »Pinta« kletterte während der Nacht auf die »Santa Maria« und forderte Pedro Gutierrez auf, mich meines Amtes zu entheben und den Befehl zur Rückkehr zu geben. Gutierrez kam völlig verzweifelt zu mir und fragte mich, was er tun solle. In seinen Augen stand nackte Angst. Ich befahl, den Matrosen in Fußeisen zu legen, doch niemand führte den Befehl aus. Diego de Harana wurde tätlich angegriffen und kam gerade noch davon. Auf Schritt und Tritt, wohin immer ich mich begebe, folgten mir Matrosen. In ihren Augen steht Haß, und ich wäre ein Narr, würde ich bezweifeln, daß die Messer schon locker sitzen. Ich bin ein Gefangener auf meinem eigenen Schiff, und der Tag der Hinrichtung scheint nicht mehr fern zu sein.

Samstag, den 29. September

Heute nacht hörte ich vor meiner Kajüte Stimmen und das leise Tapp-Tapp von Schritten. Verstehen konnte ich nicht, was gesprochen wurde, aber das brauchte ich nicht. Auch so wußte ich, was die Männer draußen berieten. Einer klopfte schließlich an meine Tür. Ich tat, als schliefe ich. Wieder begann die Beratung. Abermals Klopfen, diesmal ungestüm. Daß sie es nicht wagten, einfach einzudringen, gab mir Mut. Ich begann laut zu beten. Zuerst Stille, die ihre Überraschung widerspiegelte. Dann fluchte einer. Ich wußte, daß sie noch zögerten, und betete laut weiter. Schließlich schlichen sie davon.

Kaum daß sie abgezogen waren, kam Sanchez de Segovia zu mir. Er bat mich händeringend, den Befehl zur Rückkehr zu geben. Sie würden uns alle ins Meer werfen, meinte er. Ich riet ihm die beste Medizin gegen Angst: das Gebet. Sicher hält mich nun auch er für einen weltfremden Narren.

Am Morgen konnte ich die »Pinta« nicht mehr sehen. Hat sie die Heimfahrt angetreten? Ich weiß es nicht. Doch das weiß ich sicher: daß wir Asien erreichen werden. Gott wird mich nicht verlassen.

OKTOBER 1492

MONTAG, DEN 1. OKTOBER

Am frühen Morgen entlud sich ein heftiges Gewitter. Etwa eine Stunde lang wurde der Himmel von grellen Blitzen entzweigerissen, und eine wahre Sturzflut ergoß sich über uns. Seltsamerweise blieb die See ruhig. Und kaum, daß das letzte Grollen des Donners verklungen war, lachte uns schon wieder ein blauer Himmel zu. Wir sahen Delphine und fliegende Fische, von welchen zwei aufs Verdeck niederfielen. Ich habe vor, Gleiches mit Gleichem zu vergelten. Chachu, unser Bootsmann, der mir treu ergeben ist und fest an den Erfolg glaubt, wird mir helfen. Vielleicht kann ich mich so retten. Denn es ist nicht sicher, ob die Aufrührer das nächste Mal wieder klopfen und sich von meinem Gebet in die Flucht schlagen lassen werden.

Die »Pinta« ist doch nicht heimgekehrt. Sie segelt weit vor uns. Alonso Pinzón hat also die Hoffnung nicht aufgegeben und glaubt, er werde die zehntausend Maravedis verdienen, welche das Herrscherpaar dem versprochen hat, der als erster Land sichtet. Mir wäre es lieber, wenn einer von der Mannschaft diesen Lohn erhielte. Ich ließ ausrufen, daß ich bereit sei, dem Verkünder dieser frohen Botschaft eine seidene Jacke zu schenken.

MITTWOCH, DEN 3. OKTOBER

Auch Chachu wird von mir eine seidene Jacke erhalten. Er hat jedem, der es hören wollte, und auch jenen, die es nicht hören wollten, erzählt, ich hätte ihm eine Karte gezeigt, auf der ich täglich unsere Position eintrage, und aus dieser Karte sei deutlich zu ersehen, daß nur noch 150 Meilen zwischen uns und unserem Ziel lägen. Dies behielte ich für mich, weil ich die 10000 Maravedis selber verdienen wollte, erzählte Chachu ferner, und ich hätte ihm auch strengstes Stillschweigen auferlegt.

Schon eine Stunde, nachdem diese Fabel zur »Niña« hinübergeflattert war, schwamm Bartolomeo Garcia zu uns herüber und bat mich, ich möge ihm die Karte zeigen – er zwinkerte mir dabei mit den Augen zu –, die 10 000 Maravedis wert sei.

Man muß sich manchmal der Dummheit bedienen, um die Dummheit zu bekämpfen. Ich zeigte Garcia die erstbeste Karte, ein Geschenk Behaims. Auf ihr hatte ich rasch unsere Positionen eingetragen und eine große Insel gezeichnet, von der wir nicht mehr weit entfernt waren.

Nun wird auch Garcia dafür sorgen, daß ich ein paar Nächte ruhig schlafen kann. Aber er wird von mir keine seidene Jacke erhalten.

SAMSTAG, DEN 6. OKTOBER

Ein Kanonenschuß weckte mich heute früh. Ich stürzte aufs Deck und sah, daß auf dem Mast der »Niña, die während der Nacht die »Pinta« überholt hatte, die Flagge mit dem grünen Kreuz im roten Felde wehte. Das vereinbarte Zeichen! Land! Land!

Ein wildes Durcheinander entstand. Juan de la Cosa, der den Großmast erklettern wollte, wurde von zwei Matrosen zurückgerissen, die wie die Affen in die Höhe turnten. Sie riefen mir aufgeregt gestikulierend zu, daß vor uns in südwestlicher Richtung Land liege, eine Insel, welche die Form eines Herzens besitze.

Land! Ich fragte mich, ob wir Cipango schon erreicht hatten. Ich glaubte nicht recht daran, aber es war auch nicht unmöglich. Doch selbst wenn wir nur auf eine unbekannte Insel gestoßen waren, wollte ich zufrieden sein. Fester Boden unter den Füßen würde der Mannschaft neuen Mut einflößen.

Ich gab den Befehl, von der bisher eingehaltenen Fahrtrichtung abzuweichen und Kurs nach Südwesten zu nehmen.

Sonntag, den 7. Oktober

Bunte, kleine, nach Südwesten ziehende Vögel. Thunfische, die im ruhigen Meer spielen. Wir sahen einen Reiher, eine Ente und einen Pelikan, die dieselbe Richtung wie die anderen Vögel einhielten. Der Ast eines Dornbusches, der rote Früchte trug, schwamm im Wasser. Matrosen der »Pinta« fischten ein Rohr auf den Wellen, das ohne Zweifel von Menschenhand bearbeitet worden war. Wohin ich blickte, sah ich lachende Gesichter.

Auch ich bezweifle nun nicht mehr, daß Land vor uns liegt. Die Vögel irren nicht – sie suchen Futter und Ruheplätze –, und ich denke auch daran, welchen Wert die portugiesischen Seefahrer dem Flug der Vögel beimessen. Mehr als einmal sind es Vögel gewesen, denen sie die Entdeckung einer Insel zu verdanken hatten.

Schon Cipango? Schon Asien? Ich werde heute nacht schlecht schlafen. Aber nicht der Aufrührer wegen...

Mittwoch, den 10. Oktober

Das Land war eine Wolke. Auf der »Pinta« merkten sie zuerst, daß die herzförmige Insel in nichts zerronnen war, und von der »Niña« sprang die Nachricht auf die »Santa Maria« über. Gleich darauf war die Hölle los. Die Mannschaft drang geschlossen auf mich ein. Vom Deck der beiden anderen Schiffe, die angehalten hatten, sprangen die Matrosen ins Wasser, erkletterten unser Schiff und gesellten sich zu den Aufrührern. Quintero war unter ihnen. Er warf sich zum Sprecher auf. Er sprach nicht viel: »Rückkehr oder Euer Leben, Colón!«

Ich weigerte mich, ihrem Wunsch nachzukommen. Ich hielt ihnen vor, daß sie sich nicht nur mir, sondern auch dem König und der Königin widersetzten. Ich nannte Pinzón einen Hochverräter. Wir kämpften verbissen mit Worten, und ich wartete darauf, daß *sie* den Kampf mit ihren Messern eröffnen würden. Denn allein war ich nicht. Chachu, de Harana, die beiden

Columbus landet auf der Insel Guanahani (»San Salvador«)
(Zeitgenössische spanische Darstellung)

königlichen Beamten und der Dolmetsch standen neben mir, bereit, ihr Leben zu lassen.

Sie griffen nicht an. Mag sein, daß doch keiner von ihnen ein gemeiner Mörder ist, mag sein, daß sie sich den Strick errechneten. Aber sie gaben mir drei Tage Zeit, genau drei Tage. In drei Tagen wird Cristóbal Quintero Generalkapitän sein, wenn wir kein Land erreicht haben.

Ich habe gerechnet und gerechnet. Es ist nicht möglich, daß wir in drei Tagen vor der Küste Cipangos Anker werfen.

Donnerstag, den 11. Oktober

Alles deutet darauf hin, daß wir auf Land zusteuern. Wieder haben wir frische Pflanzen gesichtet, denn grüne Fische, wie sie nur in der Nähe von Klippen leben, und einen Dornenzweig, der Beeren trug und ohne Zweifel erst vor kurzem vom Stamm abgerissen worden war. Vielleicht haben mir die Aufrührer deshalb das Leben geschenkt, weil sie selber daran glauben, daß wir dem Ziel nahe sind. Als ich Chachu fragte, bekam ich zur Antwort, daß aber auch manche dies alles für Blendwerk des Teufels ansähen, der uns damit nur weiter von der Heimat fortlocken wolle.

Zwei Tage noch! Werden sie es wagen, mich in Ketten zu legen? Harana hat seine Kajüte in eine Festung verwandelt. Ich will lieber beten.

Nacht vom Donnerstag, dem 11. Oktober,
zum Freitag, dem 12. Oktober 1492

Ich muß noch niederschreiben, was mich bewegt. Kann sein, daß dies meine letzte Eintragung ist, daß sie das Bordbuch ins Wasser werfen, vielleicht aber vergessen sie es, und die Königin wird eines Tages wissen, daß ich kein Phantast, kein weltfrem-

Columbus ist auf Guanahani gelandet, das er »San Salvador« tauft
(Zeichnung von Rudolf Cronau)

der Träumer war. *Ich habe ein Licht gesehen.* Es war, als bewegte jemand eine Fackel.

Ich rief sofort Pedro Gutierrez an Deck. Auch er sah das Licht. Ihm schien es, als befände es sich in einem Boot, das sich mit den Wellen hob und senkte. Als sich Rodrigo Sanchez de Segovia zu uns gesellte, war das Licht verschwunden. Es kam nicht wieder, und de Segovia meinte, wir wären Opfer einer Sinnestäuschung geworden, wir hätten das Licht gesehen, weil wir ein Licht sehen wollten.

Ich werde wieder an Deck gehen und auf das Licht warten. Vielleicht kommt es wieder, dieses Licht, das mir das Leben schenken würde ...

Freitag, den 12. Oktober, 3 Uhr früh

Um zwei Uhr ertönte auf der »Pinta« ein Kanonenschuß. Ein Matrose, Rodrigo de Triana, sah das Land als erster. Es liegt ganz nahe vor uns, höchstens zwei Seemeilen entfernt. Ich habe den Befehl gegeben, die Segel einzuziehen und die Schiffe langsam treiben zu lassen. Was werden wir zu sehen bekommen? Marmorbrücken? Tempel mit goldenen Dächern? Gewürzhaine? Menschen, die uns gleichen, oder irgendein fremdartiges Geschlecht von Riesen? Haben wir eine Insel oder Cipango erreicht? Ich kann es kaum erwarten, daß die Dämmerung aus dem Meer steigt. – Seltsam: An einem Freitag habe ich Spanien verlassen, und an einem Freitag habe ich mein Ziel erreicht.

Freitag, den 12. Oktober

Es ist eine Insel, eine bewohnte Insel. Am Strand erblickten wir Eingeborene, nackend, wie Gott sie erschaffen hat. Ich stieg, begleitet von Martin Alonso Pinzón, Vicente Ibanez Pinzón, den beiden königlichen Beamten und zehn bewaffneten Ma-

Die Landung des Columbus
(Holzschnitt 1493)

trosen, in ein Boot. Während wir uns dem Land näherten, strömten immer mehr Bewohner aus den Wäldern herbei, und ich konnte, als wir uns nur noch einen Steinwurf weit von der Küste befanden, von ihren Mienen nur Erstaunen und keine feindseligen Gefühle ablesen.

Auch von der Insel bekam ich nun mehr zu sehen. Mächtige Wälder, ein kristallklarer Bach, der dem Meer zuströmte, und riesige unbekannte Früchte, unter deren Last sich die Zweige der Bäume bogen, sprangen mir ins Auge. Nach Häusern, nach Tempeln, nach Zeichen des Reichtums hielt ich vergeblich Ausschau.

Ich kniete nieder, als ich festen Boden unter den Füßen hatte – noch vor einem Tag hatte ich glauben müssen, dies würde nie wieder geschehen –, und dankte Gott, indem ich die Erde küßte. Dann entfaltete ich das königliche Banner und rief die beiden Beamten der Krone zu Zeugen an, daß ich im Namen des Königs und der Königin von Spanien von der Insel Besitz ergriff.

Von den Eingeborenen erfuhren wir später, daß sie die Insel Guanahani* nennen. Ich habe ihr jedoch dem Erlöser zu Ehren, der mich aus allen Gefahren errettet hat, den Namen San Salvador gegeben.

FREITAG, DEN 12. OKTOBER

Niemand hat mich ins Meer werfen wollen. Niemand hat mich bedroht. Niemand hat gemeutert. Ich wurde umarmt, geküßt, und alle taten so, als wäre ich bereits ein Mann, der alle Reichtümer und Ehren der Welt zu vergeben hat. Die Eingeborenen, glaube ich, sehen mich für einen Gott und die Schiffe für Ungeheuer an, die während der Nacht aus der Tiefe des Meeres aufgetaucht sind. Ich überwand ihre Scheu und Angst, indem ich Halsketten und rote Kappen an sie verteilen ließ.

---

* Columbus hatte die heutige Watling-Insel (Bahama-Gruppe) erreicht.

Bald wagten sie es, heranzukommen und uns vorsichtig zu berühren. Vor allem unsere Bärte versetzten sie in maßloses Erstaunen.

Ihr Anblick ist für uns ebenso überraschend, denn sie unterscheiden sich von allen Menschenrassen, die wir bisher gesehen haben. Auch nicht in Lissabon, ja nicht einmal in Afrika stieß ich auf Geschöpfe von solchem Aussehen. Sie gehen umher, wie Gott sie geschaffen hat, Männer sowohl als Frauen, und bemalen ihre schöngeformten Körper mit grellen Farben, vor allem das Gesicht, die Nase und die Augengegend. Ihre Haut ist von rötlichgelber Farbe, ihr Haar tiefschwarz und glatt – nicht kraus wie das der afrikanischen Völker – und fällt wie ein Roßschweif auf den Rücken herab. Über der Stirn hingegen ist es kurz geschnitten. Auffallend ist, daß sie alle jung sind, ich sah weder einen Mann über vierzig noch eine Frau, die älter als dreißig Jahre sein mochte. Ein Rätsel! Vielleicht werde ich später einmal einen Weg finden, es zu lösen.

Sie sind ohne Zweifel gutmütig und sanft. Ihre einzigen Waffen sind Lanzen mit einer Spitze aus Stein oder dem Knochen eines Fisches. Das Eisen, glaube ich, kennen sie nicht. Auch mit unseren Schwertern wußten sie nichts anzufangen. Einer von ihnen faßte nach meinem Schwert, ehe ich ihn hindern konnte, er faßte nach der Schneide und zog sich eine blutende Wunde zu. Als ich fragte, wieso die Körper der meisten von Wundmalen bedeckt seien, gaben sie mir durch Zeichen zu verstehen, daß sie oft von den Bewohnern anderer Inseln angegriffen würden. Das glaube ich nicht recht. Ich vermute eher, daß diese Angreifer vom Festland kommen. Denn ich bin überzeugt, auf einer Indien vorgelagerten Insel gelandet zu sein.

Auf der Heimfahrt werde ich sechs dieser Männer mitnehmen, um sie dem König und der Königin zu zeigen. Außerdem sollen sie unsere Sprache erlernen. Tiere sah ich bis jetzt keine außer den bunten, farbenprächtigen Vögeln, die so zutraulich sind, daß man sie berühren kann.

Samstag, den 13. Oktober

Die Angst der Indianer* vor unseren Schiffen scheint geschwunden zu sein. Einige schwammen zur »Santa Maria« heran, andere kamen in leichten Barken, die sie Canoes nennen. Eigenartige Fahrzeuge sind das: Aus ausgehöhlten Baumstämmen verfertigt, können sie vierzig, ja sogar fünfzig Menschen aufnehmen. Gelenkt und bewegt werden diese Boote mit Rudern, die die Form einer Ofenschaufel haben. Dennoch gleiten sie erstaunlich rasch über das Wasser. Kippt ein Boot um, kehren es die Indianer wieder rasch nach oben und entleeren es mit hohlen Kürbissen. Sie brachten uns als Geschenke Papageien, aus Baumwolle verfertigtes Garn und eine Art Brot mit, das sie Cassava nennen und aus einer Wurzel zubereiten, die den Namen Yuka trägt. An unseren Geschenken hatten sie viel Freude. Sie scheinen zu glauben, daß alles, was aus unseren Händen kommt, überirdische Kraft besitzt.

Ich bemerkte – und nicht nur ich! –, daß manche Indianer die Nase durchlöchern und in die so entstandene Öffnung ein Stück Gold gesteckt haben. Sie tauschten das Gold, das sie offenbar für wertlos ansehen, gern gegen Glasperlen ein, doch verbot ich diesen Tauschhandel sofort; das Gold gehört der Krone allein! Ich fragte die Eingeborenen, woher das Gold stamme, und erfuhr, daß es auf ihrer Insel gefunden werde, in geringen Mengen nur, während es im Süden ein Reich gebe, wo ein König aus großen Gefäßen aus purem Gold esse und trinke. Ich fragte weiter, ob dieses Reich Cipango heiße, doch verstanden sie mich nicht.

Dennoch gibt es für mich keinen Zweifel mehr: Der König ist derselbe, dessen prächtige Stadt Marco Polo beschrieben hat, und die Krieger, die die Bewohner Guanahanis dann und wann überfallen, sind Untertanen des Groß-Khans der

---

* Diesen Namen gab Columbus den Eingeborenen. Er glaubte ja, in Indien zu sein. Der Name blieb auch in Gebrauch, als man wußte, daß Columbus Amerika entdeckt hatte, und wurde auf alle Ureinwohner der Neuen Welt angewendet.

Tartarei, des kühnsten Kriegers und größten Räubers aller Zeiten, dem der Venezianer von Angesicht zu Angesicht gegenübergestanden hat. Zu ihm mag es wohl noch weit sein, aber nicht zu dem König, der seinen Wein aus goldenen Pokalen trinkt.

Zu ihm wollen wir bald weiterfahren.

Sonntag, den 14. Oktober

Es gibt hier so viele Inseln, daß man sie nicht zählen kann. Wir kreuzten den ganzen Tag zwischen ihnen hin und her, gingen aber nirgendwo an Land, obwohl uns die Eingeborenen durch Gesten und Zurufe dazu einluden. Einige schwammen auf uns zu und fragten uns, ob wir geradewegs vom Himmel kämen. Wir ließen ihnen diesen Glauben, denn er kann uns nur zum Vorteil gereichen.

Überall sahen wir Bäume und genug Quellwasser. Am späten Nachmittag kehrten wir nach San Salvador zurück und nahmen sieben Eingeborene auf die »Santa Maria« mit. Luis de Torres soll sich bemühen, sie das Kastilianische zu lehren, damit wir sie als Dolmetscher verwenden können.

Montag, den 15. Oktober

Die größte Insel, versicherten mir die Eingeborenen, liege etwa zwanzig Seemeilen in südwestlicher Richtung. Wir erreichten sie, da wir eine heftige Gegenströmung zu bekämpfen hatten, erst mittags. In weiter Fernen sah ich eine andere Insel liegen, die mir noch größer zu sein schien. Ihr gab ich den Namen Santa Maria de la Concepción. Knapp vor Sonnenuntergang warfen wir vor ihrer Küste Anker. Auch hier empfingen uns die Indianer mit Geschenken. Wir fragten sofort nach Gold und erfuhren, daß auf einer weiter im Süden gelegenen Insel die Eingeborenen goldene Fuß- und Armspangen trügen. Immer mehr bin ich überzeugt, daß ich auf die 7458 Inseln umfassende Gruppe gestoßen bin, von der Marco Polo sagt, sie dehne sich weithin vor der Küste Asiens aus.

Dienstag, den 16. Oktober

Ich habe eine weitere große Insel entdeckt, die ich Fernandina* nannte. Gold fanden wir auch hier nicht. Während der Fahrt sprangen zwei der Eingeborenen, die ich zu Dolmetschern machen will, ins Wasser und flohen. Ich ließ sie nicht verfolgen, weil mir nichts wichtiger erscheint, als mir die Freundschaft der Indianer weiter zu erhalten. Fernandina ist die üppigste aller bisher entdeckten Inseln, sie gleicht wahrhaftig einem Paradies. Alles ist hier anders als in Andalusien: die Bäume, die Sträucher, die Pflanzen, die Fische, sogar die Steine. Zum ersten Mal besichtigten wir die Behausungen der Eingeborenen. Es sind Hütten von der Form eines Pavillons, aus Baumwollgewebe, Rohr und Palmblättern zusammengesetzt. Als Ruhelager werden Baumwollnetze verwendet, die den Namen Hamaks** tragen. Man erzählte uns, daß auf der Insel Saemeto in einer großen Stadt ein König residiere, der unendlich reich und Herr über alle anderen Inseln sei. Es kann sein, daß die Indianer Cipango Saometo nennen.

Donnerstag, den 18. Oktober

Auf Saometo fanden wir weder Gold noch eine Stadt noch einen König. Es mag sein, daß mich die Eingeborenen nicht verstanden haben, vielleicht wollten sie mich auch irreführen. Aber ich kann nicht leugnen, daß diese Insel, die ich Isabella getauft habe, Fernandina an Schönheit noch übertrifft. Es quält

---

* Das heutige Long Island.
** Dieser Name für Hängematten hat sich in der Seemannssprache bis heute erhalten.

mich sehr, daß ich die vielen Kräuter, Sträucher und Pflanzen nicht kenne, die vielleicht für die Erzeugung von Farben, Arzneien und Gewürzen von großem Wert sein mögen. Ich werde von den meisten Proben mit nach Hause nehmen.

Sonntag, den 21. Oktober

Ich hörte von einer anderen großen Insel, die von den Indianern einmal Colba und dann wieder Cubagua* genannt wird. Dort soll es nicht nur Überfluß an Gold, Perlen und Spezereien geben, sondern auch große Schiffe, die voll mit Waren beladen sind. Ich hoffe, daß sie nicht dem großen König Saemetos ähneln.

In den letzten Tagen gingen heftige Regengüsse nieder, immer zwischen Mitternacht und dem Morgengrauen. Auch jetzt, da wir ausgefahren sind, um Cubagua zu suchen, ist der Himmel mit Wolken verhangen.

Wenn wir Cubagua gefunden haben, will ich nicht länger hier bleiben, sondern zum Festland vordringen, um die Stadt Quisai** zu erreichen, wo der Groß-Khan zu Hause ist. Ihm will ich den Brief der katholischen Majestäten übergeben und mit der Antwort nach Europa zurückkehren.

Sonntag, den 28. Oktober

Widrige Winde, Regengüsse und Gegenströmungen hemmten immer wieder unsere Fahrt nach Cubagua. Dafür schien die Sonne, als wir vor der Küste des großen Eilandes Anker warfen. Sie vergoldete ein Bild, das ich kaum zu beschreiben vermag: hohe Berge, welche mich an die Siziliens erinnern, fruchtbare Täler, Wiesen voll bunter Blumen, grüne Wälder, Insek-

---

* Indianisches Wort für »Goldfundstätte«. Heutiger Name: Kuba.
** Quisai ist das chinesische King-sse, d. i. Residenz. Heute: Hang-Aschou.

ten, die herrliche Flügeldecken entfalten, Vögel, die in allen Farben schillern. Ein breiter Strom, zu beiden Seiten von schattigen, Früchte tragenden Bäumen gesäumt, lud uns geradezu ein, die Insel zu erkunden. Wir fuhren etwa eine halbe Meile landeinwärts, dann stieg ich ans Ufer und nahm von der Insel Besitz. Ihr gab ich den Namen Juana.

Ich bin nicht sicher, daß ich nun endlich Cipango erreicht habe. Cipango – Cubagua: Auch einem Marco Polo kann ein Irrtum unterlaufen sein.

Montag, den 29. Oktober

Die auf Cubagua wohnenden Indianer sind scheu. Sie ergreifen die Flucht, kaum daß sie uns erblickt haben. Dies erschwert es mir sehr, den großen König und seine Stadt zu finden. Abermals ist einer der Indianer, die ich nach Spanien mitnehmen will, geflohen. Mit den anderen kann ich mich zur Not schon verständigen.

Wir fuhren die Küste in nordwestlicher Richtung entlang und gingen mehrmals an Land. Was wir vorfanden, läßt darauf schließen, daß die Bewohner dieser Insel auf einer weit höheren Stufe stehen als die anderen. Die Hütten sind größer, die Einrichtungsgegenstände mannigfaltiger. Wir fanden weibliche Gestalten darstellende Tonfiguren und sehr gut gearbeitete Gesichtsmasken, Netze, Waffen und Fischereigeräte. Außerdem stießen wir in fast jeder Behausung auf gezähmte bunte Vögel und Hunde, die niemals bellten. Andere Haustiere bekamen wir nicht zu sehen, doch bin ich überzeugt, daß wir sie im Innern der Insel vorfinden werden.

Ich verbot meiner Mannschaft, irgend etwas an sich zu nehmen, denn ich will auch hier die Freundschaft der Bewohner gewinnen. Es gilt nur, ihnen zu beweisen, daß wir keine räuberische Expedition des Groß-Kahns sind. Denn sicherlich glauben sie das.

NOVEMBER 1492

Donnerstag, den 1. November

Wir fuhren in nordwestlicher Richtung weiter und stießen auf ein großes vorspringendes Plateau, dem ich den Namen »Kap der Palmen«* gab. Hier erblickten wir eine große Siedlung. Um die Eingeborenen nicht wieder zu verscheuchen, ließ ich nicht landen, sondern schickte zwei meiner Indianer zum Ufer. Ich mußte das Wagnis auf mich nehmen, auch sie zu verlieren.

Wir warteten und warteten. Würden sie kommen? Sie kamen! Sechzehn große Canoes wurden ins Wasser gelassen, und nach einer Weile ruderten sie zu uns heraus. Sie brachten uns Früchte, gesponnene Baumwolle und Papageien. Ich verbot jedoch meinen Leuten, irgend etwas anzunehmen, damit die Indianer endlich wüßten, daß wir nur auf der Suche nach »nucay« – das ist der indianische Name für Gold – oder auch Silber wären.

Sie versicherten mir, daß sie kein Gold besäßen, und gaben mir durch Zeichen zu verstehen, daß ihr König vier Tagereisen weit im Innern der Insel wohne und von unserer Ankunft schon wisse. Ich beschloß, auf der Stelle zwei Boten zu ihm zu schicken.

Ich glaube, daß die Indianer hier keine Religion besitzen. Ich sah sie nie ein Gebet verrichten. Zwei, die ich mit mir führe, habe ich das »Salve Regina« und das »Ave Maria« gelehrt. Sei beten mit erhobenen Händen und wissen auch schon, daß sie sich am Beginn und am Ende eines Gebets bekreuzigen müssen.

---

* Die heutige Laguna de Morón.

FREITAG, DEN 2. NOVEMBER

Die zwei Boten habe ich ausgewählt: Luis de Torres, unseren Dolmetscher, und Rodrigo de Jerez, einen Matrosen. Torres beherrscht das Arabische, das Hebräische und das Chaldäische, und ich nehme an, daß der morgenländische Fürst im Innern Cubaguas eine dieser Sprachen versteht. Ich gab den beiden zwei Indianer als Begleiter mit und den Auftrag, dem König zu bestellen, daß ich ihm ein eigenhändiges Schreiben nebst einem Geschenk der Beherrscher Kastiliens überreichen wolle und hierhergekommen sei, um seine Freundschaft zu gewinnen. Außerdem befahl ich meinen Botschaftern, genaue Erkundigungen über Häfen, Flüsse, Städte und Provinzen einzuziehen und vor allem nach Gold, Silber, Gewürzen und Spezereien Ausschau zu halten.

SONNTAG, DEN 4. NOVEMBER

Ich zeigte den Indianern Cubaguas die aus Kastilien mitgebrachten Proben von Zimt und Pfeffer, und sie versicherten, diese Gewürze zu kennen. Auch Gold und Perlen zeigte ich ihnen. Sie behaupteten, auf einer Insel mit dem Namen Bohio gebe es Gold in Hülle und Fülle, doch solle ich mich vor den Bewohnern sehr in acht nehmen. Diese hätten nur ein Auge und eine Hundeschnauze und nährten sich von Menschenfleisch. Etwas weiter wohne ein noch wilderer Stamm, der jeden, den er ergreifen könne, sofort enthaupte, um sein Blut zu trinken.

Gewiß ist das eine Fabel, aber es ist doch sicher, daß die Bewohner der Tartarei gemeint sind. Als wir heute Feuer machten, merkten wir, daß dem Holz ein herrlicher Wohlgeruch entströmte. Auch das läßt den Schluß zu, daß wir den von Marco Polo geschilderten Ländern nicht mehr fern sind.

Am Abend lehrten uns die Eingeborenen die Zubereitung eines unscheinbaren Knollengewächses, an dem wir bisher achtlos vorübergingen. Ich werde einige dieser seltsamen Äpfel, die wie Kastanien schmecken und von den Indianern Batate genannt werden, nach Europa mitnehmen*.

DIENSTAG, DEN 6. NOVEMBER

Heute sind meine Abgesandten zurückgekehrt. Ihr Bericht ist enttäuschend:

Nachdem sie zwölf Stunden ins Innere der Insel vorgedrungen waren, sind sie auf eine Siedlung von fünfzig Hütten gestoßen, wo ihnen ein feierlicher Empfang zuteil wurde. Die Indianer führten sie in ein großes Haus, in dem sie auf Stühlen – einer Art Ehrensessel – Platz nahmen. Sie wurden mit Früchten bewirtet, und immer wieder küßten ihnen die Eingeborenen Hände und Füße. Luis de Torres sprach sie an, aber niemand verstand ihn. Einem der Indianer gelang es schließlich, verständlich zu machen, was der Besuch der vom Himmel herabgestiegenen Männer zu bedeuten habe. Die Antwort: Es gibt auf Cubagua weder Gold noch einen König! Auch die Gewürze, die meine Abgesandten den Indianern zeigten, sind hier unbekannt. Sie sollen jedoch auf Inseln, die im Südwesten liegen, in reicher Menge zu finden sein.

Luis de Torres berichtete mir von einem seltsamen Brauch der Indianer, den er mehrmals beobachten konnte: Sie wickeln getrocknete Kräuter in ein Blatt, rollen das Blatt und den Inhalt zusammen, entzünden diese Rolle, stecken sie in den Mund und stoßen dann ständig dichte Rauchwolken aus. Diese Rolle nennen sie tobaco**. Ein seltsamer Brauch! Ich glaube, daß diese Art, sich selber zu beräuchern, eine Art religiöse Handlung ist.

Übermorgen will ich weiterfahren. Der Allmächtige wird mir beistehen, Gold, Gewürze und neue Länder zu finden.

---

* Dieses unscheinbare Knollengewächs war – die Süßkartoffel. Columbus hatte, ohne es zu wissen, für die Menschheit ein kostbareres Gut als Gold entdeckt

** Die erste authentische Erwähnung des Tabaks. Ursprünglich trugen nur die oben erwähnten Rollen den Namen tobaco, später wurde er auch der Tabakpflanze selber gegeben.

Montag, den 12. November

Ich entdecke auf der Suche nach Babeque zahlreiche weitere Inseln. Auf Babeque, hörte ich, sollen die Eingeborenen Gold am Meeresstrand auflesen und mit Hämmern zu Barren schlagen. Die Inseln, die ich fand, sind auch alle von großer landschaftlicher Schönheit und dicht besiedelt. Die Verständigung mit den Eingeborenen ist deshalb so schwer, weil auf jeder Insel eine andere Sprache gesprochen wird. Die Indianer von Guanahani konnten mit den Bewohnern der Inseln, die ich gestern anlief, kein einziges Wort sprechen. Auch führen die Indianer untereinander Krieg.

Heute nachmittag kamen stürmische Winde auf, die mich zwangen, einen natürlichen Hafen anzulaufen. Wir wollen das Innere der Inseln durchforschen, die – dicht beieinander liegend – kleine Paradiese sind. Ich habe ihnen den Namen Jardin de la Reine* gegeben, den Hafen nannte ich Puerto del Principe.

Mittwoch, den 21. November

Das Wetter zwang uns zu einer langen Ruhepause. Auf den Inseln fanden wir Mastix, Aloe, Baumwollstauden und endlich auch Tiere, wie sie in Spanien zu Hause sind, nämlich Enten und Rebhühner. Ziegen, Schafe, Kühe und Schweine scheinen in dieser Gegend völlig unbekannt zu sein. Man müßte sie herbringen, denn sicher würden sie hier prächtig gedeihen. Auch an Futter würde es nicht mangeln.

Von den Inseln nahm ich mehrere Eingeborene an Bord, sieben Männer, sieben Frauen und drei Knaben, um sie nach Spanien zu bringen. Die Frauen ließ ich aus einem guten Grund auf die »Santa Maria« schaffen. Die Männer werden nicht Reißaus nehmen, solange ihre Frauen hier sind.

---

* Garten der Königin.

Mittwoch, den 21. November

Stürmische Winde zwangen mich, die Suche nach Babeque einstweilen aufzugeben und nach Cubagua zurückzukehren. Als ich wenden ließ und den anderen Schiffen Signal gab, der »Santa Maria« zu folgen, wurde dieses Signal von Pinzón entweder nicht bemerkt oder nicht beachtet. Nach Einbruch der Nacht ließ ich auf dem Großmast ein Signalfeuer anbringen. Dennoch kehrte die »Pinta« nicht zurück. Sollte Pinzón geflohen sein? Ich kann dies nicht recht glauben, obwohl ich in letzter Zeit merkte, daß es ihm immer weniger gefiel, sich mir unterordnen zu müssen. Gewiß, er hat Geld zugeschossen, aber das gibt ihm noch lange nicht das Recht, sich meiner Befehlsgewalt zu entziehen.

Donnerstag, den 22. November

Martin Alonso Pinzón hat das Weite gesucht! Ich frage mich immer wieder: Weshalb? Will er nach Spanien zurückkehren und den Lorbeer der Entdeckung für sich beanspruchen, oder will er vor mir das reiche Goldland entdecken, in dessen nächster Nähe wir uns befinden? Sein Verhalten ist empörend, und ich würde nicht davor zurückscheuen, ihn in Ketten legen zu lassen, könnte ich seiner habhaft werden. Doch der Versuch, ich zu verfolgen, wäre von allem Anfang an zum Scheitern verurteilt. Die »Pinta« ist ein viel besserer Segler als die »Santa Maria« und kann auch gegen den Wind gesteuert werden.

Freitag, den 23. November

Es regnet seit gestern pausenlos. Die See ist stürmisch und eine Fahrt nach dem Osten unmöglich. Wir gingen in einem windgeschützten Hafen an der Westküste Cubaguas vor Anker und werden die Zeit nützen, unsere Schiffe auszubessern. Pinzón ist noch immer nicht zurückgekehrt. In einem Flußbett fanden wir Steine mit Goldadern.

DONNERSTAG, DEN 29. NOVEMBER

Es regnet noch immer. Bei einem Vorstoß ins Innere der Insel fanden wir in einer Eingeborenenhütte einen Wachskuchen. Ihn will ich den katholischen Majestäten mitbringen, als Beweis für den Reichtum dieses Landes. Wo Wachs ist, sind auch tausend andere Dinge.

FREITAG, DEN 30. NOVEMBER

Das Wetter hat sich wieder gebessert. Heute früh stießen wir auf ein Canoe, in dem sich hundert Indianer befanden. Wir sahen ihnen zu, wie sie vier bis fünf Faden tauchten, um Muscheln und Schaltiere vom Meeresgrund heraufzuholen. Ich war jedoch mit meinen Gedanken nicht bei diesem schönen Bild. Die Frage quält mich, ob ich weiter nach der reichen Insel Babeque suchen oder der Küste Cubaguas entlang nach Südwesten fahren soll, um endlich den ersehnten Boden Indiens zu betreten.

DEZEMBER 1492

MONTAG, DEN 3. DEZEMBER

Heute erstieg ich einen Hügel, der oben abgeplattet und mit mannigfaltigen Früchten bebaut war. Unter ihnen entdeckte ich auch Kürbisse. Inmitten der Felder standen ein paar Hütten. Als mich die Bewohner sahen, ergriffen sie sofort die Flucht. Obwohl sie alle groß und kräftig sind, ist ihre Feigheit kaum zu beschreiben. Zehn Spanier würden, käme es zu einem Kampf, tausend Indianer in die Flucht schlagen. Vielleicht ist ihre Angst aber auch nur deshalb so groß, weil sie glauben, daß wir vom Himmel herabgestiegen sind.

Als ich zu den Booten zurückgekehrt war hatten sich dort Hunderte von Indianern angesammelt. Ihre Körper waren grellrot bemalt, auf den Köpfen trugen sie einen Federschmuck und in den Händen hielten sie Speere. Gerade als ich den Befehl geben wollte, Glasperlen an sie zu verteilen, sah ich, daß der Guanahani-Indianer, den wir mitgenommen hatten, bleich wie Wachs wurde und wie Espenlaub zu zittern begann. Mit wilden Gebärden forderte er uns auf, rasch in die Boote zu steigen und auf und davon zu fahren. Die Indianer hätten die Absicht, uns alle zu ermorden.

Ich ließ mich nicht beirren. Eine einzige Flucht mußte zur Folge haben, daß sich rasch auf den Inseln herumsprach, wir wären doch nicht die furchtlosen Geschöpfe, für die man uns hielt. Ich ging auf die Indianer zu, Glasperlen in der Hand, und forderte sie auf, ihre Speere gegen die Perlen einzutauschen. Sie taten es bereitwillig. Genau so würden sie auch Gold und Perlen für ein Nichts hergeben. Einer meiner Matrosen tauschte ein Stück Schildkrötenpanzer, das nicht größer als ein Fingernagel war, gegen ein Bündel Speere und einen Korb voll Früchten. Als wir in die Boote stiegen, besaßen die Indianer keinen einzigen Speer mehr.

MITTWOCH, DEN 5. DEZEMBER

Heute erreichten wir das Ostende Cubaguas, dem ich den Namen »Alpha und Omega« gab. Gegen Mittag fuhren wir wieder auf das große Weltmeer hinaus, und nach einer Weile zeigte sich im Südosten eine Insel, die sich rasch ausdehnte. Ihre Berge schienen mir bis zum Himmel zu reichen. Unsere Indianer versicherten, daß nicht Babeque, sondern Bohio, das Land der einäugigen Männer, vor uns liege, und flehten uns an, wir möchten uns der Insel nicht nähern, wenn uns unser Leben lieb sei.

Ich glaube, daß wir endlich Cipango erreicht haben.

Donnerstag, den 6. Dezember

Die Insel ist felsig, ihre Berge sind höher als die der anderen Eilande. Überall sieht man fruchtbare Ebenen, grüne Grasfluren, die die Indianer savannas nennen, und bebaute Felder. Rauchsäulen und viele Feuer, die während der Nacht entzündet wurden, lassen erkennen, daß das Land dicht bevölkert ist. Ich dachte lange nach, welchen Namen ich der neuen Entdeckung geben solle. Schließlich entschied ich mich für den Namen Hispaniola*. Denn diese Insel erinnert mich an Spanien, meine zweite Heimat.

Freitag, den 7. Dezember

Gestern liefen wir in einen Hafen am westlichen Ende Hispaniolas ein. Es ist ein geräumiger, tiefer Hafen, von schattenspendenden Bäumen umgeben, von denen viele Früchte tragen. Ich gab diesem Platz den Namen St. Nicolas.

Landeinwärts dehnt sich eine Ebene, die von einem breiten Strom durchschnitten wird. Wir sahen unzählige Canoes, und das läßt darauf schließen, daß sich große Dörfer in der Nähe befinden. Die Eingeborenen liefen – wie immer –, als sie uns erblickten, davon.

Wir fuhren heute die Nordseite der Küste entlang, immer wieder an hohen Bergen und grünen savannas vorüber. Einmal erblickten wir ein breites Tal, das sich weit ins Innere zu erstrecken scheint. In einem Hafen ein wenig weiter nördlich – ich nannte ihn Puerto de la Concepción – ankerten wir. Die Nächte werden immer länger und die Winde stürmischer, so daß die Seefahrt kaum noch möglich ist. Vor allem die »Santa Maria« ist bei solchen Unwettern nicht manövrierfähig.

Wir fingen Fische – einem solchen Fischreichtum bin ich noch nie begegnet – und versuchten vergeblich, mit den Eingeborenen in Berührung zu kommen. Da ich dies für unum-

---

* Das heutige Haiti.

Eigenhändige Skizze des Columbus von der Nordwestküste Hispaniolas (Haitis)

gänglich notwendig erachtete, sandte ich sechs bewaffnete Matrosen ins Landinnere.

Ich vermute, daß die Feuer, die zu Beginn der Nacht aufflammen, Signalfeuer sind, welche die Bewohner von unserer Ankunft benachrichtigen und gleichzeitig auffordern, die Küsten zu räumen. Das scheint mit ein Beweis dafür zu sein, daß sich im Innern der Insel große, volkreiche Städte befinden, wo es eine Art Regierung gibt. Daß ich Cipango erreicht habe, glaube ich nun nicht mehr. Marco Polo hat dieses Land anders beschrieben.

Mittwoch, den 12. Dezember

Nach wie vor ist die See wild und aufgewühlt. Heute ließ ich auf einer gut sichtbaren Anhöhe ein großes Kreuz aufrichten, zum Zeichen, daß ich von Hispaniola im Namen Jesu Christi für Spanien Besitz ergriffen habe.

Drei Matrosen bemächtigten sich nach einer aufregenden Jagd einer jungen, sehr schönen Wilden und brachten sie zu den Schiffen. Sie war völlig nackt und trug ein goldenes Schmuckstück in der Nase. Ich schenkte ihr Glasperlen, ein Armband aus Messing und eine rote Kappe, und darüber war sie so glücklich, daß sie die »Santa Maria« nicht mehr verlassen wollte. Wir mußten beinahe Gewalt anwenden, um sie wieder fortzubringen.

DONNERSTAG, DEN 13. DEZEMBER

Die sechs Matrosen sind unverrichteter Dinge zurückgekehrt. Nachdem sie unvermutet auf ein Dorf mit mehr als tausend Hütten gestoßen waren – ein von seinen Bewohnern verlassenes Dorf –, wagten sie es nicht mehr, weiter vorzudringen, aus Angst, sie könnten überwältigt werden. Heute habe ich neun mutigere Männer ins Innere geschickt. Ihnen gab ich Glasperlen mit, die beste Waffe gegen die Speere der Eingeborenen.

Pinzón ist noch immer nicht zurückgekehrt.

FREITAG, DEN 14. DEZEMBER

Diesmal hatten meine Abgesandten Glück. Sie erreichten das verlassene Dorf und fanden dort *zwei* Bewohner vor, die schöne junge Indianerin und ihren Mann, die beide unsere Geschenke bestaunten und vor Freude und Dankbarkeit außer sich waren. Einem der Matrosen, José Pequinos, gelang es, die Indianerin zu dem Versuch zu bewegen, die anderen Dorfbewohner herbeizuholen. Er gab ihr zum Zeichen, daß wir nach Hayti – so heißt die Insel in der Eingeborenensprache, der Name bedeutet: Hochland – gekommen seien, nur um Geschenke zu machen, Glasperlen mit.

Nachdem etwa eine Stunde verstrichen war, kehrten die Indianer in ihr Dorf zurück, zögernd, ängstlich, zum Zeichen ihrer Unterwerfung die Hände auf den Kopf legend. Ihre Scheu wich sofort, als Pequinos die Geschenke verteilen ließ. Sie führten dann unsere Boten in ihre Häuser und bewirteten sie mit Cassava-Brot, Fischen, Wurzeln und Früchten.

Pequinos fragte auch nach Gold, aber die Eingeborenen verstanden ihn nicht. Vielleicht wollten sie ihn auch nicht verstehen. Ich werde Pequinos nicht vergessen. Sollte mir Pinzón in die Hände fallen, wird Pequinos Kapitän der »Pinta« werden.

SONNTAG, DEN 16. DEZEMBER

Wieder hinderten mich widrige Winde, auf Entdeckungsfahrt nach der Insel Babeque zu gehen. Wir stießen auf eine dem Hafen Concepción gegenüberliegende Insel, auf der wir Tausende von Schildkröten fanden. Deshalb gab ich ihr den Namen Tortugas. Da die Eingeborenen wieder einmal davonliefen, segelten wir, den Ostwind nützend, weiter und kamen zu einer neu errichteten Siedlung an der Küste, wo wir an Land gingen. Hier erwartete mich eine große Überraschung. Gerade als ich beim Essen saß, wurde mir die Ankunft eines hohen indianischen Würdenträgers, eines Cacique, gemeldet.

Er saß auf einer Art Tragbahre, die von zweien seiner Ratgeber getragen wurde, und mehr als zweihundert Untertanen begleiteten ihn. Er mochte zwanzig Jahre alt sein und war wie sein Gefolge vollkommen nackt. Dennoch zeigte er viel Würde. Ich forderte ihn auf, mir gegenüber Platz zu nehmen, und ließ ihm Speisen auftragen. Er berührte sie nicht und schickte sie seinem Gefolge, das außerhalb meiner Kajüte wartete. Auch war es nicht möglich, ihn zu einem einzigen Wort zu bewegen. Die Räte, die zu seinen Füßen saßen, antworteten für ihn. Sie versicherten mir, daß es auf Hayti nur wenig Gold gebe, dafür um so mehr auf der Insel Babeque.

Bevor ich den Kaziken entließ, beschenkte ich ihn mit ein paar Bernsteinperlen, farbigen Schuhen und einem Fläschchen Orangenblütenwasser. Ich zeigte ihm spanische Münzen, auf denen Bildnisse des Königs und der Königin geprägt waren, und versuchte, ihm die Größe und die Macht der katholischen Majestäten deutlich zu machen. Auch das königliche Banner und die Fahne des Kreuzes ließ ich vor seinen Augen entrollen. Doch er verstand mich nicht und wußte mit all dem nichts anzufangen. Er glaubte nicht, daß es einen Erdteil gebe, der so wundersame Wesen und so wundersame Dinge hervorbringe, und blieb dabei, daß wir keine gewöhnlichen Sterblichen, sondern im Himmel zu Hause seien.

Montag, den 17. Dezember

Heute landeten wir wieder auf der Schildkröteninsel, wobei es uns diesmal gelang, mit den Bewohnern in Berührung zu kommen. Sie zeigten uns Pfeile der Caniboto-Indianer*, lange Rohre, deren Spitze ein in Feuer gehärtetes Holzstück bildete, und wiesen auf Körperstellen, wo ein Stück Fleisch fehlte. Allen Ernstes behaupteten sie, die Kannibalen hätten es ihnen abgebissen und in rohem Zustand verzehrt. Natürlich glaubte ich ihnen kein Wort.

Es gelang mir auch, Glasperlen gegen zu dünnen Blättern geschlagene Goldstücke einzutauschen. Wieder hörte ich von der Insel Babeque und von ihren reichen Goldschätzen. Der Kazike der Schildkröteninsel versicherte mir, daß man mit einem guten Canoe bis Babeque nur vier Tage brauche. Ich hoffe, daß mich Gott die Insel finden lassen wird.

Dienstag, den 18. Dezember

In einem neu entdeckten Hafen, der von mir den Namen St. Thomas erhielt, traf dieser Tage neuerdings Besuch ein, ein Canoe, in dem sich über hundert Insulaner befanden, die mir Ge-

---

* In der Zeit, da Columbus mit seinen Spaniern in Westindien auftauchte, ergossen sich vom Nordosten des südamerikanischen Festlandes Völkerwanderungen über die Aruaken, die Bewohner der westindischen Inselwelt. Diese Einwanderer wurden Karaiben genannt; sie waren Menschenfresser. Als Columbus von diesen menschenfressenden Karaiben erfuhr, faßte er dieses Wort als Kaniben auf, als Völker des Groß Khans, den das Abendland vor allem aus Marco Polos Reiseberichten kennengelernt hatte. Auf dieses Wort Kaniben geht die heute Bezeichnung Kannibalen für Menschenfresser zurück.

schenke des Beherrschers der halben Insel, des Kaziken Guacanagari, überbrachten: einen breiten, mit bunten Steinen besetzten Gürtel und eine hölzerne Maske, deren Augen, Nase und Zunge aus Gold waren. Zugleich wurde mir die Bitte Guacanagaris übermittelt, ich möge ihn in seiner ostwärts an der Küste gelegenen Residenz besuchen. Ich versprach, seinen Wunsch zu erfüllen. Von dem alten Mann, der die Indianer anführte, bekam ich auf meine Frage nach Gold die Antwort, daß sich am Ostende der Insel ein Dorf namens Cibao befinde, wo die Bewohner goldene Fahnen besäßen. Und noch weiter ostwärts versicherte er, liege eine Insel, die überhaupt ganz aus Gold sei.

Nach den Stürmen ist nun völlige Windstille eingetreten, und so kann ich weder Babeque noch Cibao suchen noch Guacanagari einen Besuch abstatten.

Freitag, den 21. Dezember

Es herrscht weiterhin völlige Windstille. Täglich besuchen mich nun Häuptlinge und bringen mir Geschenke: kleine Stückchen Gold, Früchte, Fische, Brot, Steinkrüge und Gürtel. Dennoch werde ich allmählich ungeduldig. Wann werden wir endlich zu den goldreichen Inseln aufbrechen können?

Dienstag, den 25. Dezember

Ich konnte meine Ungeduld nicht mehr meistern und ging gestern vom Hafen Concepción eine Stunde vor Sonnenuntergang unter Segel, um Guacanagari endlich den versprochenen Besuch abzustatten. Der Wind wehte vom Lande, so schwach nur, daß er die Segel kaum schwellte, und so kamen wir nur langsam vorwärts. Gegen 11 Uhr, als wir von der Residenz des Herrschers etwa noch eine Seemeile entfernt waren, zog ich mich zurück, um ein wenig zu ruhen. Das durfte ich ruhig wagen, weil die See still war und die »Santa Maria« sich kaum fortbewegte. Daß es an dieser Küste weder Sandbänke noch Riffe gebe, hatten mir meine indianischen Begleiter mehrmals versichert.

Heute erfuhr ich, daß Peralonso Niño, kaum daß ich schlafen gegangen war, seinen Stand einem Schiffsjungen anvertraut hatte. Auch die Matrosen, die Wache halten sollten, hatten meine Abwesenheit genützt und sich aufs Ohr gelegt. Die »Santa Maria« in der Hand eines unerfahrenen Schiffsjungen! Heute ist es zu spät, darüber nachzudenken.

Ein Schrei riß mich aus dem Schlaf. Ich stürzte aufs Deck, ohne noch helfen zu können. Die »Santa Maria« war schon auf Grund gelaufen. Dem Schiffsjungen war eine Sandbank entgangen, die trotz der Dunkelheit meilenweit zu sehen war.

Als das Schiff auf die Sandbank fuhr, hatte das Knirschen auch die anderen geweckt. Schreckensbleich kamen sie aufs Deck. Ich befahl Juan de la Cosa, in das im Schlepptau nachgezogene Boot zu steigen und vom Heck aus einen Anker ins Meer zu werfen. Alle stürzten nun in das Boot, aber anstatt meinen Befehl auszuführen, ruderten sie auf und davon, zu der etwa zwei Seemeilen entfernen »Niña«. Sie hatten völlig den Kopf verloren.

Inzwischen hatte auch die Wassertiefe rasch abgenommen, und die »Santa Maria« legte sich immer mehr quer gegen die Strömung. Ich ließ den Mast kappen, weil ich hoffte, das Schiff doch wieder flottzubekommen, wenn es leichter wurde. Die Mühe war umsonst. Der Kiel saß viel zu fest im Sand, und der Anprall hatte mehrere Fugen aufgerissen. Die »Santa Maria« senkte sich rasch, Wasser drang ein und begann ihren Bauch zu füllen. Auch die »Niña«, die rasch herbeigeeilt war, konnte nicht helfen.

Ich schickte Pedro Gutierrez zu Guacanagari, um ihm Nachricht von meinem Unglück zu geben, und wartete den Morgen ab. Die »Pinta« auf Nimmerwiedersehen verschwunden, die »Santa Maria« leck! Wenn die »Santa Maria« nicht wieder flottgemacht werden kann – aber daran wage ich gar nicht zu denken.

Dienstag, den 25. Dezember

Die »Santa Maria« ist nicht mehr zu retten! Ich muß mich damit abfinden. Guacanagari schickte mehr als hundert Indianer, die beim Entladen des Schiffes halfen. Unser Hab und Gut wurde in der Nähe einer Siedlung aufgestapelt und wird Tag und Nacht von den Indianern bewacht. Obwohl unser Eigentum für sie einen unschätzbaren Wert darstellt, ist es bei ihnen gut aufgehoben. Keiner von ihnen würde auch nur im entferntesten daran denken, sich etwas anzueignen. Im Gegenteil, sie sind alle untröstlich über unser Unglück, und ihre Hilfsbereitschaft ist nicht zu überbieten. Obwohl sie keine Christen sind, darf man von ihnen sagen, daß sie ihren Nächsten wirklich wie sich selber lieben.

Mittwoch, den 26. Dezember

Heute früh erschien Guacanagari selber auf der »Niña«. Er vergoß Tränen, als er sah, wie bestürzt ich war, und bot mir, um mich zu trösten, all sein Hab und Gut an. Er stellte uns zwei große Hütten zur Verfügung, in die die Mannschaft der »Santa Maria« inzwischen übersiedeln wird.

Während ich mit Guacanagari sprach, kam ein Canoe mit vier Indianern von der Schildkröteninsel, die ein paar kleine Goldstücke gegen Glöckchen – ich habe diese kleinen Schellen mehrmals verteilen lassen, die Indianer lieben sie besonders, weil sie sie bei ihren Tänzen verwenden können – eintauschen wollten. Als Guacanagari sah, daß mich der Anblick des Goldes ein wenig aufheiterte, versprach er mit, große Mengen Goldes für mich herbeischaffen zu lassen. Abermals hörte ich den Namen Cibao. Das macht mich nun doch wieder irre. Sollte Cibao doch Cipango sein?

Mittwoch, den 26. Dezember

Mittags war die Guacanagaris Gast. Ich wurde mit Kaninchenfleisch, Fischen, Krebsen, Früchten und einem Brot bewirtet, das die Indianer Cabazi* nennen. Nach der Mahlzeit zeigte mir Guacanagari seine Gärten, die von tausend Untertanen betreut werden. Anschließend ließ er mir Nationaltänze vorführen. Er saß, während die Indianer und Indianerinnen zum Klang der Schellen tanzten, die sie von uns zum Geschenk erhalten hatten, neben mir auf einem bunten Kissen und trug das Hemd und die Handschuhe, die er von mir so wie das Kissen bekommen hatte. Wenn er glaubte, daß ich es nicht merkte, starrte er verzückt die Handschuhe an. Ich vermute, daß sie ihm die meiste Freude bereiten. Ich könnte nicht glücklicher sein, wenn mir jemand ein ganzes Schiff voll Gold und Edelsteinen schenken würde.

Als der Tanz zu Ende war, schickte ich einen Matrosen, der den Feldzug gegen Granada mitgemacht hatte, an Bord der »Niña«, damit er seinen maurischen Bogen samt Pfeilen und Köcher hole. Die Indianer waren starr vor Staunen, als sie sahen, daß der Pfeil immer wieder sein Ziel traf, und Guacanagari erzählte mir, daß die Caniboto-Indianer solche Waffen besäßen. Ich versprach ihm, daß ich den Caniboto-Indianern die Hände abhacken lassen würde, sollten sie es noch einmal wagen, Hayti anzugreifen.

Um Guacanagari meine Macht zu zeigen, ließ ich eine Bombarde** und eine Flinte abfeuern. Als die Indianer das Krachen der Schüsse hörten, warfen sie sich entsetzt aufs Gesicht. Es dauerte lange, bis sie es wagten, sich wieder zu erheben.

Den Himmel nennen die Indianer turey, und alle Geschenke, die sie von uns erhalten, sind turey, auch wenn es sich um

---

* Die Bewohner Haytis verwendeten für die Zubereitung ihres Brotes die Kassave (Maniok), wobei sie es verstanden, den Knollen das Blausäuregift zu entziehen.
** Schweres Geschütz. Das Wort Bombardement ist davon abgeleitet. Der Mann, der das Geschütz bediente, hieß Bombardier.

Indianer bieten Columbus und seinem Gefolge Schätze an
(Stich aus dem 16. Jahrhundert)

ein Stück verrostetes Eisen, einen Lederriemen oder ein Blatt Papier handelt. Zum Abschied gab mir Guacanagari mehrere Goldstücke und eine goldene Maske. Ich beschenkte ihn mit einer Hose und erklärte ihm, wie er sie zu tragen habe. Er legte sie sofort an und tanzte dann, immer wieder in die Hände klatschend, vor mir auf und ab. Ein paar Matrosen lachten, aber ihr Lachen war fehl am Platz. Trotz der Kleider und trotz seiner kindlichen Freude verlor Guacanagari seine Würde nicht.

Donnerstag, den 27. Dezember

Manches Unglück bringt auch Glück. Wäre die »Santa Maria« nicht gestrandet, befände ich mich nicht an einem Platz, der wie kein zweiter geeignet ist, eine Siedlung zu gründen. Meinen Matrosen gefällt es hier. Nahrung bringen ihnen die Indianer, das Meer ist voll von Fischen, und auf den Bäumen hängen herrliche Früchte, nach welchen man nur zu greifen braucht. Viele sprechen schon davon, daß sie nicht mehr zurückkehren wollen, das sind vor allem jene, die herausgefunden haben, daß man auch nach den Indianermädchen nur zu greifen braucht. Auf einem Schiff kann ich 75 Mann nicht zusammenpferchen, also wird hier die erste spanische Festung in Indien entstehen.

Einer Festung bedarf es der Indianer wegen nicht. Denn es ist sicher, daß zwanzig meiner Leute die Insel, die größer und dichter besiedelt als Portugal ist, in wenigen Tagen erobern könnten. Eine Festung soll nur deshalb entstehen, weil es nicht sicher ist, ob nicht doch eines Tages die Horden des Groß-Khans Hispaniola angreifen.

Für den Bau einer Festung ist alles da – von der gestrandeten »Santa Maria«. Auch mit Wein und Samenkörnern werde ich die Zurückbleibenden für ein ganzes Jahr versorgen. Sie werden, bis ich wiederkomme, Fässer voll Gold besitzen und ausgekundschaftet haben, wo sich die Insel befindet, die ganz aus Gold ist.

Denn ich werde nach Spanien zurückkehren. Mit *einem* Schiff darf ich es nicht wagen, die Fahrt fortzusetzen.

Samstag, den 29. Dezember

Da es sich erwies, daß *alle* auf Hispaniola zurückbleiben wollen, ließ ich das Los entscheiden. Morgen schon soll mit dem Bau der Festung begonnen werden. Als Guacanagari von meinem Vorhaben hörte, zeigte er ein glückliches Gesicht. Er bat mich, bald wiederzukommen und neue tureys mitzubringen.

Zugleich bat er mich um eine Waschschüssel. Er gab mir ein großes Stück Gold dafür.

Sonntag, den 30. Dezember

Der Bau der Festung wird nicht lange dauern. Heute wurde die »Santa Maria« zerlegt, die Indianer halfen fleißig mit. Auch das Geschütz konnte an Land gebracht werden. Während schon gestern die 39 Mann bestimmt wurden, die auf der Insel bleiben werden, hat sich heute entschieden, wer Befehlshaber des Forts werden wird. Ich wählte Pedro de Harana, weil ich weiß, daß ich mich auf ihn wie auf keinen zweiten verlassen kann. Sein Stellvertreter wird Pedro Gutierrez sein.

In drei Tagen will ich aufbrechen, und ich weiß heute schon, daß mir der Abschied schwer werden wird. Er wird mir schwer werden, obwohl ich sicher bin, daß ich bald wieder an dieser glücklichen Küste landen werde.

JANUAR 1493

Mittwoch, den 2. Januar

Am Morgen verabschiedete ich mich von Guacanagari. Ich schenkte ihm noch ein Hemd und nützte die Gelegenheit, ihm die Wirkung einer Bombarde vorzuführen, indem ich auf die gestrandete »Santa Maria« feuern ließ. Ich tat dies, um ihm deutlich werden zu lassen, daß es für ihn nicht nur der Kannibalen wegen gut war, mit den Zurückbleibenden in guter Freundschaft zu leben. Pedro de Harana ermahnte ich, die Indianer gut zu behandeln, jeden Streit zu vermeiden und mit Guacanagaris Hilfe die ganze Insel zu erkunden. »Ich hoffe«, sagte ich lachend zu ihm, »bei meiner Wiederkehr die Holzplatten der Festung durch Goldplatten ersetzt zu sehen.«

Freitag, den 4. Januar

Heute, am frühen Vormittag, blickte ich noch einmal nach La Navidad zurück. Ich hoffe, daß die Siedlung ihrem Namen Ehre machen und daß es dem Allmächtigen gefallen wird, sie mich bald wiedersehen zu lassen. Ich fuhr zunächst nach Osten, wo ich ein hohes, wie ein Zelt geformtes Gebirge entdeckte. Ihm gab ich den Namen Monte Christi. Als wir zehn Seemeilen weitergefahren waren, begann der Matrose, der im Mastkorb saß, plötzlich aufgeregt zu gestikulieren und in die Ferne zu zeigen. Zuerst behauptete er, ein gewaltiges Canoe gesichtet zu haben, dann versicherte er, das Canoe sei die »Pinta«. Ich glaubte ihm nicht recht, aber es war so. Das Schiff, das uns mit geschwellten Segeln entgegenkam, war tatsächlich die »Pinta«.

Ich werde also Alonso Martin Pinzón noch hier, in diesen Gewässern, wiedersehen. Welche Ausflüchte er auch gebrauchen wird, wie immer er sich verantworten wird – ich halte es nicht für klug, ihn jetzt zur Rechenschaft zu ziehen. Das wird in Spanien geschehen und auch nicht durch mich, sondern durch die Richter des Königs und der Königin. Hätte Pinzón nicht das Weite gesucht, würden wir ganze Fässer voll Gold an Bord haben.

Sonntag, den 6. Januar

Pinzón behauptet, gegen seinen Willen von mir getrennt worden zu sein. Ich schwieg, während er seine Ausflüchte vorbrachte, und tat so, als schenkte ich ihm Glauben. Daß ihn Habgier dazu getrieben hatte, mich im Stich zu lassen, erfuhr ich bald von seinen Matrosen. Auch er hatte von Babeque gehört und wollte, den Vorteil seines schnelleren Schiffes nützend, die Goldschätze der Insel auf eigene Faust erobern. Als er auf Babeque kein Gold gefunden hatte, war er auf Hayti gestoßen und hatte dort mit den Eingeborenen Tauschhandel getrieben. Die ganze letzte Zeit über war er nicht mehr als fünfzig Seemeilen von mir getrennt gewesen.

Pinzón hat mehr Gold als ich gefunden. Die Hälfte hat er für sich behalten, die andere Hälfte unter seine Mannschaft verteilt. Auch hat er vier Indianer und zwei Indianermädchen an Bord, die er in Spanien zu verkaufen gedenkt. Er wollte mir eine handtellergroße goldene Figur schenken, aber ich nahm das Geschenk nicht an. Pinzón kann mir nicht schenken, was Eigentum der Krone ist.

Es wäre nun möglich, nach Cipango zu suchen und zum Festland vorzustoßen, aber ich will doch lieber heimkehren. Ich habe jedes Vertrauen zu Pinzón verloren.

Dienstag, den 8. Januar

Wir fuhren heute einen breiten, sich ins Meer ergießenden Strom hinauf, um Wasser, Holz und Proviant für die Heimreise zu sammeln. An der Mündung entdeckte ich im Sande Goldkörner. Deshalb gab ich dem Strom den Namen Rio del Oro.

Stromaufwärts bekamen wir Schildkröten zu sehen, deren Größe erstaunlich war. Die größte Überraschung jedoch erwartete uns, als wir wieder ins Meer hinausfuhren. Plötzlich erhoben sich drei Meerjungfrauen* aus den Wellen. Sie waren alles andere als schön und besaßen zwar menschliche, aber abstoßend häßliche Züge. Am Abend erreichten wir die Stelle, wo Pinzón Tauschhandel getrieben hatte. Ich zwang ihn, seine Gefangenen freizulassen, was ich nicht ohne einen heftigen Wortwechsel erreichte.

Pinzón ahnt nicht, was in Spanien auf ihn wartet. Dort werde ich ihn und seine Mannschaft zwingen, auch das eingetauschte Gold herauszugeben.

---

* Columbus, geneigt, allem, was er in Westindien erblickte, einen wunderbaren Charakter beizulegen, sah ohne Zweifel Seekälber, die er für Sirenen des Altertums hielt.

Donnerstag, den 10. Januar

Wir fuhren heute noch weiter ostwärts und stießen in einer breiten Bucht auf Indianer, die sich ganz und gar von den bisher gesehenen unterschieden. Sie besaßen häßlich abstoßende Züge, mit Kohle geschwärzte Gesichter und trugen das Haar, in dem Papageienfedern steckten, lang und nach hinten geknüpft. Daß ich auf Caniboto-Indianer gestoßen war, wußte ich sofort. Denn die Wilden waren mit Bogen und Pfeilen, Keulen und sogar Schwertern bewaffnet. Die Pfeile waren aus Rohr und besaßen aus Fischzähnen verfertigte Spitzen, die Schwerter, hart und schwer wie Eisen, nicht scharf, aber breit und zwei Finger dick, waren aus Palmenholz.

Ich wartete darauf, daß uns die Kannibalen angreifen würden, doch der erwartete Angriff blieb aus. Die Wilden kamen zögernd näher und faßten bald Vertrauen zu uns. Ich erfuhr von ihnen, daß im Osten eine Insel namens Mantinino liege, die nur von Frauen bevölkert sei. Einmal jährlich darf diese Insel von Männern betreten werden, damit für den Nachwuchs gesorgt wird. Die Knaben werden den Vätern übergeben, die Mädchen bleiben bei den Müttern. Der Häuptling der Kannibalen versicherte mir auch, daß es sowohl auf Mantinino als auch auf anderen im Osten gelegenen Inseln – vor allem auf Guanin – so viel Gold gebe, daß wir außerstande sein würden, alles auf unsere Schiffe zu verladen.

Ich schenkte den Kannibalen ein Stück roten Stoffes und Glasperlen und brachte zwei auf die »Niña«, um sie zu bewirten. Sie bestaunten das Schiff und alles, was ich ihnen zeigte, wie ein Weltwunder und versprachen, mir noch am Abend größere Stücke Goldes herbeizuschaffen. Am späten Nachmittag ließ ich sie durch ein Boot ans Ufer zurückbringen.

Ich sah selber vom Deck aus, wie rasch alles vor sich ging. Kaum hatten meine Matrosen – es waren sechs – das Land betreten, sprangen auch schon etwa fünfzig mit Keulen und Schwertern bewaffnete Wilde hinter den Bäumen hervor und griffen an. Zwei von ihnen schwangen Stricke, offenbar um meine Leute zu fesseln und fortzuzerren. Aber sie kamen schlecht an. Im Nu hatten die Matrosen ihre Schwerter gezückt und hieben auf die Angreifer ein. Schon nach wenigen Minuten gaben die Kannibalen Fersengeld, laut schreiend und ihre Waffen zurücklassend.

Nichts könnte mich mehr schmerzen, als daß heute zum ersten Mal auf diesen glücklichen Eilanden von weißen Männern das Blut der Eingeborenen vergossen wurde. Aber mich trifft keine Schuld, und ich weiß nun, daß es doch notwendig war, La Navidad zu erbauen und eine Kanone auf Hayti zurückzulassen.

Sonntag, den 13. Januar

Widrige Winde hielten mich mehrere Tage zurück, und auch jetzt kommen wir nur langsam vorwärts, weil ich immer wieder auf die »Pinta« warten muß, die ihre Besansegel kaum nützen kann, weil ihr Besanmast beschädigt ist. Hätte Pinzón für den Zustand seines Schiffes so gesorgt wie für die Befriedigung seiner Habgier, würden wir jetzt den günstigen Wind besser nützen können.

Mittwoch, den 16. Januar

Nun ist wieder völlige Windstille eingetreten. Meine Indianer springen oft ins Wasser und schwimmen neben dem Schiff her. Am Nachmittag sichteten wir einen riesigen Schwarm Thunfische und einen Hai. Die Indianer sind sehr geschickt beim Fischfang, und so haben wir immer eine willkommene Ergänzung unseres Mittagstisches.

Sonntag, den 20. Januar

Ich werde aus den Indianern gute Christen machen. Fast alle beten nun schon das Vaterunser und das Ave Maria. Auf meiner nächsten Fahrt nach Indien werde ich Patres mitnehmen, außerdem werde ich die Königin bitten, mir die Mittel zum Bau von Kirchen zur Verfügung zu stellen.

Mittwoch, den 23. Januar

Heute kam es wegen eines Indianermädchens zwischen zwei Matrosen zu einer Schlägerei. Ich ließ beide in Ketten legen. Die Indianerin kam weinend zu mir und bat mich, ich möge die zwei Übeltäter freilassen. Sie gab mir zu verstehen, daß sie beide liebe. Es wird schwer werden, diesen Naturkindern auch nur die Zehn Gebote beizubringen. Sie besitzen die Sanftheit, aber auch die Unbekümmertheit der Tiere und würden sich, gerieten sie in die falschen Hände, bald in gefährliche Bestien verwandeln. Manchmal mache ich mir Sorgen, wenn ich an La Navidad denke. Viele von uns haben sich zu rasch daran gewöhnt, das Eigentum der Indianer für ihr Eigentum anzusehen. Ob die Indianer ihre Frauen ebenso bereitwillig hergeben werden wie Goldstücke, Früchte und getrocknete Fische?

Sonntag, den 27. Januar

Heute merkte ich, daß Pinzóns Berechnungen falsch sind. Auch die Karte, die er gezeichnet hat, entspricht in keiner Weise der Wirklichkeit. Ich verwirrte ihn noch mehr. Denn es ist gut so, wenn außer mir keiner den Weg zu den neu entdeckten Inseln finden kann.

FEBRUAR 1493

Dienstag, den 12. Februar

Nach einer Reihe geruhsamer Tage und stetiger Fahrt kam heute Sturm auf. Die Wellen wurden höher und höher und überfluteten die Schiffe. Einmal drehte sich die »Pinta« schnell und immer schneller im Kreis. Dennoch legten wir 40 Seemeilen zurück.

Mittwoch, den 13. Februar

In der vergangenen Nacht waren wir heftigen Windböen ausgesetzt. Im Nord-Nordosten blitzte es dreimal auf, und ich befürchtete, daß von dort ein Gewitter auf uns zukomme. Wir blieben jedoch verschont. Die ganze Nacht liefen die Schiffe ohne Segel, knapp vor Sonnenaufgang ließ ich sie teilweise setzen.

Tagsüber nahm der Sturm an Heftigkeit noch zu. Die See schäumte wild auf, hohe Brecher, die sich übereinander türmten, stürzten auf die Schiffe. Dennoch legten wir 55 Meilen zurück. Richtige 55 Meilen! Denn nun ist es nicht mehr notwendig, daß ich falsche Eintragungen mache.

Donnerstag, den 14. Februar

Im Verlauf der Nacht wurde aus dem Sturm ein Orkan, die Wellenberge, immer größer werdend, stürzten sich von allen Seiten auf die »Niña« und drohten sie zu zerschmettern. Ich befahl, das Segel des Mittelmastes ganz tief zu setzen, um so das Schiff vor den anstürmenden Wassermassen etwas zurückzuhalten, aber auch das half nichts. Die Gefahr wurde immer größer, und es blieb mir kein anderer Weg, als den Gewalten des Sturmes freien Lauf zu lassen.

Die »Pinta« verlor ich bald aus den Augen. Ich ließ mit einer Bordlaterne Leuchtsignale geben, eine Weile beantwortete sie die »Pinta«, dann kam sie ganz aus meiner Kursrichtung. Ich befürchte das Ärgste.

Donnerstag, den 14. Februar

Die »Pinta« ist nicht mehr zu sehen. Ob sie ein Opfer des tobenden Meeres geworden ist? Der Sturm hat noch zugenommen, und die »Niña« wird von ihm wie ein Ball hin und her geschleudert. Die ganze Zeit habe ich nicht an Beatriz, Diego und Fernando gedacht, aber jetzt denke ich oft an sie.

Nur noch einer kann uns helfen: Gott. Ich ließ durch das Los bestimmen, wer von uns zur Santa Maria von Guadelupe pilgern und der Gottesmutter eine fünf Pfund schwere Kerze darbringen würde, falls wir dem Verderben entkämen. Das Los fiel auf mich. Außerdem legten wir alle das Gelübde ab, in dem Land, das wir erreichen würden, nur mit einem Hemd bekleidet in einer Prozession zu einer der Gottesmutter geweihten Kirche zu ziehen. Ich bin ein Kapitän geworden, der nur noch beten kann. Über mein Schiff habe ich keine Macht mehr.

Donnerstag, den 14. Februar

Der Himmel scheint taub gegen unsere Gelübde zu sein. Der Sturm tobt immer wilder und fürchterlicher. Wir haben zu wenig Ballast, und deshalb ist die Gefahr für uns nur noch größer. Ich befahl, die leeren Tonnen mit Seewasser zu füllen, aber niemand rührte eine Hand. Die Mannschaft gibt sich bereits verloren. Am meisten dauern mich die Indianer, die ich von ihren glücklichen Inseln fortgebracht und dem Verderben preisgegeben habe.

Nicht nur der Gedanke an Beatriz und meine Kinder quält mich, nun bringt mich auch noch eine zweite Pein dem Wahnsinn nahe. Wenn die »Pinta« untergegangen ist und die »Niña« untergehen wird – was dann? Es kommt nicht allein auf unser aller Leben an, es kommt auch – und das ist viel wichtiger – darauf an, daß dann mit mir die Ergebnisse meiner Entdeckungsfahrt untergehen würden. Niemand würde dann wissen, daß ich den Westweg nach Indien gefunden habe, niemand würde wissen, wie man nach Indien gelangt... Meine Widersacher, die ich Lügen gestraft habe, würden triumphieren.

Das darf nicht sein. Aber wie, wie das verhindern?

DONNERSTAG, DEN 14. FEBRUAR

Ich schrieb, während das Schiff weiter ein hilfloser Spielball des Meeres und der Stürme ist, auf ein Pergament einen kurzen Bericht meiner Reise und Entdeckung und hielt fest, daß ich Indien und die vorgelagerten Inseln im Namen des Königs und der Königin von Spanien in Besitz genommen habe. Das Pergament versiegelte ich und überschrieb es mit der Versicherung, daß dem 1000 Dukaten sicher seien, der es ungeöffnet am richtigen Ort abliefere. Dann wickelte ich das Schreiben in eine Wachsleinwand, steckte es in einen Wachskuchen, legte alles zusammen in ein Faß und ließ das Faß ins Meer werfen. Ich fertigte auch noch ein zweites Schreiben an, das ich in ein Faß am Hinterschiff gab. Vielleicht wird eine der beiden Botschaften ihr Ziel erreichen. Für uns erhoffe ich das nicht mehr. Denn nun prasseln auch noch wahre Wolkenbrüche auf uns nieder.

Ich weiß nicht mehr, wo wir sind.

FREITAG, DEN 15. FEBRUAR

Die Madonna hat unsere Gebete erhört! Bei Tagesanbruch gab Riu Garcia, der auf dem Hauptmast aufgestellte Matrose, das Signal: Land! Wir fielen uns in die Arme, manche hatten Tränen in den Augen. Wir sind wieder in der alten Welt!

Das Land liegt in ost-nord-östlicher Richtung gerade über dem Bug des Schiffes. Juan de la Cosa meint, daß wir Madeira vor uns haben, Peralonso Niño glaubt, daß wir auf den Felsen von Cintra, also auf Lissabon zusteuern. Ich vermute, daß wir eine der Azoren erreicht haben. Auch mit meinen Berechnungen würde das übereinstimmen.

Einstweilen gilt es, das vor uns liegende Land zu erreichen. Denn der Wind bläst in gerader Richtung vom Land her und treibt uns immer wieder auf das Meer hinaus. Mitten im grauen Himmel steht ein blauer Streifen. Ich glaube, daß das Wunder geschehen wird, das keiner von uns mehr erhoffte: Wir werden die Sonne wieder sehen.

Samstag, den 16. Februar

Daß eine Insel vor uns liegt, ist sicher. Ich kreuzte die ganze Nacht vor ihr, aber es gelang mir nicht zu landen. Nach Sonnenaufgang sahen wir eine zweite Insel, die 32 Seemeilen entfernt hinterschiffs lag.

Auch am Nachmittag scheiterten alle Versuche, an eine der beiden Inseln heranzukommen. Dennoch fürchte ich nun nichts mehr. Die Sonne scheint wieder.

Sonntag, den 17. Februar

Heute gelang es mir endlich zu landen. Die Insel heißt Santa Maria und gehört zu den Azoren. Alle Bewohner des Eilandes sind sich darüber einig, daß sie noch nie einen solchen Sturm erlebt haben, und können gar nicht begreifen, daß wir davongekommen sind. Noch verwunderter waren sie, als sie hörten, daß ich Indien entdeckt habe. Nach Sonnenuntergang schickte der Gouverneur der Insel, Juan de Castañeda, einen Boten zu mir und ließ mir bestellen, daß er mich morgen besuchen und mit frischen Vorräten versorgen werde.

Castañeda schickte mir frisches Brot, Geflügel und Wein. Er selber kam nicht. Ich entsandte drei Matrosen zu ihm, um ihm meinen Dank zu übermitteln, und gab meinen Boten ein kleines Geschenk für ihn mit. Am Nachmittag fand ich einen besseren Ankerplatz und erkundigte mich, ob sich eine Kirche oder Kapelle in der Nähe befinde. Ich erfuhr, daß, nicht weit von der Küste entfernt, eine Einsiedelei liege, die eine der Heiligen Jungfrau geweihte Kapelle beherberge. Dort wollen wir morgen unser Gelübde einlösen und der Gottesmutter Dank für unsere Errettung sagen.

Dienstag, den 19. Februar

Da ich erfahren hatte, daß die Kapelle sehr klein wäre, schickte ich zunächst nur die Hälfte der Matrosen an Land. Nach ihrer Rückkehr wollte ich, zusammen mit dem anderen Teil, mein Gelübde einlösen. Ich wartete und wartete, und als das Boot um 11 Uhr noch immer nicht zurück war, wurde ich mißtrauisch. Daß es auf eine der Klippen aufgelaufen war, glaubte ich nicht recht. Eher befürchtete ich, daß meine Matrosen von den Portugiesen zurückgehalten wurden. Ich wartete noch eine Stunde, dann lichtete ich die Anker und fuhr so lange ins Meer hinaus, bis ich die Kapelle sehen konnte. Ich bekam nicht nur die Kapelle zu sehen, sondern auch meine nur mit dem Hemd bekleideten, wehrlosen Matrosen, die von einer Schar Bewaffneter umgeben waren. Gefangen! Meine Leute gefangengenommen! Maßloser Zorn erfaßte mich. Deshalb hatte sich der Gouverneur bei mir nicht blicken lassen! Auch die drei Matrosen, die ich zu ihm geschickt hatte, waren seine Gefangenen...

Ich fuhr sofort zur Küste heran, entschlossen, mir mein Recht, wenn es sein mußte, auch mit dem Schwert in der Hand zu verschaffen. Ein Boot kam mir entgegen, in dem Bewaffnete saßen. Als es längsseits lag, sah ich, daß auch Juan de Castañeda zu den Insassen gehörte. Ich forderte ihn auf, an Bord der »Niña« zu kommen, und bekam zur Antwort, ich hätte mich auf der Stelle an Land zu begeben, da auch ich ein Gefangener des Königs von Portugal sei.

Meine Aufforderung an den Gouverneur, an Bord zu kommen, war in einem freundlichen Ton ergangen. Nun jedoch konnte ich nicht mehr an mich halten. Ich nannte ihn einen Schurken und warf ihm vor, daß sein Vorgehen nicht nur die Herrscher Kastiliens, sondern auch den König von Portugal beleidige. Des weiteren gab ich ihm zu bedenken, daß ich der Vizekönig des Reiches Indien sei und Dokumente besitze, die dies bestätigten.

Castañedas Antwort war noch empörender als sein Vorhaben. Er erklärte mir in höhnischem Ton, er habe noch nie von einem König oder einer Königin von Kastilien gehört, wohl aber von Portugal. Und Portugal würde mir zeigen, wie man mit einem Seeräuber, wie ich einer sei, richtig verfahre.

Unser Wortwechsel wurde sinnlos. Ich forderte alle, die sich an Bord meines Schiffes befanden, zu Zeugen für die Taten und das Verhalten des Gouverneurs auf und versprach Castañeda, daß ich die Azoren nicht verlassen würde, bevor ich hundert Portugiesen ergriffen und die ganze Insel mit Feuer und Schwert verwüstet hätte. Ich versprach ihm auch, daß ich ihn selber nach Kastilien bringen würde, damit er sich von dem Vorhandensein dieses Landes überzeugen könne.

Ich war entschlossen, meine Drohung wahrzumachen. Denn ich bezweifelte nicht, daß während meiner Abwesenheit zwischen Kastilien und Portugal ein Krieg ausgebrochen war.

MITTWOCH, DEN 20. FEBRUAR

Neuerlich einsetzende Stürme zwangen mich, den Hafen zu verlassen. Mein Plan ist gefaßt. Ich werde während der Nacht an Land gehen, meine Matrosen befreien und den Gouverneur gefangennehmen. Ich muß nur warten, bis sich das Wetter gebessert hat. »Ich kenne weder einen König noch eine Königin von Kastilien, und auch von diesem Lande habe ich noch nicht gehört!« Wahrhaftig, Juan de Castañeda, diese Worte wirst du bereuen!

FREITAG, DEN 22. FEBRUAR

Heute vormittag erlaubte es mir das Wetter, zur Küste von Santa Maria zurückzukehren. Wir hatten noch nicht Anker geworfen, als sich ein Boot, in dem sich fünf meiner Matrosen, zwei Priester und ein Mann, den ich nicht kannte, befanden, längsseits legte. Später erfuhr ich, daß der Unbekannte ein Notar war.

Ich wurde gebeten, die Sicherheit der drei zu gewährleisten, und erfüllte diese Bitte. Dunkel ahnte ich, weshalb Castañeda seine Boten zu mir geschickt hatte. Es war ihm wohl klargeworden, daß es ihm unmöglich sein würde, sich meiner Person zu bemächtigen, und nun hatte er Angst bekommen, ich könnte meine Drohung in die Tat umsetzen. Jetzt wollte er auf diese Weise seinen Rückzug decken und beschönigen.

Es war auch so. Der Notar bat mich, ich möge ihm meine Dokumente zeigen und beweisen, daß ich tatsächlich im Auftrage der kastilischen Krone unterwegs sei. Ich zeigte ihm lächelnd mein Beglaubigungsschreiben und den an die Herrscher aller Länder gerichteten Brief. Kaum hatte er die beiden Schreiben gelesen, hatte er es ebenso wie seine Begleiter eilig, mein Schiff wieder zu verlassen.

Ich würde beschwören, daß es morgen auch Castañeda eilig haben wird, meine Matrosen wieder freizulassen.

Samstag, den 23. Februar

Schon am frühen Morgen wurden alle Gefangenen in Freiheit gesetzt. Sie betätigten mir, daß es Castañedas Plan gewesen war, sich meiner Person zu bemächtigen. Das überraschte mich nicht. Um so mehr überraschte es mich zu hören, daß Castañeda von João II. den Auftrag erhalten haben soll, mich unter allen Umständen gefangenzunehmen, obwohl kein Krieg zwischen Spanien und Portugal herrscht. Glaubt João, er könne so in den Besitz meiner Geheimnisse kommen?

Wie um uns zu zeigen, daß nun alle Schwierigkeiten überwunden seien, lacht ein blauer Himmel auf uns herunter. Nun habe ich tatsächlich nur noch eine einzige Sorge: Was ist aus der »Pinta« geworden?

MÄRZ 1493

Sonntag, den 3. März

Gott hat mir eine neuerliche Prüfung auferlegt. Heute vormittag verfinsterte sich ganz plötzlich der Himmel, ein heftiges Gewitter brach los, und ein einziger Sturmstoß zerfetzte alle

Segel der »Niña«. Nun treiben wir hilflos auf dem Meer, und ich befürchte, daß wir auf die portugiesische Küste zugetrieben werden.

MONTAG, DEN 4. MÄRZ

Eine pausenlose Kette von Stürmen rast über das Meer. Mehrmals hoben die übereinanderstürzenden Wassermassen und Windhosen unsere Karvelle auf, und es war uns, als würden wir gegen den Himmel geschleudert. Am Nachmittag ging wieder ein heftiges Gewitter nieder, Blitze knatterten auf die wild schäumende Wasserfläche, der Donner rollte, und die »Niña« kletterte weiter die Wasserberge hinauf, um dann in schauerliche Abgründe zu stürzen. Einer der Matrosen behauptete, Land gesehen zu haben, aber ich glaube nicht recht daran. Ist es aber so, fahren wir geradewegs in die Höhle unserer Feinde.

DIENSTAG, DEN 5. MÄRZ

Nach Sonnenaufgang sahen wir, daß wir tatsächlich Land vor der Nase haben. Es ist der Felsen von Cintra. Nach Lissabon? Es bleibt mir keine andere Wahl.

Am Nachmittag waren wir der Küste schon ganz nahe. Ich versuchte, in Cassaes anzulegen, doch trieb mich der Sturm immer wieder von der Küste weg. Vielleicht ist es mir möglich, den Tejo hinaufzufahren.

DIENSTAG, DEN 5. MÄRZ

Es gelang mir, vor Rastello Anker zu werfen. Wir sind gerettet. Gerettet? Ob wir es sind, wird sich erst erweisen. Ich schickte sofort nach der Landung einen Boten zu João II., mit einem ausführlichen Brief, in dem ich meine Ankunft mitteilte und um Hilfe bat – und zugleich auch um die Erlaubnis, nach Lissabon weiterfahren zu dürfen. Ich vergaß auch nicht, zu bemerken, daß ich nicht in Guinea, sondern in Indien gewesen sei. Das sicherste Mittel, sich des Stiers zu erwehren, ist es, ihn bei den Hörnern zu packen. Vielleicht ist er so überrascht, daß er vergißt, mich aufzuspießen.

MITTWOCH, DEN 6. MÄRZ

Heute bekam ich einen Vorgeschmack von all dem, was mich in Portugal erwarten dürfte. Schon am frühen Morgen kam ein Boot zur »Niña« herangefahren, in dem Bewaffnete saßen. Einer von ihnen forderte mich auf, in das Boot zu steigen und mich auszuweisen. Ich weigerte mich und erklärte, daß ich als Admiral der spanischen Krone nicht verpflichtet sei, irgend jemandem Rechenschaft zu geben. Ich versicherte ferner, daß ich mein Schiff nur verlassen würde, sollte man mich mit Waffengewalt dazu zwingen.

Das Boot fuhr ab und kehrte bald wieder zurück. Diesmal kamen die Bewaffneten an Bord. Ich hinderte sie nicht daran, da ich mir sagte, daß Widerstand sinnlos sei. Abermals forderte mich der Anführer auf, ich möge ihm meine Papiere zeigen. Ich zeigte ihm nur das Rundschreiben des Königs und der Königin von Spanien und bemerkte in spöttischem Ton, daß er nun sicherlich sofort für Lebensmittel und Trinkwasser sorgen würde. Er zuckte nur die Achseln und verließ die »Niña«, ohne ein weiteres Wort zu verlieren.

Später erfuhr ich, daß mein ungebetener Gast Bartolomeu Diaz gewesen war.

FREITAG, DEN 8. MÄRZ

Heute kam ein Bote des Königs zu mir und überbrachte mir einen Brief Joãos II. Ich las, daß mir der König zu meiner Entdeckung Glück wünschte und mich aufforderte, nach Valparaiso zu kommen. Da der Bote, Don Martinho de Noronhas, auf meine Antwort wartete, ließ ich dem König bestellen, daß ich über diese Einladung glücklich sei und unverzüglich aufbrechen würde.

Ich traue Joãos Glückwünschen nicht, aber es bleibt mir keine andere Wahl, als unverzüglich nach Valparaiso aufzubrechen. Die »Niña« braucht, will sie wieder in See stechen, neue Segel, wir brauchen Lebensmittel und Trinkwasser. Ob ich ein Gefangener auf meinem Schiff bleibe und die »Niña« eine Gefangene dieses Hafens oder ob mich João II. morgen gefangensetzen lassen wird – der Unterschied ist nicht groß.

Sonntag, den 10. März

Der König empfing mich mit großem Pomp und ließ sich von mir ausführlich über meine Entdeckungsreise berichten. Immer wieder versicherte er, wie sehr er es mir gönne, daß ich mein Ziel doch erreicht hätte. Was in ihm wirklich vorging, kam erst am Ende der Unterredung zutage. Er meinte lächelnd, es gebühre mir seine ganze Dankbarkeit, da die Früchte meiner Entdeckung Portugal zufallen würden; gemäß dem zwischen Kastilien und Portugal im Jahre 1479 geschlossenen Vertrag gehöre nämlich das von mir entdeckte Gebiet der Krone Portugals. Ich antwortete ruhig, von diesem Vertrag wisse ich nichts, ich hätte als treuer Untertan den Befehl ausgeführt, der mir von dem spanischen Herrscherpaar erteilt worden sei. Dieser Befehl habe gelautet, Afrika zu meiden und den Westweg nach Indien zu suchen. João II. lächelte wieder, als er das hörte, und äußerte, die Entscheidung, wer im Recht sei, werde wohl ein Dritter fällen müssen.

Er entließ mich gnädig, nachdem er den Befehl gegeben hatte, alle meine Wünsche zu erfüllen und dafür zu sorgen, daß mir und meiner Mannschaft nichts abgine. Für mich brauche ich nun nichts mehr zu befürchten, aber ich fürchte für meine Entdeckung, denn es ist ungewiß, wie der Dritte, von dem der König gesprochen hat, entscheiden wird.

Mittwoch, den 13. März

Die Befehle des Königs wurden gewissenhaft ausgeführt, wir erhielten Proviant und Trinkwasser, die »Niña« wurde mit neuen Segeln versehen und ausgebessert. Heute, um 8 Uhr morgens, ließ ich bei Flut und mit Nordwestwind die Anker lichten und die Segel setzen. Ich hoffe, in zwei Tagen den Hafen von Palos erreichen zu können. Palos! Wie lange ist es her, daß ich, ein Bettler, in Palos meinen Fuß auf den Boden Spaniens setzte! Und siebeneinhalb Monate sind vergangen, seit ich mit drei Schiffen ausfuhr, den Westweg nach Indien zu suchen.

Wir sind lange fortgewesen – und auch wieder nicht, wenn man bedenkt, welches Ziel wir erreicht haben.

Samstag, den 16. März

Der Jubel war unbeschreiblich. Die Kirchenglocken läuteten, die »Niña« wurde gestürmt. Ich erinnere mich noch gut der haßerfüllten Blicke, die man mir überall in Palos zuwarf, der Verwünschungen, die hinter mir laut wurden, als die Bewohner meinten, ich hätte nichts anderes im Sinn, als ihre Brüder, Männer und Söhne mit mir ins Verderben zu ziehen.

Als bekannt wurde, daß ich Indien entdeckt habe, hoben mich die Menschen auf die Schultern und trugen mich durch die ganze Stadt. Erst am Abend gelang es mir, nach La Rábida zu flüchten. Dort empfing mich eine stillere, aber um so herzlichere Freude.

Montag, den 18. März

Heute erfuhr ich, daß Alonso Martin Pinzón wenige Stunden nach mir den Hafen von Palos erreichte. Cristóbal Garcia Sarmiento, der mich hier aufsuchte, ließ mich wissen, daß es Pinzóns Absicht gewesen war, sein schändliches Spiel fortzusetzen. Ich gebe wieder, was Sarmiento zu Papier gebracht und mit eigener Hand unterschrieben hat:

Wir wurden, bald nachdem wir die Signale der »Pinta« zum letzten Mal gesehen hatten, mehrere Tage hindurch zuerst ostwärts und dann nordwärts getrieben. Niemand von uns zweifelte daran, daß wir verloren waren. Aber dann sichteten wir plötzlich Land. Wo wir uns befanden, wußten wir nicht, und wir waren sehr erstaunt, als wir erfuhren, daß es uns in die Bucht von Biscaya verschlagen hatte. Im Hafen von Bayonne blieben wir, bis es uns das Wetter erlaubte, wieder in See zu stechen.

Von Bayonne aus schrieb Pinzón, welche Entdeckung *er* gemacht hätte, und bat darum, an den Hof nach Barcelona kommen zu dürfen, um dem Herrscherpaar Näheres zu berichten. Er gab auch seine Meinung zum besten, daß Cristóbal Colón die Fähigkeit fehle, ein Schiff zu führen – das beweise der Untergang der »Santa Maria«, den Colón fahrlässig verschuldet habe, und nun auch der Untergang der »Niña«, der abermals den Tod spanischer Untertanen verursacht habe. Es besteht kein Zweifel, daß Pinzón die Absicht hatte, die Entdeckung Indiens ebenso wie den Ruhm und den Lohn dafür für sich in Anspruch zu nehmen. Dem Großteil seiner Mannschaft mißfiel sein Verhalten. Da es auch mir schändlich erschien, habe ich die unumstößliche Wahrheit niedergeschrieben und eigenhändig unterschrieben.

Sarmiento erzählte mir auch, wie sehr Pinzón erschrocken war, als er die »Niña« im Hafen von Palos hatte liegen sehen. Er habe sich sofort nach der Ankunft in sein Haus verkrochen und den Himmel angefleht, er möge ihm die Gnade eines baldigen Todes gewähren.

DIENSTAG, DEN 26. MÄRZ

Gleich nach meiner Ankunft in Palos hatte ich dem König, der Königin und Luis de Santangel einen ausführlichen Bericht über meine Fahrt und ihre Ergebnisse zugesandt. Heute traf die Antwort ein, adressiert an Don Cristóbal Colón, unseren Admiral des Ozeans, Vizekönig und Gouverneur der in Indien entdeckten Eilande.

Dem Wunsch der Königin, Vorschläge für eine zweite Fahrt zu unterbreiten, werde ich nur zu gerne nachkommen. Zugleich nimmt mir diese Aufforderung eine große Last von der Seele: Die Herrscher Kastiliens scheinen die Entscheidung des Papstes nicht zu fürchten.

PALMSONNTAG, DEN 31. MÄRZ

Gestern traf ich in Sevilla ein. Die Straßen, die Fenster und die Balkone waren schwarz von Menschen, die mir zujubelten. Blumen wurden gestreut, und immer wieder mußte ich anhalten, um der Menge Gelegenheit zu geben, die Indianer zu bestaunen, die hinter mir schritten und Käfige mit Papageien in der Hand hielten. Die Menschen schienen zu glauben, ich hätte die Bewohner eines anderen Sterns mitgebracht. Auch die goldenen Masken Guacanagaris und die anderen seltsamen, auf einem Wagen mitgeführten Dinge wurden von der neugierigen Menge bewundert.

Ich habe Sehnsucht nach Cordoba, Beatriz und meinen Söhnen. Nun wird niemand mehr bemängeln, daß Beatriz die Tochter eines Bauern ist. Was sie sagen wird, wenn sie erfährt, daß mir die Königin das Recht erteilt hat, ein eigenes Familienwappen zu führen, ein Wappen, in dem die Burg Kastiliens und der Löwe von León zu sehen sind?

Por Castilla y por León,
Nuevo Mundo halló Colón,

das ist mein Wappenspruch*. Er soll auch der meiner Söhne sein.

---

* Für Kastilien und für León/Fand eine neue Welt Colón. – Das Wappen zeigt in den beiden oberen Feldern eine goldene Burg mit den Löwen von León, in den unteren aus dem Meer sich erhebende Inseln und fünf goldene Anker, das Zeichen der Admiralswürde. (Siehe Seite 2 des vorliegenden Bandes.)

APRIL 1493

Montag, den 14. April

In Cordoba, in Murcia, in Valencia, in Tarragona – überall wurde mir der gleiche Jubel zuteil, und man ehrte mich wie einen Feldherrn, der nach gewonnener Schlacht in die Heimat zurückkehrt. Heute erreichte ich Barcelona. Hatte ich geglaubt, daß eine Steigerung nicht mehr möglich sei, wurde ich hier eines Besseren belehrt. Barcelona empfing mich wie einen König.

Als ich den Stadtrand erreicht hatte, kam mir ein langer Zug von Hidalgos entgegen und nahm mich in die Mitte. Blumenwerfer eilten voraus, Bläser schlossen sich an. Bald kamen wir nur noch Schritt für Schritt voran, so verstopft waren die Straßen.

In der Stadt selber drängten sich die Menschen überall, sogar auf den Dächern saßen sie. Über drei Stunden brauchten wir, bis wir den Alcazar erreicht hatten. Manchmal dachte ich an meine Indianer. Was sie von dieser Pracht, diesem Glanz denken mochten?

Während ich schreibe, erscheint ein Bote des Großkardinals bei mir, um mich zu einem mir zu Ehren veranstalteten Festmahl zu holen. Auch Ehrungen können ermüden. Ob man auch des Ruhmes müde werden mag?

Dienstag, den 16. April

Der König und die Königin hatten ihren Thron in einem großen Saal des Alcazar öffentlich aufstellen lassen. Sie standen auf, als ich auf sie zuschritt, als wäre ich eine Person von höchstem Range. Nur die Königin erlaubte es, daß ich ihre Hände küßte. Dann wurde mir eine weitere Ehrung zuteil. Die Königin wies mir einen Platz neben dem königlichen Prinzen zu.

Ich mußte noch einmal erzählen, was ich schon brieflich berichtet hatte. Dann zeigte ich die mitgebrachten Schätze, die

¶ El Escriuano de Racion de los RR. La

eñor: porque se que haureis plazer de la
grande victoria que nuestro Señor
me ha dado en mi viaje vos escriuo esta por la
qual sabeys como en treinta y tres dias pasé
a las Yndias (con la armada que los illustrissi
mos Rey e Reyna nuestros señores me dieron)
donde yo fallé muy muchas yslas pobladas cõ
gẽte sinnumero: y dellas todas he tomado po
sesion por sus Altezas con pregon y bandera
real estendida y non me fue contradicho. ¶ A
la primera que yo fallé puse nombre San Sal
uador a cõmemoracion de su alta magestad/ el
qual marauillosamente todo esto ha dado: los
indios la llamã Guanahani. A la segunda puse
nombre la ysla ó Santa Maria ó Concepcion:
a la tercera Fernãdina: a la quarta la Isabela:
a la quinta ysla Juana: e asi a cada vna nombre
nueuo. Quando yo llegué a la Juana seguí la
costa della al Poniente y la fallé tan grande
que pensé que sería tierra firme la prouincia de Catayo y como no fallé asi villas y lugares en
la costa de la mar/ saluo pequeñas poblaciones con la gente de las quales no podia hauer fabla

Anfang von Columbus' zusammenfassendem Bericht an den Schatzmeister Santangel

unbekannten bunten Vögel, die seltenen Tiere und Pflanzen, das Gold in Körnern, in rohen Stücken und zu Schmuck verarbeitet. Am meisten bestaunten die Majestäten aber doch – genau so wie das gewöhnliche Volk – die Indianer und Indianerinnen, die regungslos dastanden, als wären sie nicht aus Fleisch und Blut, sondern kupferne Statuen.

Als ich meine Erzählung beendet hatte, kniete das königliche Paar nieder, um Gott zu danken. Die Menge stimmte das Tedeum an. Ich sah, daß die Königin Tränen in den Augen hatte. Und ich sah auch einen Mann, der mich haßerfüllt anstarrte. Ich habe ihn nie vorher gesehen und weiß nicht, wer er ist.

DONNERSTAG, DEN 18. APRIL

Heute war ich wieder bei Pedro Gonzalez de Mendoza zu Gast, und der Erzbischof erzählte mir, daß Martin Alonso Prinzón gestorben sei. Einer der anwesenden Höflinge, der es wohl lieber gesehen hätte, wenn anstatt von einem toten Spanier von einem toten Genuesen die Rede gewesen wäre, fragte mich, ob ich glaube, daß Indien nicht entdeckt worden wäre, hätte ich das nicht getan. Ich gab ihm keine Antwort, griff nach einem Ei und fragte ihn, ob er imstande sei, das Ei auf die Spitze zu stellen. Er versuchte es vergeblich, und auch die anderen bemühten sich umsonst. Ich nahm daraufhin das Ei und stieß es so fest auf den Tisch, daß es auf der eingedrückten Spitze stehen blieb. Jetzt erst gab ich dem Höfling Antwort. »Sicher könnt Ihr das Kunststück jetzt nachahmen«, sagte ich zu ihm. »Mit Indien verhält es sich genauso.«

DONNERSTAG, DEN 25. APRIL

Da der Papst noch keine Entscheidung getroffen hat, treibt man die Vorbereitungen für meine zweite Fahrt mit fieberhafter Eile voran. Jetzt schon spricht man davon, daß ich mit 17 Schiffen und 1500 Mann aufbrechen soll. Es wurde ein eigener

Rat gebildet, der sich mit der Ausrüstung der Flotte beschäftigt und neben der Mannschaft auch Bauern, Bergknappen, Handwerker und Freiwillige anwirbt. Der Archidiakon von Sevilla, Juan de Fonseca, steht diesem Rat vor. Zu ihm werde ich bald aufbrechen. Doch vorher will ich meine Gelübde einlösen und nach Guadelupe pilgern.

Samstag, den 27. April

Wohin immer ich komme, jubeln mir die Menschen zu. Die Kunde von der Entdeckung hat sich wie ein Lauffeuer im ganzen Lande verbreitet. Und überall wollen sich mir Abenteuerlustige anschließen, in Trujillo, einem kleinen, unbedeutenden Dorf, bat mich sogar ein dreizehnjähriger Junge, ein Schweinehirt*, ich möge ihn mitnehmen. So hat sich alles zum Guten gewendet. Denn es ist noch nicht lange her, daß meine Mannschaft durch Zwang ausgehoben und zu der Fahrt gepreßt wurde.

Übermorgen werde ich vor der Señora de Guadelupe knien. Ihr verdanke ich alles. Sie hat mich während der Fahrt beschützt und hat mich, der Gegnerschaft vieler mächtiger Persönlichkeiten zum Trotz, beweisen lassen, daß meine als undurchführbar hingestellten Pläne verwirklicht werden konnten, zur Ehre Gottes und der ganzen Christenheit.

Darum will ich mein Tagebuch im Namen der Allerheiligsten Jungfrau beschließen, die mich weiterhin beschützen möge.

---

* Es ist durchaus möglich, ja sogar wahrscheinlich, daß der dreizehnjährige Schweinehirt Francisco Pizarro war.

¶ Epistola Christofori Colom: cui etas nostra multū debet: de Insulis Indie supra Gangem nuper inuētis. Ad quas perqrendas octauo antea mense auspiciis z ere inuictissimoꝝ Fernādi z Helisabet Hispaniaꝝ Regū missus fuerat: ad magnificum dnm Gabrielem Sanchis eorundē serenissimoꝝ Regum Tesaurariū missa: quā nobilis ac litteratus vir Leander de Cosco ab Hispano idiomate in latinum cōuertit tertio kal's Maii. M.cccc.xciii Pontificatus Alexandri Sexti Anno primo.

Quoniam suscepte prouintie rem perfectam me ꝓsecutum fuisse gratum tibi fore scio: has constitui exarare: que te vniuscuiusꝗ rei in hoc nostro itinere geste inuenteꝗ admoneant: Tricesīmotertio die postꝗ Gadibus discessi in mare Indicū perueni: vbi plurimas insulas innumeris habitatas hominibus repperi: quarum omnium pro felicissimo Rege nostro preconio celebrato z verillis extensis contradicente nemine possessionem accepi: primeꝗ earum diui Saluatoris nomen imposui: cuius fretus auxilio tam ad hanc: ꝗ ad ceteras alias peruenimus. Eam vo Indi Guanabanin vocant. Aliarū etiam vnam quanꝗ nouo nomine nuncupaui: quippe aliā insulam Sancte Marie Conceptionis. aliam Fernandinam. aliam Hysabellam. aliam Ioanam. z sic de reliquis appellari iussi. Cum primum in eam insulam quam dudum Ioanam vocari dixi appulimus: iuxta eius littus occidentem versus aliquantulum processi: tamꝗ eam magnam nullo reperto fine inueni: vt non insulā: sed continentem Chatai prouinciam esse crediderim: nulla tn̄ videns oppida municipiaue in maritimis sita confīnibꝰ preter aliquos vicos z predia rustica: cum quoꝝ incolis loqui nequibam. quare simul ac nos videbant surripiebant fugam. Progrediebar vltra existimans aliquā me vrbem villasue inuenturū. Deniꝗ videns ꝗ longe admodum progressis nihil noui emergebat: z binōi via nos ad Septentrionem deferebat: ꝗ ipse fugere exoptabā: terris etenim regnabat bruma: ad Austrumꝗ erat in voto cōtendere:

rit opus. tm vero aromatum·bombicis·masticis: q̃ apud Chium
duntaxat innenitur· tantúq̃ ligni aloes· tantum seruoꝝ hydro/
latrarum: quantum eorum maiestas voluerit exigere· item reu/
barbarum ⁊ alia aromatum genera que ii quos in dicta arce reli
qui iam inuenisse atq̃ inuenturos existimo · qñquidem ego nul
libi magis sum moratus nisi quantum me coegerunt venti: pre
terq̃ in villa Natiuitatis: dum arcez condere ⁊ tuta oĩa esse pro
uidi. Que ⁊ si maxima ⁊ inaudita sunt: multo tm̃ maiora forent
si naues mihi vt ratio exigit subuenissent. Vex multum ac mira
bile hoc: nec nostris meritis correspondens: sed sancte Christia/
ne fidei: nostrorumq̃ Regum pietati ac religioni: quia quod hu
manus consequi nõ poterat intellectus: id h manis cõcessit di
uinus. Solet enim deus seruus suos: quiq̃ sua precepta diligũt
⁊ in impossibilibus exaudire: vt nobis in presentia contigit: qui
ea consecuti sumus que hactenus mortalium vires minime atti
gerant: nam si harũ insulaꝝ quipiam aliquid scripserunt aut lo
cuti sunt: omnes per ambages ⁊ cõiecturas: nemo se eas vidisse
asserit vnde prope videbatur fabula. Igitur Rex ⁊ Regina prin
cepsq̃ ac eoꝝ regna feliciss̃ma cunctæq̃ ali: Christianoꝝ prouin
cie Saluatori dño nostro Jesu Christo agamꝰ gratias: qui tan
ta nos victoria munereq̃ donauit: celebrentur processiones·per
agantur solennia sacra: festaq̃ fronde velentur delubra· exultet
Christus in terris quemadmodum in celis exultat: quom tot po
puloꝝ perditas ante hac animas saluatum iri preuidet· Lete
mur ⁊ nos: cum propter exaltationem nostre fidei· tum propter
rerum temporalium incrementa: quoꝝ non solum Hispania sed
vniuersa Christianitas est futura particeps· Hec vt gesta sunt
sic breuiter enarrata. Vale. Vlisbone pridie Jdus Martii·

Christoforus Colom Oceane classis Prefectus·

Anfang und Schluß der lateinischen Übersetzung des zusam-
menfassenden Berichts des Columbus über seine erste Reise
(Siehe Seite 138. – Umseitig die deutsche Übertragung)

Brief des um unser Zeitalter hochverdienten Cristóbal Colón über die Indischen Inseln, die er kürzlich oberhalb vom Ganges entdeckt hat und zu deren Erforschung er sieben Monate vorher, reichlich unterstützt und geleitet von den Segenswünschen des unbesieglichen spanischen Königspaares Ferdinand und Elisabeth, ausgesandt worden war; gerichtet an den wohledlen Herrn Gabriel Sanxis, königlich spanischen Schatzmeister; übersetzt aus dem Spanischen in das Lateinische von dem edlen und gelehrten Leandro de Cosco den 30. April 1493 im ersten Jahre des Pontifikats Alexanders VI.

In der festen Überzeugung, daß du mit Freude davon hören wirst, wie erfolgreich die von mir unternommene Expedition ausgegangen ist, habe ich beschlossen, dir die folgenden Aufzeichnungen zugehen zu lassen, die dir Kunde geben sollen von allem, was auf unserer Reise sich ereignet hat und was alles auf ihr entdeckt worden ist. So höre denn. Ungefähr einen Monat, nachdem ich von Cadix ausgefahren war, gelangte ich in das Indische Meer. Dort fand ich sehr viele Inseln, bewohnt von unzähligen Menschen; in feierlicher Proklamation und unter Hissung der spanischen Fahnen nahm ich, ohne daß jemand Einspruch erhob, von ihnen allen Besitz im Namen unsres allergnädigsten Königs. Der ersten Insel, die ich fand und die die Inder Guanahani nennen, legte ich den Namen San Salvador bei, indem ich dabei des Heilands gedachte, auf dessen Hilfe vertrauend wir so weit gekommen waren und noch weiter kommen sollten. Auch den anderen Inseln gab ich allen neue Namen: Santa Maria de Concepción, Fernandina, La Isabella, La Isla Juana. Als wir an die eben erwähnte Insel Juana gekommen waren, fuhren wir an ihrer Küste entlang ein Stück westwärts, fanden sie aber so ausgedehnt, daß ich sie nicht mehr für eine Insel halten konnte, sondern für einen Teil des Festlandes Cathai (China). Städte aber und größere Ansiedlungen konnte ich an ihrer Küste nicht entdecken, nur einige Dörfer und Weiler, mit deren Bewohnern zu sprechen uns allerdings unmöglich war, weil sie sofort bei unsrer Annäherung die

Flucht ergriffen. So fuhren wir denn zunächst weiter, in der Hoffnung, noch einmal eine Stadt oder andre menschliche Ansiedlungen anzutreffen. Als diese Hoffnung indes sich trügerisch erwies und ich merkte, daß wir so immer weiter nach Norden kamen, was ich zu vermeiden wünschte, da der Winter bereits vor der Türe stand, gedachte ich, den Kurs nach Süden zu nehmen ...

... und auch so viel an Gewürzen, Baumwolle, Mastixharz – das bislang nur bei Chios gefunden wurde – so viel Aloeholz und so viele Sklaven zum Wassertragen zu liefern, als es nur immer fordern mag. Und auch Rhabarber und andere Gewürze und was alles nur die von mir in dem Kastell zurückgelassene Besatzung schon gefunden hat und noch finden wird. Ich für mein Teil habe mich in jenen Gegenden überall immer nur so lange aufgehalten, als mich die Winde zum Aufenthalte zwangen; außer in der Stadt Navidad, als ich das Kastell begründete und für die Sicherheit meiner Leute sorgen mußte. Trotzdem sind meine Erfolge ganz gewaltig und unerhört; noch größer wären sie indes, wenn mir Schiffe in genügender Anzahl und Beschaffenheit zu Hilfe gekommen wären. Doch ist mir in wunderbarer Weise und weit über mein Verdienst Gnade geworden wegen meines treuen Christenglaubens und wegen der frommen und gottesfürchtigen Gesinnung unsres Königspaares. Was nämlich Menschenverstand nicht erreichen konnte, das hat Gottes Geist den Menschen gewährt. Denn Gott pflegt seine Knechte und die, die seine Gebote lieben, auch bei Unmöglichem zu erhören. So ist es auch uns jetzt gegangen. Denn wir haben das erreicht, was bis jetzt noch keines Sterblichen Kraft erreicht hat. Wer nämlich bis jetzt etwas von diesen Inseln schrieb oder sprach, der tat es nur auf rätselhafte Äußerungen und Vermutungen hin; niemand konnte behaupten, daß er die Inseln mit eigenen Augen gesehen habe, so daß es fast schien, als seien sie nur ein Märchen und nicht Wirklichkeit. Drum sollen jetzt der König und die Königin und ihre glücklichen Reiche und alle sonstigen christlichen Lande unserm Erlöser und Herrn Jesus Christus danken und lobsingen, der uns so zum Siege geführt und mit reichen Gaben beschenkt hat; feierliche Umzüge soll man halten, glänzende Opfer feiern und mit festlichem Laub die Gotteshäuser schmücken; Christus soll sich auf Erden freuen, wie er sich im Himmel freut. Denn so vieler Völker Seelen, die vorher verloren waren, sollen nunmehr gerettet werden. Freuen auch wir uns, einmal wegen der Erhöhung unsres Glaubens, dann aber auch wegen des Zuwachses an zeitlichen Gütern, an denen nicht allein Spanien, sondern die ganze Christenheit einst Anteil haben soll.

Dies der kurze Bericht von unsern Taten! Lebe wohl!

Lissabon, den 14. März 1493

Cristóbal Colón
Admiral der Flotte des Ozeans

Dritter Teil

Paradies und Hölle

(Nach den Berichten des Diego Alvarez Chanca
und des Michele des Cuneo)

> Das Paradies trennt von der Hölle nur ein
> einziger Schritt. Begierde und Hunger trie-
> ben die vierundvierzig zu Forderungen, die
> unerträglich wurden. So kam es im Urwald
> zu finsteren Taten.
>
> *James Truslow Adams*

I

Nicht zu vergleichen mit dem 3. August 1492 ist das Bild, das sich nun beim Aufbruch zur zweiten Fahrt den Bewohnern von Cadix bietet:

Eine stolze Flotte, bestehend aus drei großen Schiffen und vierzehn Karavellen, verläßt den Hafen. Jubelnd staut sich eine riesige Menschenmenge am Kai, winkend, Tücher schwingend, lachend und schwatzend. Auch auf den Schiffen sieht man nur fröhliche Gesichter. Denn es gibt keinen Grund, Angst zu haben: Diesmal geht die Fahrt nicht ins Ungewisse. Sie führt nach El Dorado, zu Inseln aus purem Gold, die von Flüssen durchschnitten werden, in die man nur Körbe zu tauchen braucht, um sie voll mit Goldkörnern wieder herauszuziehen. Und die Eingeborenen dieses Landes sind nur zu gern bereit, Gold und Edelsteine gegen Glasperlen, Spiegel und wertlosen Flitter einzutauschen. El Dorado! Schon immer hat man von diesem Land geträumt, und nun hat es Colón, der kühne Genuese, gefunden.

Gold! Alle auf den siebzehn Schiffen denken an Gold, die Ritter ebenso wie die Glücksritter, die Seeleute ebenso wie die Kaufleute, die Abenteurer wie die königlichen Beamten. Gold! Sie glauben es schon greifen zu können, als Cadix zuerst ein langgestreckter Schatten und dann eins mit dem Horizont wird. Gold! Am Ende einer unbekannten Wasserwüste liegt es, und Colón kennt den Weg.

Sie wissen alle nicht, daß kein Gold auf sie wartet. Auch der Admiral ahnt nicht, kann nicht ahnen, daß seine Anstrengungen einem Jungen dienen werden, dem er die Fahrt verweigert hat, einem Jungen, der jetzt dreizehn Jahre alt ist, und einem zweiten, der ihm sehnsüchtig nachstarrte, als er durch Medellin zog...

Auf Gomera nimmt Colón frischen Vorrat an Holz und Trinkwasser an Bord, außerdem kauft er ein: Kälber, Ziegen, Schweine, Schafe, Geflügel, Orangen, Zitronen, Melonen und Gartenfrüchte. Auf dem fruchtbaren Boden der Neuen Welt sollen sie gedeihen und das Paradies ohne Tiere in ein Paradies der Tiere verwandeln, in dem auch das gedeiht, was Kastilien hervorzubringen vermag. Denn die Bewohner verstehen es nicht, die Fruchtbarkeit ihres Bodens auszunützen. Das hat schon Marco Polo bemängelt.

Die Fahrt steht von allem Anfang an unter einem guten Stern. Günstige Winde schwellen Tag und Nacht die Segel, und nicht nur das: Sie wehen auch so, daß der Admiral seinen Plan, diesmal südlicher zu steuern, um die Inseln der Caniboto-Indianer anzulaufen, verwirklichen kann. Nur ein einziges Gewitter muß die Flotte in der zweiten Oktoberhälfte über sich ergehen lassen, dann fährt sie wieder unter blauem Himmel.

Am 25. September 1493 hat Colón Spanien verlassen, und schon am 3. November ertönt der Ruf: »Meine Belohnung! Ich sehe Land!« Ein Hahn kräht, und die Pferde, die Landgeruch in die Nüstern bekommen, wiehern hell auf. Die Insel, die sich aus dem Meer hebt, ist dich bewaldet und scheint unbewohnt zu sein. Colón gibt ihr, da er sie an einem Sonntag entdeckt hat, den Namen Dominica.

Sechs Inseln sind es, die hier dicht beieinander liegen. Da Colón an der Küste Dominicas keinen geeigneten Landeplatz finden kann, läßt er auf das nächste Eiland zusteuern, das er Mariagalante nennt. Hier wirft er Anker und nimmt von der Inselgruppe* Besitz. Auch auf Mariagalante sind nur dichte Waldungen, aber keine Menschen zu sehen.

Die dritte Insel – sie scheint die größte zu sein – erhält den Namen Guadelupe. Hier endlich zeigen sich Menschen. Sie zeigen sich nur flüchtig und laufen, als sie die weißhäutigen, bärtigen Männer erblicken, Hals über Kopf davon, sogar ihre Kinder zurücklassend. In dem Dorf – etwa fünfzig Hütten sind es – finden die Spanier Hängematten, aus Erde geformte

---

* Es waren die Kleinen Antillen.

Gefäße, Baumwolle, Bogen, Pfeile und mehr als genug Lebensmittel, darunter eine verlockend aussehende, rotgelbe große Frucht, die sie nicht kennen*. Maestro Chanca wagt es, sie zu kosten – er befürchte nicht, daß sie giftig sein könne –, und ist von ihrem Geschmack entzückt.

In der größten Hütte finden die Spanier eine Pfanne aus Eisen und zwei Planken, die ohne Zweifel von einem Schiff stammen. Unbehagen beschleicht sie, aber Colón beruhigt sie sofort. Das Eisen ist gar kein Eisen, sondern ein ähnlich aussehendes unbekanntes Metall, und die Schiffsplanken müssen nicht von einem Schiff stammen, das in der Nähe gestrandet ist. Irgendeine Strömung hat sie hierhergebracht, und die Kannibalen haben sie aus dem Wasser gefischt.

Abseits von dem Dorf steht eine Hütte, vor deren Eingang eine aus Holz geschnitzte Schlange liegt. Fray Buyl, der Benediktinerpater, dessen Aufgabe es sein wird, die Eingeborenen zum Christentum zu bekehren, betritt die Hütte als erster. Sein Entsetzensschrei ruft die anderen herbei. Auch ihre Augen werden starr, als sie sehen müssen, was dieser düstere, in einem Halbdämmer liegende Raum beherbergt: Menschengebeine, die von der Decke herabhängen, Skelette von Kindern, Schädel, manche eingetrocknet, andere zu Schalen geformt, Menschenhände, sicherlich abgehackt, eine Matte, aus Menschenhaaren geflochten. Einem der Spanier wird es übel. Die anderen stürzen aus der Hütte, als wären Furien hinter ihnen her. Nur Colón denkt daran, wie vortrefflich er navigiert hat: Er ist genau auf die Inseln der Caniben gestoßen.

Als die Spanier wieder an Bord gehen wollen, stellt sich heraus, daß Diego Marque, der Kapitän einer Karavelle, mit acht Mann vermißt wird. Man kann nichts anderes tun als warten. Es wird Nachmittag, es wird Abend, die Nacht vergeht, aber die neun kommen nicht. Die Befürchtung, sie könnten in einen Hinterhalt geraten und von den Indianern getötet worden sein, wird

---

* Es war die Ananas.

immer lauter. Nur Colón glaubt nicht daran. Er ist von der Gutmütigkeit »seiner« Indianer überzeugt, auch wenn es sich um Kannibalen handelt.

Am Morgen gibt er dem Drängen der anderen nach und läßt eine Bombarde abfeuern, um den Verirrten eine Orientierung zu ermöglichen. Nachdem weitere vier Stunden vergangen sind, werden drei Trupps zusammengestellt, um Marque und seine Leute zu suchen. Der eine stößt auf eine Vorratskammer mit frischen menschlichen Gliedmaßen, die noch bluten, der zweite findet ein großes Feuer, über dem an einer Stange die Körper zweier Kinder neben abgehäuteten Gänsen und Papageien hängen. Dem dritten Trupp gelingt es, drei Frauen gefangenzunehmen und zu den Schiffen zu bringen. Von ihnen erfahren die Spanier, daß die Bewohner Turuqueiras – so nennen die Eingeborenen die Insel – durchaus nichts dabei finden, ihre Gefangenen zu verspeisen. Begehrt sind vor allem Knaben, die, der Mannheit beraubt, gemästet und für Feste aufbewahrt werden.

Nun zögert Colón nicht länger. Alonzo de Ojeda, bekannt wegen seiner Kühnheit und Unerschrockenheit, erhält den Befehl, mit vierzig Mann ins Innere der Insel vorzudringen und nach den Vermißten zu suchen. Eine Bombarde wird an Land gebracht, da auch damit zu rechnen ist, daß die Kannibalen einen Angriff auf die Schiffe wagen. Ein strenges Verbot, den Strand zu verlassen, ist überflüssig, denn niemand verspürt Sehnsucht, sich den Wäldern anzuvertrauen, die wie eine Mauer ein unbekanntes Reich des Grauens abschirmen.

Ojeda bahnt sich mühsam den Weg ins Innere. Er läßt Flinten abfeuern, Trompeten werden geblasen, Rufe hallen von den Felswänden wider. Keine Antwort kommt. Als Ojeda nach zwei Tagen zurückkehrt und berichtet, keine Spur von den Vermißten gefunden zu haben, gibt Colón die neun verloren.

Sie kehren jedoch im letzten Augenblick zur Küste zurück, als ein Teil der Flotte schon ausgelaufen ist. Ihre Warnung ist eine Warnung für alle Zukunft: Wer sich in diesen weglosen Wäldern, die keinen Blick auf den Himmel zulassen, verirrt, ist verloren, wenn ihn nicht ein Wunder rettet. Marque, hohläugig, erschöpft, von blutsaugenden Insekten wie seine Mannschaft dem Wahnsinn nahegebracht, spricht von einem teuflischen Labyrinth, in dem es von Giftschlangen und anderen unheimlichen Tieren wimmelt. Er spricht auch offen aus, daß er bezweifelt, auf einer dieser Inseln könnte auch nur ein einziges Stück Gold gefunden werden.

Colón läßt ihn – einen Verstoß gegen die Disziplin darf er von allem Anfang an nicht dulden – in Ketten legen und entzieht der Mannschaft einen Teil ihrer Ration. Er bezweifelt nicht, daß er recht behalten hat: Gegen die weißen Männer haben die Indianer keinen Angriff gewagt. Und das Gold? Natürlich liegt das Gold nicht in dem Urwald verborgen, in den sich Marque ohne Erlaubnis vorgewagt hat, um es auf eigene Faust zu suchen.

Eine Insel nach der anderen erhebt sich aus dem Meer. Colón gibt ihnen Namen – Montserrat, Santa Maria la Redonda, Santa Maria la Antigua, San Martin –, aber er legt nirgends an. Nur wenn er Wasser braucht, schickt er ein Boot zur Küste. Eine plötzliche Unruhe erfüllt ihn, eine Angst keimt in ihm auf, über die er selber lacht, ohne sie deshalb vertreiben zu können: die Angst um La Navidad und die vierundvierzig Getreuen, die er dort zurückgelassen hat.

Eines der Boote bringt zwei junge Indianerinnen mit, die erzählen, daß sie von einer Insel stammen, die von den Caniboto vollkommen entvölkert wurde. Ein anderes stößt, als es sich auf der Rückfahrt befindet, auf ein Canoe mit vier Insassen, deren Häßlichkeit allein schon erschreckend ist. Und nun muß Colón seinen Glauben an die bedingungslose Furcht der Indianer vor dem weißen Mann über Bord werfen: Die Kannibalen greifen, als sie das Boot erblicken, sofort an. Ein Hagel von Pfeilen überschüttet die Spanier, und eines dieser gefährlichen Geschosse durchbohrt sogar einen Schild. Zum ersten Mal fließt in der Neuen Welt das Blut eines weißen Mannes.

Den Spaniern gelingt es, das Canoe umzuwerfen. Dennoch ergeben sich die Kannibalen nicht. Sie kämpfen weiter, sie schießen weiter ihre Pfeile ab, als stünden sie auf flacher Erde. Einer der Indianer fällt, ein zweiter, schwer verwundet, ertrinkt. Die beiden anderen werden gefangengenommen und vor Colón gebracht. Der Admiral traut seinen Augen nicht: Die häßlichen Geschöpfe mit den langen verfilzten Haaren, den bemalten Gesichtern und den durchbohrten Nasen – Holzpflöcke stecken in ihnen und kein Gold! – sind Frauen.

Eine ganze Kette von Inseln, einige dicht bewaldet, andere nackt und felsig. Die größte nennt Colón Santa Ursula, den anderen gibt er den Namen »Inseln der elftausend Jungfrauen«. Am 19. November gerät eine Insel in Sicht, die alle bisher entdeckten zu übertreffen scheint. Am Westende geht Colón an Land. Er tauft das Eiland, das von den Indianern Boriquon genannt wird, San Juan Baubista*.

San Juan Baubista ist eine fruchtbare Insel. Die Spanier finden auf ihr alles, was sie erhoffen, alles außer Gold: Bäume, die so feine Wolle tragen, daß man damit nach der Meinung jener, die davon etwas verstehen, die feinsten Gewänder weben könnte; Bäume, die Wachs erzeugen; Bäume, die Terpentin und Gummi geben; Bäume, die Muskatnüsse tragen. Es gibt Mastix in Hülle und Fülle. Man sieht Korn, so groß wie Haselnüsse. Sträucher tragen herrlich anzusehende und herrlich schmeckende Früchte. Auch auf eine Eidechse stoßen die Eroberer, die so groß wie ein Kalb ist und einen Schwanz von der Länge einer Lanze besitzt**. Sie versuchen, diese Eidechse zu erlegen, aber sie entwischt ihnen ins Meer. Als sie in den Urwald

---

* Johannes der Täufer. Zu Beginn des nächsten Jahrhunderts begründete einer der Schiffsgefährten des Columbus, Ponce de Leon, an der Nordküste der Insel die Stadt San Juan. Sie wurde als San Juan de Puerto Rico bekannt. Bald wurde die Insel nicht mehr San Juan Baubista, sondern Puerto Rico genannt.
** Dr. Chanca, von dem dieser Teil des Berichtes stammt, meint ohne Zweifel einen Alligator.

zurückkehren, fällt plötzlich ein Pfeil vom Himmel und trifft den Hals eines Benediktinermönchs. Die Wunde ist geringfügig. Dennoch stirbt der Pater schon nach einer halben Stunde unter gräßlichen Schmerzen.

Drei Tage später erfahren die Spanier, daß die Caniboto die Leiche sehr bald aus ihrem Grab geholt haben, um sich an ihr gütlich zu tun. Sie erfahren ebenso, daß dieser Braten den Caniboto nicht gemundet hat. Alonzo de Ojeda, bekannt für seinen Zynismus, bemerkt: »Demnächst werde ich Indianerbraten kosten. Wenn er so viel besser schmeckt als weißes und noch dazu geweihtes Fleisch, kann er nur delikat sein.«

Immer mehr Indianerinnen werden an Bord der Schiffe genommen. Auch Michele de Cuneo aus Savona, ein Jugendfreund des Admirals, läßt sich eine von ihnen in seine Kajüte bringen, um sich mit ihr zu vergnügen. Er erlebt eine böse Überraschung. Die Indianerin stürzt sich auf ihn, würgt ihn und zerkratzt ihm mit den Fingernägeln das ganze Gesicht. Daraufhin verprügelt Cuneo sie mit einem Tau, bis ihr Körper voll von Striemen ist. Als er sie dann aus der Kajüte werfen will, wirft sie sich ihm an den Hals. Er verträgt sich schließlich mit ihr auf eine Art, die ihm offenbart, daß sie – genau diesen Ausdruck gebrauchte er in seinem Reisebericht – eine Hochschule des Dirnentums durchlaufen hat.

Am 22. November taucht abermals eine große Insel vor dem Bug der »Capitana« auf. Es besteht kein Zweifel, daß Hayti, das Ziel der Fahrt, erreicht ist. Bald erweist es sich, daß Colóns Erzählungen der Wahrheit entsprechen. Immer wieder nähern sich Canoes den Schiffen, deren bronzehäutige Insassen kleine Goldstücke zum Tausch gegen Glasperlen und Schellen anbieten. Sogar ein Häuptling kommt an Bord und verspricht eine Menge Gold. Aber Colóns Ungeduld, endlich La Navidad zu erreichen, ist nun riesengroß geworden. Er läßt erst wieder bei dem Fluß anlegen, dem er auf seiner ersten Fahrt den Namen Rio del Oro gegeben hat.

Rio del Oro! Ein Name, der verführerische Wünsche heraufbeschwört... Immer tiefer dringen die Spanier zu beiden Seiten des Flusses landeinwärts vor, wie ein Magnet lockt sie das Gold. Da und dort sehen sie es in dem Flußbett schimmern, aber auf Körner sind sie nicht aus. Barren wollen sie, goldene Gefäße, eine ganze Mine. Sie finden, als sie etwa zwei Leguas flußaufwärts gezogen sind, etwas ganz anderes: zwei Leichen, die eines Mannes und die eines Knaben. Beide sind schon verwest. Die Leiche des Kindes kann auch die eines Indianerknaben sein, aber die des Mannes trägt einen Bart und ist außerdem mit den Handgelenken an einen Pfahl gebunden, der die Form eines Kreuzes besitzt. Eine furchtbare Ahnung erfaßt die Männer. Sie laufen zum Strand zurück und berichten dem Admiral.

Colón erbleicht, als er diese Nachricht vernimmt. Die Suche nach dem gelben Metall wird eingestellt, und die Schiffe stechen sofort in See. Fünf Tage und vier Nächte sind es bis zum Fort. Nach zwei Tagen kann Colón die Ungewißheit nicht länger ertragen. Er wechselt auf das schnellste Schiff hinüber und segelt mit ihm voraus.

Es ist schon Nacht, als die »Santa Barbara« die Bucht von La Navidad erreicht. Da das Wagnis zu landen der Sandbänke wegen zu groß ist, läßt Colón zwei Bombarden abfeuern und wartet auf die Antwort.

Die Antwort! Eine Antwort, irgendeine! Mit ineinander verkrampften Händen steht Colón auf dem Deck und fleht den Himmel, der ihn noch nie im Stich gelassen hat, um diese Antwort an. Er versucht, mit den Augen die Finsternis, eine Zone des Schweigens, die ihn von dem Fort trennt, zu durchdringen, aber er sieht nichts als glitzernde Wellen, und nach einer Weile ein Boot, das lautlos, gespenstisch aus der Dunkelheit kommt. Es ist ein Boot, in dem Indianer sitzen.

Da sich kein Dolmetsch auf der »Santa Barbara« befindet, fällt die Verständigung schwer. Dennoch kann Colón dies aus Worten und Gesten entnehmen: Mehrere Spanier sind krank geworden und gestorben. Andere haben das Fort verlassen und sind mit ihren indianischen Frauen ins Innere der Insel gezogen. Guacanagari hat schwere Kämpfe mit den Cibao-Indianern zu bestehen gehabt, sein Dorf wurde niedergebrannt, er selber schwer verwundet. Aber die Siedlung? Die Siedlung besteht doch noch? Diese Frage verstehen die Indianer nicht, vielleicht wollen sie sie nicht verstehen...

Am Morgen geht Colón an Land. Was er zu sehen bekommt, übertrifft seine schlimmsten Befürchtungen: das Fort eine Brandruine; die Palisaden niedergerissen; aufgebrochene Kisten; zerbrochene Waffen; zerfetzte Kleidungsstücke; kein einziger Überlebender; ein lauerndes, furchtbares Schweigen. Da und dort zeigen sich am Waldsaum Indianer, aber sie laufen sofort davon, wenn sich ihnen einer der Spanier nähert. Es ist, als bewegte sie ihr schlechtes Gewissen zu dieser Flucht.

Colón, völlig niedergeschlagen, läßt die ganze Umgebung durchkämmen. Die Leichen von elf Männern werden gefunden, die – das sieht man deutlich – keines natürlichen Todes gestorben sind. In einer Hütte – die Bewohner sind wieder einmal davongelaufen – werden aus einem Versteck Strümpfe, Kleider und Gebrauchsgegenstände geholt. In der Hütte nebenan liegt der Anker der »Santa Maria«, in einer dritten ein maurisches Gewand, das noch genauso zusammengefaltet ist, wie es aus Spanien herübergebracht wurde. Guacanagaris Schuld scheint unbezweifelbar. Alle verdächtigen ihn, alle außer Colón.

Er erweist sich bald, daß der Admiral seine Indianer besser kennt. Die Geschichte der ersten europäischen Niederlassung in der Neuen Welt schält sich aus dem Dunkel.

Mit einem Mord fängt es an. Rodrigo de Escobedo ersticht einen Matrosen, der ihm seine Indianerin genommen hat. Diego de Harana stellt ihn zur Rede und droht ihm mit Bestrafung. Ein Escobedo läßt sich nicht zur Rede stellen, schon gar nicht von einem Emporkömmling wie Harana. Er verläßt mit Pedro Gutierrez und achtzehn Mann, denen es nicht gefällt, daß Harana das Plündern und Vergewaltigen verboten hat, das Fort.

Die zwanzig beginnen die Insel zu durchstreifen, immer auf der Suche nach Frauen und Gold. Da sie auf keinen Widerstand stoßen, wagen sie sich immer weiter vor, bis ins Innere der Insel, bis in die Provinz Magnana, die dem Kaziken Caonabó untersteht. Caonabó ist ein Caniboto und hat keine Angst vor weißen Männern. Er überfällt die zwanzig, die in sein Gebiet eingedrungen sind, und macht sie bis auf den letzten Mann nieder. Aber damit hat er noch nicht genug: Die Wurzel des Übels muß ausgerottet werden, und diese Wurzel ist die Festung an der Küste. Daß die Schiffe der bärtigen Fremden wieder fortgefahren sind, weiß Caonabó längst.

Unbemerkt, nur bei Nacht marschierend, steigt Caonabós Heerhaufen aus dem Gebirge zur Ebene hinunter. La Navidad wird umzingelt, wie Schlangen kriechen die Indianer immer näher an das Fort heran. Dabei wäre diese Vorsicht gar nicht notwendig. Die Spanier haben keine Wachen aufgestellt, sie schlafen fest neben ihren indianischen Frauen und den Säcken voll Gold. Als das Kriegsgeschrei der Indianer in ihre Ohren gellt, sind sie noch gar nicht richtig munter.

Harana und sieben anderen gelingt es zu fliehen. Sie erreichen das Dorf Guacanagaris, der sofort seine Krieger zu den Waffen ruft. Eine Schlacht, die nicht lange dauert. Das Dorf wird niedergebrannt, Guacanagari, der am längsten Widerstand leistet, wird verwundet. Die acht Spanier, unbewaffnet, nur mit einem Hemd bekleidet, sind hilflose Ziele für die vergifteten Pfeile des Feindes.

Die Bombarde läßt Caonabó zerlegen und nach den Bergen schaffen. Er verspricht, mit den Schiffen der Weißen, sollten sie wiederkommen, genau so zu verfahren. Götter? Armselige Götter sind das, die man erschlagen kann...

Guacanagari, zu Unrecht verdächtigt, kommt aus dem Staunen nicht heraus, als er die Flotte – die anderen Schiffe sind inzwischen nachgekommen – und die Schätze sieht, die diese schwimmenden Häuser beherbergen. Colón zeigt ihm, um ihm seine Macht vor Augen zu führen, die Pflanzen und Früchte der Alten Welt, die Waffen, die Kanonen, die Schafe, Schweine, Ziegen und Pferde. Auf diesem Rundgang bekommt der Kazike auch die indianische Schöne zu sehen, von der Michele de Cuneo so übel zugerichtet worden ist. Cuneo hat ihr den Namen Messalina gegeben.

Guacanagari läßt sich bewirten, aber er ist anders als früher. Die Besatzung von La Navidad hat dafür gesorgt, daß seine Ehrfurcht vor den vom Himmel Gestiegenen geringer geworden ist, und Caonabó hat ihn gelehrt, daß die weißen bärtigen Männer wie jeder Indianer sterben können. Sehr bald äußert er den Wunsch, das Schiff wieder verlassen zu dürfen.

Am nächsten Morgen sucht der Matrose, der bei Messalina gerade Hahn im Korbe ist, seine Indianerin vergeblich. Sie kann auch auf keinem der anderen Schiffe gefunden werden. Colón ahnt sofort, was sich ereignet hat, und schickt zehn Mann zu Guacanagari.

Der Trupp stößt auf ein verlassenes Dorf, auf leere Hütten. Guacanagari hat mit seinen Indianern und seinen acht Frauen – gestern waren es sieben – das Weite gesucht. La Navidad besteht nicht mehr, der einzige Freund, den die Spanier hier besessen haben, ist über alle Berge. Als Colón wieder hinaus aufs Meer fährt, ahnt er dunkel, daß ihm eine Aufgabe bevorsteht, die schwerer sein wird als die Entdeckung des Westweges nach Indien. Er ahnt nicht, daß sein Glücksstern schon sinkt.

II

Der Platz, den Colón für die neue Niederlassung wählt, erhält der Königin zu Ehren den Namen Isabella. Er liegt in einer geräumigen Bucht, die auf der einen Seite durch eine aus Felsen bestehende natürliche Brustwehr, auf der anderen durch einen undurchdringlichen Wald geschützt wird. Ein Fluß und ein Bach, beide fischreich, durchschneiden sie. Auch das Klima scheint günstig, der Boden fruchtbar zu sein. Denn mitten im

Dezember blüht hier alles, und die Bäume tragen kräftiges Laub. Und außerdem: Cibao ist von diesem Platz nicht weit entfernt, die Insel, die so von Gold strotzt, daß die Schiffe nicht imstande sein werden, die ganze wertvolle Last aufzunehmen. La Navidad hat bewiesen, daß es hier Gold genug gibt.

Der Admiral verwandelt sich in einen Baumeister. Ein Plan entsteht, nach dem Isabella gebaut werden soll: eine Kirche, ein Palast für den Admiral, ein Kloster für die Mönche, eine Schule, in der man die Indianerkinder das Christentum lehren wird, ein Warenhaus, Straßen, Plätze. Doch einstweilen bleibt es bei dem Plan. Daran sind nicht allein die Sintfluten schuld, die sich Tag und Nacht vom Himmel ergießen. Einer der Spanier erkrankt, ein zweiter, nach vier Tagen sind es hundert, nach acht Tagen vierhundert. Chanca erkennt die Gründe für diese Epidemie: Klimawechsel, ungewohnte Nahrung, die Moskitos. Er hilft, wo er kann, und rät dem Admiral, sofort Schiffe nach Spanien zu entsenden, damit die Mannschaft statt Mais, Yams, Cassava und Fisch Schweine- und Ochsenfleisch, Weizenbrot und Wein erhalte. Gegen *eine* Krankheit weiß der Arzt allerdings kein Mittel, keinen Rat. Er ahnt, daß sie von den Indianerinnen auf die Spanier übertragen wird, und versteht nicht, daß sie von den Indianerinnen nicht auf die Indianer übertragen wird. Alle Indianerinnen aus dem Lager jagen? Diesen Vorschlag unterbreitet er dem Admiral erst gar nicht.

Colón schickt auch die Schiffe nicht heim. Er weiß, wie wichtig es wäre, daß alle wieder die gewohnte Nahrung erhielten, und sieht sein Heil darin, daß er den Befehl gibt, auf der Stelle Weizen und Gerste und andere Saaten anzulegen, Rohrstecklinge und Weinreben auszusetzen. Aber die Schiffe heimschicken? Er kann sie nicht heimschicken – ohne das versprochene Gold. La Navidad hat ihn im Stich gelassen, und das, was bisher eingetauscht wurde, ist nicht vielmehr als zwei Hände voll. Damit würde er in Spanien nur Hohn, aber keine Anerkennung ernten...

Das Gold muß herbeigeschafft werden, und wenn es mit bloßen Händen aus der Erde gegraben wird! Und es gibt einen

Mann, der das Gold selbst aus der Hölle holen würde: Alonzo de Ojeda, der schon jetzt über das eintönige Leben im Lager murrt.

Ojeda erklärt sich sofort bereit, diese Aufgabe zu übernehmen. Er will die Gelegenheit auch nützen, mit Caonabó abzurechnen. Einer seiner besten Freunde ist in La Navidad gefallen. Seine Absicht behält er für sich, da er weiß, daß der Admiral – aus einem unerklärlichen Grund – nicht dafür zu haben ist, die Bewohner Hispaniolas zu töten.

Zwei Tage lang bahnt sich Ojeda mit vierzig Mann einen Weg durch den Urwald, dann steht er einer Kette hoher Berge gegenüber. Auch sie bilden für ihn kein Hindernis. Er erreicht einen Gipfel, den er, ohne zu zögern, Monte Ojeda nennt, und sieht sich am nächsten Tag zu seiner Überraschung einer Siedlung gegenüber, die schon eher eine Stadt als ein Dorf ist. Noch mehr überrascht es ihn – er nimmt an, schon in das Reich Caonabós eingedrungen zu sein –, daß er nicht angegriffen, sondern mit Gastfreundschaft geradezu überhäuft wird.

Aus Gastfreundschaft macht sich Ojeda nicht viel. Er will Gold. Auch diesen Wunsch erfüllen ihm die Eingeborenen. Sie führen ihn zu Bächen, deren Sand von Goldteilchen glitzert, und bringen ihm Steine, die reich von Goldadern durchzogen sind. Da und dort erhält er auch kleine Stücke puren Goldes.

Ojeda erkennt sofort, was hier not tut: Ein Goldbergwerk muß angelegt werden, kundige Hände müssen das Gold, das unter der felsigen Oberfläche verborgen liegt, ans Tageslicht fördern. Und ein Fort muß hier entstehen, zum Schutz für das Bergwerk. Er zieht die Oberlippe in die Höhe, und sein Herz schlägt schneller, wenn er dies erwägt. Der Admiral, stets besorgt, daß den Indianern kein Haar gekrümmt wird, ist nicht der richtige Mann, dieses reiche Land auszubeuten. Der richtige Mann wäre Alonzo de Ojeda.

Auf dem Rückmarsch eignen sich zwei Indianer einen Trinkbecher an. Sie sind verwundert, als man sie ergreift und des Diebstahl bezichtigt. Diebstahl? Auch die weißen Männer greifen, ohne zu fragen, nach allem, was ihr Herz begehrt. Ojeda jedoch ist nicht der Meinung, daß für Weiße und Indianer dasselbe Recht gilt. Er läßt den beiden die Ohren abschneiden und jagt sie dann davon. Um seine Macht weiter zu beweisen, läßt er das erstbeste Dorf niederbrennen, das auf seinem Weg liegt. Seinen Leuten schärft er ein, Stillschweigen zu bewahren. Dann später, als er das Lager wieder erreicht hat, ist er es, der schweigen muß, als er sieht, daß seine Männer einen Teil des gefundenen Goldes für sich behalten.

Nun wagt es Colón, einen Teil der Schiffe heimzuschicken. Die Gesteinsproben rechtfertigen seine Fahrt, sie beweisen, daß er kein Großsprecher ist. Er schreibt einen ausführlichen Brief an das Herrscherpaar und verspricht, er werde bald so viel Gold schicken könne, wie es Eisen in den Bergwerken von Biscaya gebe. Zwölf von den siebzehn Schiffen treten die Fahrt nach Spanien an. Sie sind mit Zimt, Pfeffer, Holz, Papageien und Indianern beladen.

Colón braucht Nahrungsmittel, Medikamente, Waffen, Pferde, Handwerker und vor allem Leute, die mit dem Schürfen, Einschmelzen und Läutern des Goldes vertraut sind. Er hat Angst, als er das alles fordert, denn er weiß, daß Santangels Kasse leer ist, und er weiß noch besser, daß er sein Versprechen, sie bis zum Rande zu füllen, bis jetzt nicht gehalten hat. Mit Papageien und Holz kann Santangel nichts anfangen. Aber mit Indianern? Indianer kann man verkaufen...

So bietet Colón, der die Indianer wie kein zweiter liebt, den Herrschern als Tauschware für das, was er braucht, Indianer an. Man müsse sie nach Spanien schicken, damit sie zum Christentum bekehrt werden könnten, schreibt er, hier sei das nicht möglich...

Er kann nicht wissen, daß seine Ware in Spanien nicht ankommen wird. Von den neunzig Indianern, die an Bord der Schiffe gebracht wurden, sterben unterwegs siebenundachtzig. Es ergeht ihnen wie den Weißen auf Hayti: Sie vertragen das Klima nicht.

Schiffe sind Brücken, eine Verbindung mit dem anderen Ufer. Obwohl Isabella allmählich Gestalt anzunehmen beginnt, bemächtigt sich Niedergeschlagenheit eines Teils der Zurückgebliebenen, kaum daß die Flotte nicht mehr zu sehen ist. Viele Hoffnungen hat man schon begraben, nun sieht man auch schon das eigene Grab.

Man hat gehofft, hier rasch reich zu werden. Man hat nicht erwartet, daß man arbeiten muß. Die Inseln sind fruchtbar, gewiß. Aber hat man wegen Zimt, Pfeffer und wohlriechenden Hölzern Spanien den Rücken gekehrt? Alles, was nicht Gold ist, ist nicht Fruchtbarkeit. Und ist es überhaupt sicher, daß es auf den Inseln Gold gibt? Die Proben, die Alonzo de Ojeda gebracht hat, können verfälscht sein. Fermin Cado, ein Schmelzer, behauptet das. Er behauptet auch, daß das Gold, das die Eingeborenen besitzen, nicht jetzt gewonnen, sondern von Geschlecht zu Geschlecht vererbt worden ist.

Aus Mißstimmung, Enttäuschung und Angst – man hat noch das Schicksal von La Navidad vor Augen – wird ein Plan. Man muß sich der fünf Schiffe bemächtigen, die noch im Hafen liegen, und nach Spanien zurückkehren, ehe es zu spät ist. Denn Colón soll sich mit der Absicht tragen, einen Vorstoß ins Innere Haytis zu unternehmen.

Der Mann, der diesen Plan zu verwirklichen gedenkt, heißt Bernal Diaz de Pisa. Er sammelt die Unzufriedenen um sich und gebraucht Worte, die auf fruchtbaren Boden fallen: Colón, der Großsprecher; Colón, der Betrüger; Colón, der Ausländer. Eine Denkschrift wird verfaßt, die man der Königin, der schmählich hinters Licht geführten Königin, übergeben wird.

Irgendwer erzählt Bernal Diaz de Pisa, daß auch Ojeda den Admiral haßt. Er wendet sich sofort an ihn: Ojeda ist der Mann, der es sogar wagen würde, Colón in Ketten zu legen und mit nach Spanien zu nehmen. Aber Ojeda – wenn auch kein Freund des Genuesen – ist kein Verräter. Er läßt die dem Admiral zugedachten Ketten de Pisa anlegen.

Und wieder beweist Colón, der geniale Entdecker, daß er nicht zugleich auch ein guter Statthalter ist. Er fällt ein mildes

Urteil. Dieses Urteil verargen ihm die einen, darunter Ojeda, wegen seiner Milde, und die anderen deshalb, weil er, ein Ausländer, es überhaupt gewagt hat, über einen Spanier zu Gericht zu sitzen.

Am 4. Februar 1494 ist die steinerne Mauer fertiggestellt, die Isabella gegen Angriffe schützen wird, am 6. Februar die Kirche. Fray Buyl weiht sie feierlich ein. Anschließend liest er die erste Messe in dem neuen Gotteshaus. Noch vor Beginn des Hochamtes kommt es vor dem Kirchenportal zu einer erregten Szene. Den Anstoß bildet ein Indianer, der die Kirche betreten will. Und es ist ein teuflischer Zufall, daß der Admiral gerade ankommt, als Alonzo de Ojeda den Indianer zurückstößt.

»Was tut Ihr da?« fragt der Admiral schroff.

Ojeda zieht wie ein gereizter Wolf die Oberlippe in die Höhe. »Einen Indianer darf man wohl nur mit behandschuhten Händen anfassen?« zischt er.

Schon ruhig, kalt, gelassen, sagt Colón: »Er ist Euer Bruder, Ojeda. Er ist ein Christ.«

Ojeda lacht laut auf. »Mein Bruder! Ein stinkender Indianer mein Bruder! Haltet Ihr es für richtig, Colón, daß man nackt vor Gott tritt?«

Jetzt lächelt der Admiral sogar. »Vor Gott sind wir alle nackt, Ojeda. Eines Tages werdet auch Ihr nackt vor ihn treten –«

Ojeda will widersprechen, doch Colón läßt ihn stehen und betritt mit seinem Gefolge die Kirche. Er weiß, daß er einen Feind mehr besitzt – in den eigenen Reihen. Er weiß, daß die Phalanx seiner Feinde wächst. Aber er wird sich hinter einer Mauer verschanzen, die ihn unverwundbar machen wird, hinter der Mauer, die aus dem nach Spanien geschickten Gold besteht.

Um vor neuen Überraschungen gefeit zu sein, läßt Colón, bevor er aufbricht, alle Geschütze und die Munition auf die »Capitana« bringen. Die Stadt unterstellt er seinem Bruder

Diego. Dreihundert Mann, die Verläßlichsten, bleiben zurück. Sie anzugreifen wird auch ein Caonabó nicht wagen.

Am 12. März verläßt Colón die Stadt. Er schlägt zunächst den Weg ein, den Ojeda genommen hat, und erreicht nach drei Tagen die von Ojeda Vega Real benannte Hochebene. Und schon hier rächt sich Ojedas Grausamkeit. Weit und breit ist kein Indianer zu sehen, die Stadt ist verlassen, alle Vorratskammern sind leer. Sofort beginnt die Mannschaft zu murren. Die Schuld an der Flucht der Indianer trifft Colón und nicht Ojeda.

Am nächsten Tag stellen sich wieder Berge entgegen. Jetzt finden sich da und dort in den Bächen, die vom Gebirge kommen, kleine Goldkörner. Sie lassen die Mißstimmung rasch schwinden und machen das mühsame Steigen leichter. Auf einem Berg liegt abermals ein großes Dorf. Die Einwohner bleiben und sind bereit zu tauschen. Sie bieten große und kleine Goldstücke an, ein alter Mann bringt einen Klumpen von der Größe einer Orange. Als ihn Colón fragt, woher das Gold stammt, zeigt der Alte über die nächste Bergkette hinweg. Ojeda begreift, was Colón noch nicht begreifen will: daß das Gold, daß das Land der Verheißung *immer* hinter den Bergen liegt.

Nicht mit Gold beladen, aber doch auch nicht ganz unzufrieden – ein Teil des Eigentums der Krone ist in Taschen geflossen, die wie alle Taschen stumm und verschwiegen sind – kehren die Spanier nach Isabella zurück. Sie kehren in ein Hospital zurück, dessen Patienten, sind sie nicht zu schwach, dem Admiral die geballten Fäuste entgegenhalten und sofortige Rückkehr in die Heimat fordern.

Was den Feldern eine kaum vorstellbare Fruchtbarkeit verleiht – Hitze und Feuchtigkeit –, zehrt an den Menschen. Die Mauer, die die Stadt umgibt, kann das Fieber nicht abhalten, das aus Sümpfen heranschleicht. Dazu ist der Arzneimittelvorrat zu sehr erschöpft. Auch an Nahrungsmitteln mangelt es. Vor allem gibt es weder Brot noch Mehl noch Wein. Dabei ist das Korn auf den Feldern ringsum voll ausgereift.

Der Admiral greift sofort scharf durch. Für ihn gibt es weder Hidalgos noch geistliche Herren noch einfache Matrosen, für ihn gibt es nur Esser, kranke und gesunde. Wer nicht krank ist, muß mithelfen, Mühlen zu erbauen. Die Hidalgos sehen das als Demütigung an, die Matrosen als eine Arbeit, die sie nicht leisten müssen. Sie alle sind nicht nach Hayti gekommen, um wie Taglöhner zu arbeiten. Sie murren umsonst. Diesmal kennt der Vizekönig keine Gnade. Wer sich widersetzt, wird schwer bestraft.

So wird aus Unzufriedenheit Haß, Haß gegen einen anmaßenden fremden Emporkömmling, der, von dem plötzlichen Aufschwung zu großer Macht aufgeblasen und nur auf den eigenen Vorteil bedacht, die Rechte und die Würde spanischer Edler mit Füßen tritt und die Ehre Kastiliens besudelt.

Colón weiß, daß er auf einem Pulverfaß sitzt. Sehnsüchtig wartet er auf die Rückkehr der Schiffe, aber die Schiffe kommen nicht. So versucht er einen anderen Weg, dem drohenden Aufruhr vorzubeugen: Bleiben die Unzufriedenen weiterhin zusammen, werden sie gefährlich. So wird er sie aufsplittern, sie in alle Teile Haytis schicken. Sie werden nach Gold suchen und darüber ihre Krankheiten, Entbehrungen und Enttäuschungen vergessen. Haben Sie keinen Wein mehr, wird Gold der Wein sein, den sie trinken.

Ojeda übernimmt die Aufgabe, das Goldbergwerk anzulegen und in der Nähe ein Fort zu bauen, das den Namen St. Thomas tragen wird. Ein anderer Ritter, Pedro Margarite, soll den Osten der Insel erkunden. Ein dritter Trupp wird den Rio del Oro aufwärts marschieren und dort nach Gold suchen. In Isabella bleiben nur die Kranken und eine kleine Streitmacht zum Schutz der Stadt zurück. Colóns Plan findet Zustimmung. Das Gold lockt noch immer.

Erstickt Colón so den drohenden Aufruhr, begeht er zugleich den nächsten Fehler; er bildet einen Rat, der während seiner Abwesenheit – denn er wird nun nach dem Festland suchen – die Regierungsgeschäfte führen soll, und an die Spitze dieses Rates stellt er seinen Bruder Diego. Wieder fühlen sich die kastilischen Edlen vor den Kopf gestoßen, weil sie den Befehlen eines Ausländers gehorchen sollen, noch dazu eines Ausländers, der jünger als sie und der Sohn eines Wein- und Käsehändlers ist.

III

Zwei Schiffe bleiben im Hafen von Isabella zurück. Mit den anderen sticht Colón am 24. April des Jahres 1494 in See. Es ist sein Plan, Cubagua anzulaufen und dann nach dem Süden weiterzufahren. Hier irgendwo muß er das Festland, das äußerste Ende Asiens erreichen. Hier wird er auf reiche, Handel treibende Völker stoßen, auf jenes Land Cathai, von dem Marco Polo so viel Vorteilhaftes erzählt hat.

Schon am 29. April erreicht er die äußerste Spitze Cubaguas, der er auf seiner ersten Fahrt den Namen Alpha und Omega gegeben hat. Hier geht er an Land und wird von den Eingeborenen, nachdem er ihr Zutrauen durch Geschenke gewonnen hat, freundlich aufgenommen. Wie schon so oft hört er von einer Insel, die von Gold strotzt, aber zum ersten Mal liegt diese Insel nicht irgendwo, nicht in einer nebelgrauen Ferne. Die Indianer behaupten, daß man sie mit einem guten Canoe in fünf Tagen erreichen kann, und wissen sogar, in welcher Richtung sie liegt. Chaymaka heißt dieses Eiland, in dessen Flüssen taubeneigroße Goldstücke liegen ...

Die Fahrt nach dem Festland hat Zeit, wenn das Gold in der Nähe liegt. Colón kehrt Cubagua den Rücken und macht sich auf die Suche nach Chaymaka. Zwei Eingeborene fahren mit, ihm den Weg zu weisen.

Schon nach zwei Tagen liegt die Insel vor dem Bug. Sie scheint groß und sehr fruchtbar zu sein. Bewaldete Berge erheben sich so hoch gegen den Himmel, daß man sie vom Meer aus sieht, und die Küste ist dich besiedelt. Ungefähr in der Mitte geht Colón in einer geräumigen, windgeschützten Bucht vor Anker und nimmt von der Insel Besitz. Er gibt ihr den Namen Santiago*.

Kaum an Land gegangen, erleben die Spanier eine böse Überraschung. Aus dem Wald, der den Küstenstreifen abschließt, brechen Tausende von Indianern hervor, bemalt, gellende Schreie ausstoßend, ihre Wurfspieße schwingend. Sie sind die ersten, die sich nicht zögernd nähern, sie ergreifen nicht die Flucht, als die Spanier ihre Büchsen abfeuern, sie kämpfen weiter, nachdem Dutzende von ihnen gefallen sind.

Die Schlacht dauert nicht lange. Colón läßt ein Geschütz abfeuern und setzt Bluthunde ein. Mehr als tausend tote Indianer bedecken den sandigen Küstenstreifen, als der erbitterte Kampf beim Einbruch der Nacht sein Ende findet. Aber auch vier Spanier sind gefallen, dreizehn sind verwundet. Einen Vorstoß ins Innere kann Colón nicht wagen.

Das grausame Spiel wiederholt sich, wo immer die Spanier an Land gehen. Die Bewohner Chaymakas machen sich nichts aus Schellen, Glasperlen und bunten Tüchern. Sie kämpfen wie Raubtiere mit den Zähnen, mit den Nägeln. Und sie haben nicht einmal Angst vor den unheimlichen Geschöpfen, vor denen bisher alle Indianer die Flucht ergriffen haben: vor Pferden.

Bald muß Colón erkennen, daß das Gold auch Zähne zeigen kann. Bringen werden es ihm die Bewohner Santiagos nicht, und er ist zu schwach, es sich holen zu können. Aber er wird wiederkommen. Umsonst war seine Fahrt doch nicht: Er weiß nun, wo er nur die Hand auszustrecken braucht, um das Gold zu gewinnen.

---

* Dieser Name bürgerte sich nie ein. Auch die Spanier gebrauchten den ursprünglichen indianischen Namen, den sie in Jamaica verdrehten.

Schon am nächsten Tag – nun ist Colón entschlossen, sich durch nichts mehr von der Fahrt nach dem Festland abhalten zu lassen – peitschen wütende Stürme das Meer. Der Himmel, fast schwarz geworden, schüttet auf die drei Schiffe pausenlos Wassermassen herab. Taghelle Blitze zerreißen die Nacht, der Donner rollt so furchtbar, daß mehr als ein Spanier glaubt, der Weltuntergang sei gekommen.

Das Wetter bessert sich wieder, es wird abermals schlechter. Stürme wechseln mit unheimlichen Erscheinungen ab. Einmal wird das Meer ganz hell und durchsichtig, dann wieder milchigweiß. Unzählige Inseln tauchen aus dem Wasser, so viele, daß Colón für sie keine Namen mehr weiß. Sie sind alle unbewohnt. Riffe und Sandbänke machen die Fahrt immer gefährlicher. Bald weiß Colón auch das nicht mehr genau: wo er sich befindet.

Meuterei droht. Als ein kleiner Trupp einmal an Land geht, stößt er unvermutet auf weißhäutige Menschen, die eine bis zu den Füßen reichende weiße Tunika tragen und so drohend die Fäuste schütteln, daß die Spanier, von Entsetzen gepackt, auf und davon laufen. Regnet es nicht, fallen die Sonnenstrahlen wie glühende Pfeile vom Himmel. Der Durst ist kaum noch zu löschen. Dabei mangelt es immer mehr an Trinkwasser, da der Zugang zum Land immer schwerer wird. Die Inseln sind sumpfig bis zur Küste oder bis zum Wasser heran so dicht von Buschwerk bestanden, daß sie nicht einmal eine Katze betreten könnte.

Colón atmet auf, als er diesem Gewirr von Inseln, Sandbänken und Riffen, in denen er wie in einem Käfig gefangen war, endlich entronnen ist. Als der Ruf: »Land vor dem Bug!« ertönt, kniet er nieder, um Gott zu danken. Er weiß, daß sein Traum Wahrheit geworden ist: Er hat das Festland erreicht.

Es sind weder Marmorbrücken noch goldbedachte Tempel zu sehen, nur Wälder, die undurchdringlichen Mauern gleichen, Sümpfe und riesige Schildkröten. Rauchsäulen hinter den Wäldern lassen erkennen, daß das Land bewohnt ist. Aber es ist nicht möglich, es zu erkunden. Eines der Schiffe ist leck, die Segel eines zweiten sind zerfetzt, und die Mannschaft ist krank oder durch den Mangel an Schlaf und die schlechte Ernährung zumindest entkräftet. So kann Colón dem Groß-Khan nicht unter die Augen treten. Er läßt ein Kreuz aufrichten, zum Zeichen, daß er das Land in Besitz genommen hat, und sticht, nachdem die Schiffe notdürftig ausgebessert worden sind, wieder in See*.

Die Fahrt führt abermals durch eine Kette von Stürmen, Windböen und Unwettern, an Riffen und Sandbänken vorüber. Es ist, als kämpfe nun die Natur auf der Seite der Indianer, die an den Küsten stehen, bereit, die Fremden mit ihren Lanzen zu empfangen. Jeder Versuch zu landen – und landen muß Colón, weil er Trinkwasser und Nahrungsmittel braucht – hat eine Schlacht zur Folge, in der nicht nur Indianer fallen.

Als Hispaniola schon in Sicht ist, erkrankt der Admiral. Fieberschauer schütteln ihn, er spricht irre und verliert manchmal das Bewußtsein. Erlangt er es wieder, formt er unzusammenhängende Sätze und faselt von Indien, von Perlen und Gold. Auch vom Groß-Khan spricht er immer wieder.

Drei Tage lang hindern widrige Winde das Schiff an einer Landung. Als die kleine Flotte endlich in den Hafen von Isabella einläuft, ist Colón wieder bewußtlos. Matrosen tragen ihn an Land und legen ihn in die Arme eines Mannes, der inzwischen in Isabella eingetroffen ist. Es ist Bartolomeo Colombo, aus dem ein Don Bartolomé Colón geworden ist.

---

* Tatsächlich hatte Columbus einen ihm noch nicht bekannten Teil Haitis erreicht.

Porträt des Christoph Columbus, »Novi orbis repertor«
(Nach einem alten Madrider Gemälde)

IV

In Frankreich erfährt Bartolomeo Colombo, daß sein Bruder die Neue Welt entdeckt hat. Mit einem Mal ist er selber eine Person von höchster Wichtigkeit geworden, und das tatsächlich über Nacht. Hat er bisher in Vorzimmern gewartet, um Geld gebettelt, vergeblich versucht, zu Karl VIII. vorzudringen, wird er nun mit Ehrungen geradezu überschüttet. Nur ungern läßt ihn der König ziehen. Aber er zahlt ihm hundert Kronen aus, um ihm die Reise nach Spanien zu ermöglichen.

Bartolomeo kommt zu spät nach Cadix. Sein Bruder hat die zweite Fahrt schon angetreten. Kurz entschlossen macht er sich nach Valladolid auf und wird von dem Herrscherpaar sofort empfangen. Ist der eine Bruder ein großer Seefahrer, muß es auch der andere sein. Bartolomeo wird zunächst geadelt, und dann überträgt man ihm den Oberbefehl über die drei Karavellen, die der bedrängten Kolonie das Notwendigste bringen sollen. Es ist wirklich nur das Notwendigste. Bartolomeo bekommt auch einen Brief mit, in dem »demnächst mehr« versprochen wird.

Bartolomé *ist* ein guter Seefahrer. Er benötigt für die Fahrt von Cadix bis Isabella nur 54 Tage. Er kommt gerade zur rechten Zeit. Denn in Isabella ist die Hölle los.

Alonzo de Ojeda und Pedro Margarite haben fast die gleichen Fehler begangen wie die vierundvierzig in La Navidad. Auch sie haben das Paradies in eine Hölle verwandelt. Auf ihren Streifzügen in das Innere der Insel plündern sie, wohin immer sie kommen. Als sich ein Häuptling beklagt, daß ein Spanier an einem Tag mehr esse als sein ganzer Stamm in einem Monat, werden ihm die Ohren abgeschnitten. Eingeborene, die außerstande sind, die Goldgier der umherstreifenden Horden zu befriedigen, werden verprügelt. Frauen werden verführt, vergewaltigt, verschleppt, ob sie einen Ehemann besitzen oder nicht. Junge Indianer werden in die Siedlung gebracht und müssen dort Sklavendienste leisten.

Diego Colón sieht das Unheil kommen; vergeblich versucht er, es abzuwenden. Margarite kümmert sich weder um ihn noch um den von dem Admiral eingesetzten Rat. Dazu fühlt er sich auch nicht verpflichtet: Sein Adel ist älter als der dieses Emporkömmlings, er ist ein Spanier, und ein Spanier braucht nicht jedem Dahergelaufenen zu gehorchen. Er läßt weiter plündern und vergißt dabei nicht, die eigenen Taschen mit Gold zu füllen.

Es erheitert ihn, als er erfährt, daß noch ein Colón nach Hispaniola gekommen ist. Aber als er dann Bartolomé Colón zum ersten Mal gegenübersteht, weiß er sofort, daß *dieser* Gegner zu fürchten ist. Diego Colón würde besser in einem stillen Kloster leben, bei den Büchern, die er über alles liebt. Bartolomé Colón ist hart, herrisch, schroff, einer, der nicht duldet, daß man ihm widerspricht, einer, der verlangt, daß man seinen Befehlen gehorcht. Phantastische Träume, wie Cristóbal sie hegt, sind ihm ebenso fremd wie Treulosigkeit und Verrat. Margarite ist für ihn ein Verräter. Mit Verrätern pflegt man nicht viel Federlesens zu machen.

Vor dem Kirchenportal nennt Bartolomé Colón Pedro Margarite einen Lumpen. Er sagt das ruhig, gelassen, kühl, mit einem leichten Lächeln auf den Lippen. Er wartet darauf, daß ihn Margarite zum Duell fordern wird. Er wartet vergeblich. Margarite, trotz seines alten Adels feige wie kaum einer, beruft während der Nacht eine Versammlung der Unzufriedenen ein und überredet sie, das Joch der Colóns endlich abzuschütteln. Bei Tagesanbruch sind die drei Schiffe, die Bartolomé Colón nach Isabella gebracht hat, verschwunden. Margarite hat auf ihnen mit dreihundert Gleichgesinnten die Fahrt nach Kastilien angetreten.

Margarite hat wegen dieser Rebellion keine Angst. Er wird dem König und der Königin mit glühenden Worten schildern, wie es in dem Wunderland der Colóns wirklich aussieht. Er wird bekräftigen, daß es dort weit und breit weder Gold noch

Perlen noch Spezereien gibt, und auch nicht vergessen zu erzählen, wie blutig der Admiral die Eingeborenen ausplündert und unterjocht, nur um seinen Machthunger zu befriedigen und seine Taschen und die seiner Brüder zu füllen. Er wird den Colóns das Grab schaufeln.

Alonzo de Ojeda treibt es nicht viel besser. Auch er versteht es, durch Plünderungen, sinnlose Grausamkeiten und Willkür das Paradies in eine Hölle und die Indianer in rachsüchtige Feinde zu verwandeln. Wohl wagen es die Bewohner Haytis nicht, die Spanier offen anzugreifen – dazu besitzen sie keine Waffen –, doch sie lernen es bald, daß es weniger gefährlich ist, Einzelgänger zu überfallen und niederzumachen. Nun wird da ein Weißer erschlagen, dort einer erdrosselt, ein dritter von einem vergifteten Pfeil getroffen, ein vierter, der sich im Urwald verirrt hat, lebendig verbrannt. Ojeda beantwortet diese Überfälle mit unvorstellbarer Grausamkeit. Die Indianer tun das gleiche. In der Nähe des Forts werden zwei Spanier gefunden, denen man die Zunge herausgerissen und die Augen ausgestochen hat.

Und nun sieht Caonabó seine Zeit gekommen. Bald hat er erkundet, daß St. Thomas nur von fünfzig Mann besetzt ist. Vierundvierzig waren es in La Navidad. Sechs Weiße mehr – sechs Tote mehr, verspricht er seinen Kriegern, bevor er aufbricht. Er umzingelt das Fort während der Nacht, er umzingelt es so, daß nicht einmal eine Maus ungesehen entschlüpfen könnte, und ist seines Sieges schon sicher. Wie kann er wissen, daß fünfzig Feinde nicht immer dieselben fünfzig Feinde sind? Er kann auch nicht wissen, daß der feuerspeiende Drachen, den er hat vergraben lassen, wieder zum Leben erwacht ist und hinter den Mauern der Festung sitzt, bereit, auf der Seite der verhaßten Fremden zu kämpfen. Als seine zehntausend Krieger, ihre Keulen schwingend, mit gellendem Geschrei den Angriff eröffnen, geraten sie in einen Feuerregen, der aus dem Nichts zu kommen scheint und ein Bundesgenosse des Todes ist. Tausende werden niedergemäht, aus dem Kriegsgeschrei wird ein Stöhnen, ein entsetzter Aufschrei, der letzte Seufzer Sterbender. Und der Drache ist unerbittlich. Er speit weiter Flammen in die Dunkelheit.

Caonabó ist ein alter, erfahrener Krieger, der weiß, daß Sieg und Niederlage oft dicht beieinander liegen. Weil er das erste Gefecht verloren hat, muß er das zweite nicht verlieren. Die weißen Männer müssen nicht unbesiegbar sein, weil der Drache auf ihrer Seite kämpft. Man muß den Drachen unschädlich machen. Wie? Auch ein Drache braucht Nahrung. Caonabó zieht sich zurück, entschlossen, die weißen Männer und den Drachen auszuhungern.

Ojeda hat erwartet, daß die Indianer nach diesem Denkzettel in heilloser Flucht das Feld räumen werden. Der Morgen zeigt ihm, daß dieser eine Denkzettel nicht genügt hat: In einem riesigen Kreis haben die Rothäute die Festung umschlossen, und es scheint so, daß sie noch mehr geworden sind. Sofort befiehlt Ojeda einen Ausfall. Er haßt die Indianer und ist entschlossen, alle bis zum letzten Mann zu töten. Vor allem will er sich Caonabós bemächtigen.

Zwanzig Mann bleiben in der Festung, dreißig, davon vier zu Pferd, greifen die Indianer an. Und nun ereignet sich – zum ersten Mal in der Geschichte der Neuen Welt – das Unfaßbare: Es gelingt den Spaniern nicht, die Indianer in die Flucht zu schlagen. Tapferkeit und Kampferfahrung genügen nicht, mit dieser Übermacht fertig zu werden. Es ist so, als würde sich jeder gefallene Indianer in zwei lebende verwandeln. Mit blutigen Köpfen ziehen sich die Spanier in das Fort zurück. Einer ist gefallen, zwei sind schwer verwundet. Gewiß, es mögen mehr als tausend tote Indianer auf dem Schlachtfeld liegen – aber das ändert nichts daran, daß der Sperrkreis nicht durchbrochen ist.

Vor allem Ojeda ist es unfaßbar, daß die Indianer nicht Hals über Kopf davongelaufen sind – vor Pferden, vor Büchsen, vor einem pausenlos feuernden Geschütz. Er macht einen zweiten Ausfall. Das Ergebnis ist das gleiche. Diesmal bleiben zwei Spanier mit zertrümmerten Schädeln auf dem Schlachtfeld.

Die Keulen der Indianer sind eine furchtbare, eine tödliche Waffe.

Hunger zieht in St. Thomas ein. Es beginnt an Trinkwasser zu mangeln. Bei einem dritten Ausfall kämpfen die Spanier schon mit dem Mut der Verzweiflung. Diesmal gelingt es ihnen, die Umklammerung zu sprengen. Aber ihr Sieg ist eine Flucht, eine Flucht nach Isabella. Johlend, siegestrunken dringen die Indianer in das verlassene Dorf ein und stecken es in Brand. Der feuerspeiende Drache wird abermals begraben. Und der Glaube an die Unbesiegbarkeit der weißen Männer ist endgültig zerstört. Mit Windeseile verbreitet sich die Nachricht von dem Sieg Caonabós. Als auch bekannt wird, daß Caonabó nun Isabella angreifen wird, strömen ihm aus allen Teilen der Insel Tausende zu. Bald sieht er sich an der Spitze einer Streitmacht von fünfzigtausend Mann.

Bartolomé Colón entgeht es nicht, daß der Zusammenbruch der Kolonie immer näher kommt. Eine eiserne Faust ist notwendig, das Steuer herumzureißen. Eine eiserne Faust! Er lacht bitter auf, wenn er an Diego und die anderen Mitglieder des Rates denkt. Diego hat ein Werk begonnen, in dem er die Flora und Fauna Hispaniolas beschreiben will, und die anderen stecken den Kopf in den Sand. Er selbst? Er hat Margarite einen Lumpen nennen können und könnte Alonzo de Ojeda einen Dummkopf nennen. Was würde dies ändern? Was er braucht, ist Macht, nur ein Quentchen Macht. Cristoforo könnte sie ihm geben, aber Cristoforo befindet sich irgendwo auf dem Weltmeer, vielleicht ist er auch mit den drei Schiffen untergegangen.

Er versucht, Diego aufzurütteln. Es ist umsonst. Diego glaubt nicht, daß die Indianer es wagen werden, Isabella anzugreifen, außerdem vertraut er Ojeda. Es fallen harte Worte. Bartolomé spricht sie aus. Auch sie sind umsonst. Diego beginnt von einem Käfer zu erzählen, den er selber entdeckt hat, einem großen schwarzen Käfer, den es in Europa nicht gibt.

Der Gesundheitszustand des Admirals bessert sich nicht. Maestro Chanca tut, was in seiner Macht steht, doch er kämpft vergeblich gegen eine Krankheit an, deren Ursache – das erkennt er nur zu gut – nicht nur eine Entzündung der Gelenke ist. Auch Bartolomé erkennt, daß sein Bruder sich selbst aufgegeben hat und seiner Aufgabe untreu geworden ist. Mit viel Mühe gelingt es ihm, ihn zu überreden, Diego alle Macht zu nehmen und ihm zu übertragen. Der Admiral ahnt, daß auch diese Maßnahme böse Früchte tragen wird. Und sie trägt sie auch. Nicht nur Alonzo de Ojeda ist empört, als er hört, daß Bartolomé Colón zum Adelantado* ernannt worden ist. Allmählich wird es unerträglich, wie die Colón einander die Macht wie einen Ball zuspielen, kaum ist noch zu begreifen, daß die Königin so viel Machtbefugnis in die Hände eines Abenteurers gelegt hat, der zugleich auch ein jämmerlicher Phantast ist.

Eine Welle von Haß brandet Bartolomé entgegen. Von den wenigen Freunden, die er besitzt, von seinen Feinden, die so tun, als wären sie seine besorgten Freunde, wird ihm zugetragen, was man von ihm und seinen Brüdern denkt. Er kümmert sich nicht darum, er geht daran, Ordnung zu schaffen. Denn Caonabós Beispiel hat Schule gemacht. Guatiguana, der Häuptling der Stämme am großen Fluß, hat zehn Spanier überfallen und niedergemacht, und Guarionex, der Kazike der Vega Real, hat seine Krieger zu den Waffen gerufen. Wenn auch die Indianer im Recht sind, so muß doch der Grundsatz, daß ein Weißer kein Unrecht begehen kann, aufrechterhalten werden.

Zuerst wird Guatiguana überfallen. Das geschieht wie ein Blitz aus heiterem Himmel. Weder Guatiguana selbst noch seine Krieger kommen dazu zu kämpfen. Als sie merken, daß die Weißen in ihr Gebiet eingebrochen sind, sind sie schon gefangengenommen. Der nächste Feind, Guarionex, wird auf eine andere Weise besiegt: Bartolomé gibt die jüngste Tochter

---

* Anführer.

des Häuptlings einem seiner indianischen Dolmetscher zur Frau. Außerdem schenkt er Guarionex einen Ballen roten Stoffes, eine Hose und drei Hände voll Glasperlen. Diese Medizin heilt noch immer alle Krankheiten, sogar den Haß und die Rachsucht.

Daß Caonabó nicht mit Geschenken zu gewinnen ist, weiß Bartolomé. Er weiß auch, was er aufs Spiel setzt, wenn er den Fuchs in seinem Bau angreift. Der Weg zu Caonabó führt durch dichtverschlungene Wälder, über reißende Flüsse, durch Schluchten, die für einen Hinterhalt wie geschaffen sind. Und nicht nur das: Caonabó kann nicht überfallen werden, er wird nach der Niederlage Guatiguanas und dem Abfall Guarionex' doppelt auf der Hut sein. Bartolomé Colón überlegt und überlegt und findet einen Weg. Der Weg ist abenteuerlich, tollkühn, beinahe schon ein Tanz auf einem Seil, das über einen Abgrund gespannt ist, aber er führt geradewegs zum Ziel: Caonabó lebend nach Isabella zu bringen.

Mit nur zehn Reitern, den Verwegensten, bricht Bartolomé auf. Vier Tage lang führt der Weg durch ein Gelände, in dem Vorsicht, ein Auf-der-Hut-Sein sinnlos ist. Die Gefahren lauern überall, Pfeile können von überall kommen, von rückwärts, von vorne, aus den grünen Mauern, die den schmalen Weg zu beiden Seiten umgeben, selbst von oben, aus den Zweigen der Bäume, die hoch wie Kirchtürme sind. Doch der Überfall, auf den Bartolomé bei Tag und vor allem bei Nacht wartet, bleibt aus. Unbehelligt erreichen die elf Reiter Caonabós Residenz, eine Ansammlung von dreihundert Hütten, die wie Vogelnester an einer Felslehne kleben. Unbehelligt erreichen sie sogar die Hütte, aus der ihnen Caonabó entgegentritt.

Bartolomé Colón weiß, daß ihm jetzt keine Gefahr mehr droht, da auch Caonabó keinem, der seine Hütte betreten hat und damit sein Gast ist, auch nur ein Haar krümmen wird. Lächelnd steigt er vom Pferd, lächelnd geht er dem Kaziken entgegen. Er tut so, als hätte es nie Feindschaft zwischen Caonabó und den Spaniern gegeben, man könnte glauben, daß er La Navidad und St. Thomas vergessen hat. Caonabó wird mit Geschenken überhäuft und nach seinen Wünschen gefragt.

Die Spanier werden bewirtet. Bartolomé spürt, wie ihn immer wieder nachdenkliche, mißtrauische Blicke des Kaziken streifen. Er weiß, daß er durch dieses tollkühne Wagnis seine Achtung errungen hat, er weiß aber auch, daß dennoch auf dem Heimweg der Tod auf ihn und die zehn anderen wartet, wenn er ohne Caonabó zurückreitet. Wieder fragt er den Indianer nach seinen Wünschen.

Ein Pferd... Nichts wünscht Caonabó sehnlicher als ein Pferd. Colón verspricht ihm ein Pferd. Kühner geworden, äußert der Indianer einen anderen Wunsch: Er hat von weitem die seltsame Stimme gehört, der die Spanier sofort gehorchen, wenn sie zu ihnen spricht. Diese Stimme möchte er haben. Colón verspricht ihm auch die Kirchenglocke und nützt die Gelegenheit: Er zeigt dem Kaziken ein Schmuckstück aus poliertem Stahl, zwei aneinandergeschmiedete Armbänder, und erklärt ihm, daß dieser kostbare Schmuck von dem mächtigen Herrscher Kastiliens bei besonders feierlichen Anlässen getragen wird. Caonabós Augen beginnen zu glänzen, als er das Doppelarmband – es sind Handfesseln – sieht. Nicht, daß er dem Häuptling der weißen Männer nun traut, er freut sich nur über die Geschenke, die er demnächst besitzen wird. Längst hat er seinen Plan gefaßt.

Schon für den nächsten Tag wird der Aufbruch nach Isabella festgesetzt, um die Kirchenglocke zu holen. Caonabó erscheint am frühen Morgen vor der Hütte, die er seinen Gästen zugewiesen hat, sein Gesicht ist schwarz bemalt, und bunte Federn stecken in seinen Haaren. Er ist nicht allein erschienen. Als Bartolomé Colón vor die Hütte tritt, sieht er, daß alle Höhen, die Wiesen, die Bergkuppen von indianischen Kriegern besetzt sind. Sein Einwand fruchtet nichts. Ein großer Häuptling wie Caonabó kann, will er seine Würde nicht verlieren, seinen Gegenbesuch nicht ohne großes Gefolge erweisen. Colón schätzt das Gefolge auf dreißigtausend Mann.

Er macht zunächst gute Miene zu dem gefährlichen Spiel. Am ersten Tag ereignet sich nichts, auch am zweiten nicht. Caonabó nützt seine Überlegenheit nicht, obwohl ein Wink von ihm genügen würde, das Leben der elf Spanier auszulöschen. Am dritten Tag findet er es plötzlich unter seiner Würde, seine Füße zu benützen, während die Spanier hoch zu Roß alle Hindernisse auf dem beschwerlichen Weg nehmen. Nichts kann Colón willkommener sein. Er versichert Caonabó, daß er zunächst nicht allein reiten könne, das müsse er erst lernen. Dies sieht der Indianer ein und findet nichts dabei, daß er auf Colóns Pferd gehoben wird. Es leuchtet ihm auch ein, daß es notwendig ist, ihn an Colón zu binden. Ganz wohl fühlt er sich auf dem Rücken des schnaubenden Pferdes nicht, und ein Sturz würde ihn in den Augen seiner Krieger lächerlich machen. Etwas später schenkt ihm Colón die beiden Armbänder, und dann hat es das Pferd mit einem Mal eilig.

Immer wilder wird der Ritt, und plötzlich haben auch die anderen Spanier aufgeschlossen. Jetzt erkennt Caonabó, in welche Falle er gegangen ist. Als er zu schreien beginnen will, sieht er in gezückte Schwerter. Außerdem kann er seine Hände nicht gebrauchen! Die zwei Schmuckstücke, die ihm der Spanier geschenkt hat, lassen sich nicht abschütteln und auch nicht voneinander trennen. Caonabó treten die Tränen in die Augen. Niemand beachtet sie. Und Caonabós Krieger, eine stumpfe Herde, laufen ihrem Führer nach, auch wenn sie ihn nicht mehr sehen. Sie marschieren nach Isabella.

Es ist keine Schlacht. Wer nicht in die Wälder flüchtet, die, obwohl sie abgeholzt und niedergebrannt wurden, schon wieder an die Mauern Isabellas herangewachsen sind, wird gefangengenommen. Ein Bruder Caonabós, der Widerstand leistet, wird von Bluthunden zerrissen. Dennoch erlischt die Flamme einer verzweifelten Auflehnung nicht. Sie ist nicht groß und leicht zu übersehen. Einmal lodert sie da auf, einmal dort. Einmal wird dort ein Spanier überfallen und erschlagen, einmal da. Kornspeicher gehen in Flammen auf, Felder werden verwüstet. Sogar ein Pferd wird mitten aus der Stadt gestohlen.

Der in Ketten gelegte Caonabó weiß noch nicht, daß eine lange, lange Fahrt auf ihn wartet. Und auch die Brüder Colón wissen nicht, daß eine neue Gefahr schon ein Schiff bestiegen hat, das Kurs auf Isabella nehmen wird.

V

Zunächst scheint sich alles zum Guten zu wenden. Vier Schiffe kommen aus Spanien, sie bringen Lebensmittel, Medikamente, zwei Ärzte, Gärtner, Bauern und einen Brief mit, der dem noch immer kranken Admiral volle Genugtuung zuteil werden läßt. Das Herrscherpaar ist, obwohl die »Unternehmung Indien« noch immer keine goldenen Früchte gezeitigt hat, zufrieden und droht jedem, der sich der Gehorsamsverweigerung oder einer Pflichtverletzung schuldig macht, schwerste Bestrafung an. Allerdings wird Cristóbal Colón auch der Rat erteilt, die Bearbeitung der Goldminen in Angriff zu nehmen und monatlich einen ausführlichen Bericht nach Spanien zu senden.

Da der Admiral trotz dieses Briefes fürchtet, daß Margarites Saat letzten Endes doch auf fruchtbaren Boden fallen könnte, schickt er Diego mit den Schiffen nach Spanien zurück. Gold vermag er keines zu senden. Er ersetzt es durch eine andere Ware, die sicherlich auch gewinnbringend verkauft werden kann. Fünfhundert Indianer, darunter Caonabó, werden in die Bäuche der Schiffe gepfercht, um auf den Sklavenmarkt in Sevilla zu wandern.

So wird Colón einen neuen Feind auf den Plan rufen, einen Feind, dessen Vater ihn auf der Fahrt nach Hispaniola begleitet hat, einen Feind, der einmal Bischof und Schutzherr aller Indianer sein und sogar nach seinem Tode über ihn zu Gericht sitzen wird: Bartolomé Las Casas, der sich trotz seiner Jugend jetzt schon mit dem Gedanken trägt, nach Hispaniola zu übersiedeln und dem Teufel zu entreißen, was Gottes ist.

Eine wegen ihrer Schönheit auf der ganzen Insel berühmte Frau ist es, die den nächsten Aufstand gegen die Spanier anzettelt: Anacoana, die Favoritin des Kaziken Manicaotex. Ihr gelingt das, was den Männern nicht gelungen ist: einen Bund gegen die Spanier zu schmieden, der vom Osten bis zum Westen, vom Norden zum Süden reicht. Fast alle mächtigen Häuptlinge treten diesem Bund bei, und es werden bald Beratungen abgehalten, wie man sich von der weißhäutigen Plage befreien könnte. Längst glaubt kein Indianer mehr, daß die Spanier vom Himmel herabgestiegen sind. Sie sind Sendboten Behechios, des schrecklichen Geistes der Finsternis, und in dieses Reich, ein Reich der Mitternacht, muß man sie zurückjagen. Einzig und allein Guacanagari bleibt den Spaniern treu. Er ist es auch, der zu Colón kommt, um ihn vor der neuen Gefahr zu warnen.

Eine Weile wartet Colón. Er glaubt nicht, daß die Indianer einen neuen Angriff auf Isabella wagen werden. Als er jedoch erfährt, daß die feindliche Streitmacht – siebzigtausend Krieger – nur noch zwei Tagesmärsche von der Stadt entfernt ist, beschließt er, den Krieg in das Land des Gegners zu verlegen. Zum ersten Mal nach langer Zeit verläßt er das Krankenbett und eilt den Indianern an der Spitze von zweihundert Mann und zwanzig Reitern entgegen.

Auf einer sanft ansteigenden Ebene, die ein Fluß in zwei fast gleiche Teile trennt, kommt es zu einer großen Schlacht zwischen Weiß und Rot. Auf der einen Seite Armbrüste, Hakenbüchsen, Schwerter, auf der anderen Keulen, Pfeile, hölzerne Speere. Auf der einen Seite stählerne Rüstungen, Schilde, auf der anderen nackte Körper. Pferde und Schweißhunde gegen bloße Fäuste. Aber zweihundert Spanier gegen siebzigtausend Indianer. Man kann es errechnen: Ein Spanier wird dreihundertfünfzig Indianern gegenüberstehen. Und dreihundert Indianer müssen gefallen sein, wenn ein Spanier fällt. Dann ist der Ausgang der Schlacht nicht zweifelhaft.

Die Sonne ist schon in den Urwald getaucht, als die beiden Heere aufeinanderstoßen. Der Fluß ist nicht breit, und so können die Spanier sehen, welch gewaltiger Übermacht sie gegenüberstehen. Dennoch zweifeln sie nicht an ihrem Sieg. Auch Manicaotex, der Führer des indianischen Heerhaufens, bezweifelt nicht, daß er den Feind vernichten wird. Der feuerspeiende Drache ist nicht zu sehen und das Heer der Spanier – ist es überhaupt ein Heer? – ein erbärmlicher kleiner Haufen. Die Pferde? Die Pferde sind gefährlich. Manicaotex ruft seine Krieger noch einmal zusammen und befiehlt ihnen, mit ihren Lanzen nicht sofort auf die Reiter, sondern erst auf die Pferde zu zielen.

Während der Nacht kämpfen die Indianer nicht, und auch Colón besitzt einen schwerwiegenden Grund, den Kampf jetzt noch nicht zu eröffnen. Ohne daß es die Indianer merken, zieht er knapp vor Mitternacht flußaufwärts und läßt eine Brücke schlagen. Lautlos, gespenstisch setzen die Spanier über, zuerst das Fußvolk, dann die Hunde, zuletzt die Reiter. Lautlos bewegt sich der Zug weiter und bricht dann in das Lager der völlig überraschten Indianer ein, von denen die meisten neben ihren Waffen schlafen.

Der Widerstand erlahmt, kaum daß der Kampf, der kein Kampf, sondern eine Hetzjagd ist, begonnen hat. Die Pferde trampeln nieder, was sich ihnen in den Weg stellt, Schwerter sausen auf Köpfe herab und spalten sie, die Armbrüste mähen ganze Reihen nieder, aus den Hakenbüchsen springt immer wieder der Tod hervor. Und die Hunde, rasend vom Geruch des Blutes, springen den Indianern an die Gurgel, werfen sie nieder und reißen ihnen die Eingeweide aus dem Leib. Gellende Schreie ausstoßend, laufen die Rothäute bald sinnlos durcheinander, klettern auf Bäume, flehen um Gnade.

Am Morgen sieht man mehr als zehntausend erschlagene Indianer, über zwanzigtausend sind in Gefangenschaft geraten. Kein einziger Spanier ist gefallen, einer ist leicht verwundet. Der Boden eines Landes, das vor kurzem noch ein Paradies war, ist rot von Blut Aber die schrecklichere Hölle wartet noch auf seine Bewohner.

Die Indianer haben es nicht anders gewollt. Nun werden sie es sein, die das Gold herbeischaffen, das die Krone braucht. Drei weitere Forts werden im Innern der Insel als Stützpunkte errichtet, Truppen durchstreifen das Land und nehmen alle gefangen, die noch an Widerstand denken. Zugleich wird den Indianern ein Tribut auferlegt. Der Admiral hat wohl jede Grausamkeit, jede unnütze Härte verboten, doch er macht sich – um des Goldes willen, das er zu seiner Rechtfertigung, nur deshalb, braucht – selbst der größten Grausamkeit schuldig.

Der Tribut kommt einem Todesurteil gleich. Jeder Eingeborene, der das vierzehnte Lebensjahr erreicht hat, muß alle drei Monate das Maß eines flandrischen Falkenglöckchens voll Goldstaub abliefern. Kaziken wird die dreifache Menge auferlegt. Nur Eingeborene, die in einem Landstrich zu Hause sind, in dem die Flüsse kein Gold führen, sind von dieser Abgabe befreit. Sie haben eine *Arraba** gesponnener oder gewebter Baumwolle nach Isabella zu bringen. Jeder, der seinen Tribut abgeliefert hat, erhält eine Kupferscheibe, die er, um den Hals gehängt, gut sichtbar zu tragen hat. Und jeder, der seine Steuer nicht bezahlt, muß mit Gefangenschaft rechnen – mit dem Sklavenmarkt also – oder mit dem Tod.

Die gleichen Schellen, die den Eingeborenen einmal als Geschenk des Himmels erschienen sind, sind nun ein Maß für die Qual der Indianer. Sie, die daran gewöhnt waren zu warten, bis ihnen der überreiche Boden ihre Nahrung – was brauchten sie sonst? – geradezu schenkte, lernen eine neue Folter kennen, die es im Paradies nicht gegeben hat: die Arbeit. Die müssen den Sand der Flüsse nach Gold auswaschen, unermüdlich, tagtäglich, wollen sie das vorgeschriebene Maß erreichen, sie müssen nach Gold graben, müssen meilenweit wandern, ja ihre Behausungen aufgeben, um das Gold zu finden. Dennoch bringen die meisten nicht das zusammen, was die Spanier unerbittlich fordern. Viele flüchten in die Berge, in unfruchtbare, entlegene Gegenden, in unzugängliche Höhlen.

* 25 Pfund.

Viele verhungern, sterben durch Krankheiten, die sie nie gekannt haben, manche nehmen Cassavagift, um ihre Leiden zu beenden*.

Eine Gesandtschaft erscheint bei Colón und bittet ihn, den Tribut auf die Hälfte herabzusetzen. Als der Admiral zögert, spricht Bartolomé, der neben ihm steht, ein rasches, hartes Nein. Er denkt noch mehr als sein Bruder daran, daß nur mit Gold die Kosten der Expedition gedeckt werden können, daß nur mit Gold allen Feinden, Neidern und Nörglern der Mund gestopft werden wird.

Pedro Margarite ist indes in Spanien nicht untätig gewesen. Da es ihm nicht gelingt, zu der Königin vorzudringen, erzählt er jedem, der es hören will, daß das Wunderland Indien ein Land ohne Wunder ist: Statt Gold gibt es dort gefährliche Krankheiten, statt Spezereien Hunger, statt Perlen Giftschlangen. Und der Admiral? Ein Lügner, der auch das Blaue vom Himmel versprechen würde, forderte man es von ihm. Ein Abenteurer, der auf unbekannten Meeren das Vermögen der Krone sinnlos vergeudet, während spanische Hidalgos in die Hände von Menschenfressern fallen. Ein Bluthund, der aber auch der ärgste Feind der Indianer ist, die er, anstatt sie zum Christentum zu bekehren, für seine Tasche und für die seiner Brüder ausplündert. Nicht Ruhm, sondern unabsehbare Schande wird das Unternehmen Indien Kastilien bringen ...

Es gibt viele, die, aus Hispaniola zurückgekehrt, dasselbe erzählen. Was zuerst in Schenken, in jenen Häusern die Runde macht, wo der Name Colón gleich hinter dem des Teufels kommt, kriecht schließlich auch durch verschlossene Türen in den Alcazar und in den Thronsaal. Zuerst weist die Königin alle Anschuldigungen, alle Verdächtigungen zurück, doch all-

---

* Nach Las Casas waren von 300 000 Einwohnern 1496 noch 200 000 am Leben, 1508 nur noch 60 000. Im Jahre 1548 ergab eine Zählung, daß die eingeborene Bevölkerung auf 500 zurückgegangen war. Neger waren an die Stelle der Indianer getreten.

mählich wird auch ihr Vertrauen durch die steten Tropfen einer Lüge, die nicht ganz Lüge ist, erschüttert. Was sie selten tut, tut sie nun. Sie wälzt alle Verantwortung auf Fonseca, den Vorsitzenden des »Rates von Indien« ab.

Auch Fonseca weicht einer Entscheidung aus. Nur zu leicht – das weiß er genau – kann er von den beiden Mühlsteinen zermalmt werden, zwischen denen er steht. Er braucht Colón, weil es ohne Colón keinen Rat von Indien gibt. Aber auf der anderen Seite stehen drohend all jene, die von der Kanzel verkünden, daß der Verkauf von Sklaven vor Gott nicht zu rechtfertigen sei, all jene, denen es nicht um Gold und Macht, sondern um Seelen geht...

So schickt Fonseca einen Mann nach Indien, der sowohl ein Freund des Admirals als auch ein eifriger Verfechter der Meinung der Kanzelredner ist. Er wirft, ohne das zu wollen, ohne das zu ahnen, einen Funken in das Pulverfaß. Denn er gibt Juan Aguado ein Quentchen, nur ein Quentchen Macht zu viel mit auf den Weg. Und von Macht hat Aguado sein ganzes Leben lang geträumt.

Auf Hayti wird immer weniger Gold gefunden. Mit bloßen Händen graben die Indianer die Erde auf, nur um auf Steine zu stoßen. Klagen, flehentliche Bitten helfen nichts. Aus dem Gebiet, das Guacanagari beherrscht, werden fünfzig Indianer in die Gefangenschaft geschleppt, weil sie ihre Tributpflicht nicht erfüllt haben. Wieder beginnt der Haß zu schwelen. Als das Feuer ausbricht, verzehrt es nicht die Spanier. Guacanagari, der Freund und Helfer der Fremden, wird von seinen eigenen Kriegern erschlagen. Seine Leiche findet der Admiral am frühen Morgen vor seiner Tür. Geisterhände scheinen sie nach Isabella gebracht zu haben.

Nicht vor der Leiche, nicht vor diesen Geistern schaudert der Admiral zurück. Er denkt an die Toten. Er denkt an das vergossene Blut und ahnt, daß Gold und Blut untrennbar miteinander verbunden sind.

VI

Juan Aguado kommt mit vier Schiffen, die Lebensmittel, Medikamente und Goldschmiede nach Hispaniola bringen. Als er an Land geht, befindet sich der Admiral in St. Thomas. Gerade das ist Aguado recht. Er läßt zunächst unter Trompetenschall auf dem Hauptplatz Isabellas seine Vollmacht verkünden:

Ritter und Edle und Ihr anderen, die Ihr Euch
kraft Unserer Befehle in Indien befindet!
Wir senden Juan Aguado, Unseren Kammerjunker,
zu Euch, der Unsere Wünsche und Befehle
kennt. Wir fordern Euch auf, ihm Treue und
Glauben zu schenken und bedingungslosen
Gehorsam zu erweisen.

Mit zusammengepreßten Lippen, bleich, tritt ihm Bartolomé Colón entgegen und verlangt die Vollmacht zu sehen. Das verweigert ihm Aguado. Er kennt nur Cristóbal Colón, keinen Bartolomé Colón. Er läßt den Adelantado stehen und begibt sich in das Gebäude, in dem der Admiral und Vizekönig residiert. Dort beschlagnahmt er für sich und sein Gefolge die Hälfte der Räume. Wieder läßt er seine Vollmacht verkünden. Er kann sie gar nicht oft genug hören. Ein Rausch ist über ihn gekommen, dessen Herrlichkeit er nicht geahnt hat.

Macht! Wie berauschend ist Macht! Daß er sie besitzt, zeigt er bald. Er stellt keine Nachforschungen an, er nimmt die Zügel der Regierung in die Hand. Beamte werden zur Rechenschaft gezogen, einige sogar verhaftet. Anordnungen des Admirals werden aufgehoben, neue erlassen. Was gestern noch verboten war, ist heute erlaubt. Was gestern erlaubt war, ist heute bei strenger Strafe verboten. Wer gestern heimlich Gold für sich beiseite geräumt hat, ist heute ein treuer Diener der Krone. Wer das Gold abgeliefert hat, ist plötzlich ein Dieb.

Es spricht sich mit Windeseile herum, daß der Fall des Admirals bevorsteht. Die Unredlichen verwandeln sich in Ankläger, die von Colón zu Recht Bestraften in Unterdrückte. An allem ist Colón schuld: an den Krankheiten, am Nahrungsmittelmangel, selbst daran, daß zu wenig Gold gefunden wird. Bald glaubt Aguado, was er nur zu gerne glauben will: daß die Brüder Colón eine Mißwirtschaft ohnegleichen getrieben haben.

Immer mehr Gerüchte flattern von Haus zu Haus. Man flüstert sich zu: »Wird der Admiral zum Tode verurteilt werden?« »Bartolomé Colón befindet sich schon in Haft.« »Im Haus des Admirals hat man Säcke voll Gold gefunden.« »Die Kolonie wird aufgelöst.« »Reiter sind schon auf dem Weg nach Sankt Thomas, um den Vizekönig festzunehmen.«

Die Gerüchte, immer wilder, verlassen Isabella und finden auch den Weg zu dem, den sie angehen. Sofort kehrt der Admiral zur Küste zurück. Er kann kaum glauben, was man ihm zugetragen hat. Er hat seinen Vertrag mit der Krone, und diesen Vertrag darf auch die Königin nicht brechen. Und außerdem: Aguado soll sich solcher Übergriffe schuldig gemacht haben? Auch das glaubt er nicht. Aguado ist ein Freund, dem er voll vertrauen darf.

Trompetenschall tönt dem Admiral entgegen, als er die Stadt betritt. Er reitet mit seinem Gefolge zur Plaza. Dort läßt Aguado wieder einmal seine Vollmacht verkünden. Es ist kein Zufall, daß dies gerade jetzt geschieht.

Aguado hat sich für diesen Augenblick vorbereitet. Jedes Wort, das er sprechen wird, hat er sich zurechtgelegt. Er wird Colón reizen, er wird ihn seine Macht fühlen lassen. Er wird alles tun, um das zu erreichen, was er erreichen will: daß sich der Admiral zu einem unbedachten Wort gegen die Souveräne hinreißen läßt. Diesen Strick wird er ihm drehen und dann, ehe sich Colón dessen versieht, blitzschnell die Schlinge zuziehen. So schwer wird das nicht werden. Wie leicht der Admiral aufbraust, ist bekannt.

Es kommt anders, obwohl Colón Aguados Plan noch nicht ganz durchschaut. Der Admiral steigt vom Pferd, eilt auf

Columbus in Admiralsuniform, darüber sein Wappen, am Rahmen Medaillons, die Ferdinand, Isabella und Juan Perez darstellen
(Stich von Buffetti)

Aguado zu und schließt den Verblüfften in die Arme. Er begrüßt ihn, seinen Freund, und beglückwünscht ihn zu seiner Aufgabe, seiner Macht. Er tut so, als hätte er nichts gehört, als wüßte er nicht, was während seiner Abwesenheit geschehen ist.

Juan Aguado braucht lange, bis er sich von dieser unerwarteten Überraschung erholt hat. Er braucht bis zum nächsten Tag. Dann jedoch versucht er sein Spiel von neuem. Er erläßt Verordnungen, die den Verordnungen des Admirals zuwiderlaufen, gibt Befehle, durch die Befehle des Admirals aufgehoben werden, übersieht Bartolomé Colón geflissentlich, tut alles, um zu zeigen, daß der neue Vizekönig Juan Aguado heißen wird. Sowohl auf dem Höhepunkt als auch am Ende dieses Spiel erwartet ihn abermals eine Überraschung: Cristóbal Colón ist mit allem einverstanden, er lehnt sich nicht auf, er pocht nicht auf das ihm verliehene Amt eines Vizekönigs.

Nun weiß sich Aguado keinen Rat mehr. Aber die anderen Spanier wissen, woran sie sind: Colóns Stern ist im Verlöschen, und der Juan Aguados wird bald aufgehen, strahlend und groß.

Drei Wochen nach seiner Ankunft glaubt Aguado, genug Material gegen die Brüder Colón gesammelt zu haben, Anschuldigungen, die ihm nur zu gern geliefert worden sind. Jetzt will er nach Spanien zurück, rasch sogar. Denn plötzlich hat er Angst. Hat er bisher keine Erklärung für das Verhalten des Vizekönigs finden können, glaubt er nun zu wissen, weshalb Colón alle Demütigungen über sich ergehen läßt. Er will ihn, seinen gefährlichsten Widersacher, aus dem Wege räumen lassen. Isabella ist ein gefährlicher Boden und ein heißer dazu. Er brennt Aguado mit einem Mal unter den Füßen.

Auch Colón will nach Spanien zurück. Er erkennt immer deutlicher, daß er, der eine neue Welt entdeckt hat, beweisen muß, daß diese Welt nicht umsonst entdeckt worden ist. Von einem Tag zum anderen wird ihm auch klarer, daß ihm seine Widersacher doch gefährlich werden können. Zugleich schwebt ihm eine dritte Entdeckungsfahrt vor.

Aguado bestimmt, wer Hispaniola den Rücken kehren darf. Er lehnt sich nicht einmal auf, als der Admiral seinen Bruder als Stellvertreter einsetzt. Nur fort, nur fort! Seine Angst wächst von Tag zu Tag, von Stunde zu Stunde...

Doch nun stellt sich die Natur sowohl gegen Aguado als auch gegen Colón. Ein Sturm bricht los, wie ihn Hayti noch nicht erlebt hat, keiner der Eingeborenen kann sich an solch einen *urican* erinnern. Und alle glauben, daß dieser *urican* gekommen ist, die weißen Männer zu züchtigen.

Er kommt um die Mittagszeit, von Osten, schwere Massen von dunklen Wolken vor sich hertreibend. Genau über Isabella prallt er mit einem anderen aus dem Westen herangezogenen Sturmwind zusammen, und es ist, als stießen zwei Welten aufeinander, entschlossen, auf Sein oder Nichtsein um den Besitz des Himmels zu kämpfen. Ströme von Blitzen prasseln auf die Erde nieder, die Wolken treiben und verfolgen einander, einmal hoch am Himmel, dann wieder gleich riesigen Raubvögeln auf die Erde niederstoßend. Es ist dunkel wie um Mitternacht.

Und alles zerstört dieser Wirbelsturm. Er entwurzelt Bäume, bringt Felsblöcke ins Rollen, läßt Flüsse aus den Ufern treten, zerbricht, als wären sie nicht mehr als dürre Zweige, die Hütten der Eingeborenen ebenso wie die Häuser in Isabella und tobt seine Wut an den im Hafen liegenden Schiffen aus. Er wirbelt sie im Kreis und ihre Anker, reißt sie von den Kabeltauen, stößt sie gegeneinander und bricht sie auseinander. Er spielt dann mit den Trümmern und wirft einen Teil auf die Küste, den anderen weit ins Meer hinaus. Auch alles, was sich an Bord befindet, fällt ihm zum Opfer: Menschen, Vorräte, Medikamente, Baumwolle, Gold.

Drei Stunden lang wütet dieser Sturm. Als die Sonne wieder scheint – sie kommt ganz plötzlich, steht auf einem schon wieder blauen Himmel –, wagt sich Bartolomé Colón als erster zum Hafen hinaus. Er lacht wild auf, als er sieht, daß das baufälligste Schiff, die »Niña«, von dem Hurrikan verschont geblieben ist. Und er freut sich. Aguado hat seit gestern Fieber. Vielleicht, vielleicht...

VII

Miguel Diaz steht mit gesenktem Kopf vor dem Adelantado. Diese Zurechtweisung hat er nicht erwartet.

»Es ist Fahnenflucht«, sagt Bartolomé Colón noch einmal. »Es wäre Eure Pflicht gewesen, sofort nach Isabella zu kommen, nachdem Ihr Madariaga getötet hattet.«

Diaz sieht die Szene wieder vor sich: ein harmloser Streit beim Würfelspiel. Erregte Worte. Urplötzlich hatte ihm Madariaga einen Schlag versetzt, einen Schlag ins Gesicht. Ein roter Schleier, der sich über seine Augen gelegt hatte. Der Schleier war erst wieder gewichen, als er einmal auf das Messer in seiner Hand und dann wieder auf seinen toten Freund hinabgestarrt hatte.

»Und Ihr lieft geradewegs in den Urwald?«

»Ich hatte vollkommen den Kopf verloren.«

»Ich meinte, Ihr wäret in den Urwald gegangen, weil Ihr Euch selber bestrafen wolltet«, sagt der Adelantado spöttisch.

Diaz lächelt trüb. »Das wollte ich nicht, doch ich habe es getan.«

»Wie lange seid Ihr umhergeirrt?«

»Zehn Tage. Als ich plötzlich Hütten vor mir sah und dahinter das Meer, war ich fast schon am Ende. Mit der letzten Kraft und beinahe verdurstet kroch ich auf die Hütten zu. Natürlich rechnete ich damit, daß mich die Indianer erschlagen würden.«

»Daß sie es nicht getan haben, wundert mich auch.« Der Adelantado denkt an die Spanier, die spurlos verschwinden, von Streifzügen nicht zurückkehren, im Urwald tot aufgefunden werden.

»Sie nahmen mich sogar gastfreundlich auf«, sagt Diaz. »Der Kazike selber pflegte mich gesund. Sehr bald wußte ich, weshalb ihr so sehr an meiner Gesundheit gelegen war.«

»Ihr?« wundert sich Colón.

Diaz nickt. »Das Dorf, in das ich geraten war, heißt Hayna, so wie der Fluß, an dem es liegt. Und der Kazike ist eine junge

Indianerin. Sie pflegte mich weiter, als ich schon gesund war, sie erfüllte mir jeden Wunsch, nur – sie ließ mich nicht fort. Ich wurde Tag und Nacht bewacht.«

Auch das ist Bartolomé Colón nicht neu. Es gibt genug Spanier, die nicht erst bewacht werden müssen, um ihrer Indianerin nicht davonzulaufen. »Und Ihr behauptet allen Ernstes, daß sie Euch hergeschickt hat?« fragt er.

Wieder nickt Diaz. »Sie meint, wir alle sollten Isabella mit seiner ungesunden Umgebung aufgeben, nach Hayna übersiedeln und dort eine neue Stadt gründen. So unrecht hat sie nicht. Das Land dort ist viel fruchtbarer, der Hafen windgeschützt, und – es gibt in der Nähe reiche Goldminen, mehr Gold als sonst irgendwo auf der Insel.«

»Das hat Euch die Indianerin erzählt? Die Nähe – das ist gleich hinter den Bergen?«

»Die Minen« – Diaz schüttelt den Kopf – »sind keine fünfzig Leguas von der Siedlung entfernt.«

Jetzt wird Bartolomé Colón aufmerksam. »Ihr habt sie selber gesehen?«

»Ich war dort, und ich glaube, daß man, ohne zu graben, an einem Tag zwei flandrische Falkenglöckchen mit Gold füllen könnte.«

Der Adelantado spürt, wie sein Herz schneller schlägt. Ist die Flotte deshalb gesunken, daß das große Ziel doch noch erreicht wird? »Euer Ernst?« fragt er rasch.

»Mein Ernst –«

»Um Euren Kopf, ja?«

»Um meinen Kopf«, sagt Diaz lächelnd.

»Den Ihr auch verlieren werdet, wenn Ihr zu irgend jemandem ein Wort verlauten laßt.«

Diaz, der weiß, daß ihm nun keine Gefahr mehr droht, sagt, noch immer lächelnd:

»Wenn Ihr mich mitnehmt, werde ich schweigen.«

Schon nach zwei Tagen bricht Bartolomé Colón auf. Zehn Mann, die allen Grund haben, Juan Aguado nicht zu lieben, begleiten ihn. Der Weg führt die kleine Schar zuerst zum Fort Concepción, das sie umgehen, um jedes Aufsehen zu vermeiden, und dann den Fluß Ozema entlang zur Südküste der Insel. In Hayna wird ihnen ein Empfang zuteil, wie sie ihn längst nicht mehr gewöhnt sind. Vor allem Diaz' Rückkehr löst hellen Jubel aus.

Der weibliche Kazike selber führt die Spanier zu den Goldminen. Sofort werden Nachforschungen angestellt, und es erweist sich, daß der Boden hier von dem kostbaren Metall geradezu durchdrungen ist. Tiefe Aushöhlungen lassen darauf schließen, daß die Eingeborenen schon vor urdenklichen Zeiten den Versuch unternommen haben, die Minen auszubeuten. Auch in den Flüssen ringsum werden große Goldkörner gefunden.

Bartolomé Colón verbietet seinen Begleitern, auch nur eine einzige Unze Goldes mitzunehmen, und erlegt ihnen strengstes Stillschweigen auf. Sein Plan steht schon fest: In der Nähe wird ein Fort errichtet werden, ein Teil der Bewohner Isabellas wird nach Hayna übersiedeln und mit der Goldgewinnung beginnen. Aber all das wird erst geschehen, wenn Juan Aguado der Insel den Rücken gekehrt hat. Hispaniola ist die Insel der Colóns, das Gold von Hayna das Gold der Colóns...

Als Diaz sich entschließt, in Hayna zu bleiben, ist das dem Adelantado nur recht. Der weibliche Kazike wird getauft, auch das Dorf erhält einen neuen Namen. Es wird nun Santo Domingo heißen. Und es soll eine Stadt werden, eine blühende reiche Stadt, die Hauptstadt von Ophir*, dem Land, aus dem Salomo mit Schiffen Gold und Edelsteine holen ließ. Denn Bartolomé Colón bezweifelt nicht, daß er die Minen entdeckt hat, die dem Sohn Davids das Gold für den Bau des Tempels zu Jerusalem geliefert haben.

---

* Das Ophir des Alten Testaments wurde in verschiedenen Ländern gesucht: in Südarabien, Südostafrika und Indien.

Das Spiel glückt. Aguado stimmt zu, daß Bartolomé Colón als Adelantado auf Hispaniola zurückbleibt, er stimmt sogar gerne zu. Denn er fürchtet Bartolomé mehr als den Admiral. Daß Bartolomé Colón Isabella aufgeben will, ahnt er nicht einmal. Er ahnt auch nicht, daß er Bergen von Gold den Rücken kehrt. Spanien lockt ihn und sein Ziel: die Colóns zu vernichten.

Drei Monate nach der Zerstörung der Flotte hat Miguel Diaz die Minen von Hayna entdeckt, vier Monate nach der Entdeckung der Minen ist die neue Flotte fertiggestellt: Sie besteht aus der notdürftig instandgesetzten »Niña« und einem zweiten Schiff, das rasch zusammengezimmert worden ist und den Namen »Santa Cruz« trägt. Für fünfundzwanzig Passagiere hat die »Niña« Platz, für dreißig die »Santa Cruz«. Aber vierhundert sind es, die die Heimfahrt antreten wollen, und dreißig Indianer will der Admiral mit nach Spanien nehmen. Er ist dafür, daß das Los entscheidet. Aguado tritt dafür ein, die Indianer zurückzulassen. Es kommt zu einem neuen Streit, der damit endet, daß vierhundertdreißig Passagiere in die zwei kleinen Schiffe gepfercht werden. Und noch bevor die Flotte in See sticht, schiebt der Admiral Aguado und Aguado dem Admiral die Verantwortung für alles zu, was da kommen wird und kommen muß: für Hunger, Seuchen, Untergang.

Am 10. März 1496 verlassen die beiden Schiffe den Hafen von Isabella. Schon fünf Wochen später gibt es nur noch Brot, kein Stück Fleisch und fast keinen Tropfen Trinkwasser mehr an Bord. Ein neuer Passagier fährt mit: der Tod. Mit Mühe verhindert der Admiral einen Versuch der Mannschaft, die Indianer über Bord zu werfen. Nach sechs Wochen Fahrt muß er erfahren, daß zwei Indianer getötet und ihr Fleisch von den Spaniern verspeist worden ist. Nun fahren neben dem Tod auch die Angst und das Grauen mit. Keiner traut mehr dem anderen. Keiner wagt mehr zu schlafen. Die Spanier sind Kannibalen geworden.

Am 11. Juni erreichen die Schiffe den Hafen von Cadix. Dreihundertneunzig Spanier und zehn Indianer gehen an

Land, jämmerliche, ausgemergelte Gestalten mit zitronengelben Gesichtern, die von Angst, Hunger und Grauen gezeichnet sind. Niemand empfängt den Admiral. Kein Jubel braust ihm entgegen. Aber er hört, was die Menschen, die für die Heimkehrer eine Gasse bilden, einander zuflüstern oder auch laut aussprechen:

»Die sehen nicht so aus, als hätten sie in Indien Reichtümer gesammelt!«

»Der Hunger sieht ihnen aus den Augen!«

»Und die Not!«

»Mit leeren Taschen kehren sie zurück!«

»Weil es in Indien überhaupt kein Gold gibt!«

Einer lacht laut auf. »Gold gibt es genug. Aber die Königin nimmt es dir aus den Fingern, kaum daß du's gefunden hast.«

»Dir schon! Aber dem Don Cristóbal nicht. Der hat für sich genug beiseite geschafft.«

»Ein Betrüger ist er!«

»Ein Lump!«

»Unsere Söhne hat er mit leeren Versprechungen ins Verderben gelockt«, schreit eine Frau mit schriller Stimme.

Ein alter Mann spuckt vor dem Admiral aus. Ein Matrose tut dasselbe, ein dritter zeigt ihm die geballte Faust. Die Gasse wird enger und enger.

Mit Mühe erreicht Cristóbal Colón, von einer johlenden Menge gejagt, das in der Nähe des Hafens liegende Franziskanerkloster. Als er später zum Fenster tritt und auf die schon wieder menschenleere Straße hinausblickt, sieht er, daß ein greller roter Schein über den Himmel geistert. Er erfährt, daß die tobende Menge die »Santa Cruz« in Brand gesteckt hat.

VIII

Die Mannschaft hat sich zerstreut. Der Admiral und Maestro Chanca bleiben Gäste des Klosters des heiligen Francisco. Auch die zehn am Leben gebliebenen Indianer finden dort Quartier, nachdem sie getauft worden sind. Daß Juan Aguado sofort nach Almazen aufgebrochen ist, wo sich der Hof jetzt aufhält, weiß Cristóbal Colón. Er ist entschlossen zu warten. Sein Stolz ist größer als die Angst, die Königin könnte das »indische Abenteuer« – daß man von einer Unternehmung nicht mehr spricht, hat er von Andrés Bernaldez, dem Prior des Klosters, erfahren – für immer satt bekommen haben.

Endlich, am 12. Juli, trifft ein Schreiben der Souveräne ein. Es ist knapp, doch in keinem unfreundlichen Ton gehalten. Obwohl Colón wieder hoffen darf, daß Aguados Saat auf keinen fruchtbaren Boden gefallen ist, weiß er nur zu gut, daß sein Werk längst nicht mehr mit dem Maßstab gemessen wird, der ihm gebührt. Die Entdeckung einer neuen Welt? Das hat man schon vergessen. Gold wird verlangt, von den Souveränen ebenso wie von der Menge. Mit dem bloßen Schimmer des Goldes muß er die Erwartungen aller weiter anspannen, will er die Genehmigung und das Geld für eine dritte Fahrt erhalten.

Sehr sorgfältig wählt Colón seine Begleiter aus. Es sind die Verläßlichsten der Verläßlichen, darunter Diego Alvarez Chanca, der bezeugen wird, daß auf Hispaniola keiner, der sich richtig ernährt, krank zu werden braucht. Ebenso vergißt Colón nicht, daß die Schaulust der Menge befriedigt werden muß.

Der Hof ist inzwischen nach Burgos übergesiedelt. Als Colón dort einzieht, stellt er zumindest die Menschen zufrieden, die die Straßen säumen, auf den Dächern der Häuser sitzen, ihm manchmal sogar zujubeln, Blumen werfen. Voran werden Käfige mit Papageien getragen, hinterher folgen die zehn Indianer, nicht nackt wie in ihrer Heimat, sondern in Baumwollgewändern und große goldene Ringe in den Ohren und Nasen. Auf einem Karren sind alle Kostbarkeiten Indiens zu sehen: goldene Kronen, Masken, Halsbänder, Baumwollgewebe, Schalen mit Goldkörnern, Goldklumpen, seltsame Blumen, Hölzer und Gewächse. Colón reitet einen Rappen, ein besonders schönes, edles Tier, doch er hat auf seine Admiralsuniform verzichtet und trägt die härene Kutte der Franziskaner. Sein Gefolge, nicht sehr zahlreich, beschließt den Zug: die Steuermänner, die Lotsen, ein paar Matrosen, Diego Colón und Maestro Chanca.

Der Admiral sieht kaum die Menschen, die die Straßen säumen, hört kaum ihre Zurufe. Sein Herz schlägt um so schneller, je näher er dem Alcazar kommt. Wieder einmal liegt sein Schicksal nicht in seiner Hand. Wird Juan Aguado neben dem Thron stehen, ein höhnisches, triumphierendes Lächeln auf den Lippen? Oder Fonseca? Oder Pedro Margarite? »Ihr habt uns enttäuscht, Colón« Werden das die Worte der Königin sein?

Rufe, Blumen, zwischendurch Gelächter. Daran sind die Ringe in den Nasen schuld. Colón fragt sich: »Trage ich die Schuld, daß Gold nur aus Blut und aus Gold immer Blut wächst?«

Kein Aguado. Kein Margarite. Auch Fonseca ist nicht zu sehen. Die Königin reicht dem Admiral die Hand zum Kuß. Ferdinand lächelt nichtssagend. Colón zeigt die Schätze Indiens, die Goldklumpen, die goldenen Masken, die wohlriechenden Hölzer, die Indianer. Er berichtet von seiner Fahrt entlang der Küste Cubaguas, von den Inseln, die er entdeckt hat, von den Kämpfen, die zu bestehen, von den Schwierigkeiten, die zu überwinden waren, von dem großen Sturm, der die Flotte vernichtete. Die Königin stellt Fragen, der König fragt. Der Name Margarite fällt nicht, auch Aguado wird nicht erwähnt.

Zuletzt kommt Colón auf die Minen von Hayna zu sprechen. Er weist Goldkörner vor, die im Ozema gefunden wurden, einen Gesteinsbrocken, der reich von Goldadern durchzogen ist, und krönt seinen Bericht, nun seiner Sache schon sicher, mit der Behauptung, das sagenhafte Land Ophir gefunden zu haben. Wenn Ophir so reich ist, wie reich erst muß das nahe Festland sein... Das Festland zu finden und zu erobern heiße das nächste große Ziel...

Ferdinand lächelt weiter nichtssagend. »Ihr seid sicher, Colón, daß es dieses Festland gibt?«

»Marco Polo –«

»*Ihr* wißt, daß es dieses Festland gibt?«

»Ich weiß es, Majestät«, sagt Colón. »Cubagua ist ein Teil davon.«

»Ihr braucht also wieder Schiffe, Proviant, Mannschaft, Geld?«

»Acht Schiffe, Majestät«, erwidert Colón kühn. »Zwei mit Vorräten für Hispaniola, sechs für die Fahrt nach Cathai.«

Das Lächeln ist wieder da. Es kann spöttisch sein, freundlich-zustimmend, ablehnend. Der Admiral weiß es nicht zu deuten, versteht es auch nicht, als es erstarrt. Nur das ahnt er, daß Ferdinand anderswo ist, weit weg von dem Plan einer dritten Fahrt. Auch das Gesicht der Königin ist verschlossen, sie preßt die Lippen aufeinander und sieht über Colón hinweg, vielleicht auf den Tisch mit den goldenen Gaben, vielleicht in jene Ferne, wo Cathai lockt, das Land des unermeßlichen Reichtums.

Keine Antwort. Kein Ja, kein Nein. Das Schweigen wird lastend, erdrückend fast. Colón spürt, wie sein Herz immer schneller zu klopfen beginnt, er glaubt, daß es aufwärts wandert, in seine Mundhöhle, dort groß wird und ihn zu ersticken droht. Hat er sich geräutscht? Haben Margarite und Aguado ihre Verleumdungen gesät, und trägt die Saat schon Früchte?

Colón kann das Schweigen nicht länger ertragen. Beinahe herrisch stößt er hervor: »Auf halbem Wege stehenzubleiben hieße alles verlieren.«

Auch nun fällt die Maske von Ferdinands Gesicht nicht ab. Doch Isabella lächelt: »Ihr werdet fahren, Colón. Bald...«

»Ich – ich werde –?«

»Bald, Colón.«

Colón fällt auf die Knie. In seinen Augen stehen Tränen. »Ich danke Euch, Majestät«, sagt er erschüttert.

»Wir warten auf Euren Dank, Admiral.« Ferdinands Stimme klingt überlaut. »Euer Dank muß Gold heißen. Das versteht Ihr?«

»Ja«, antwortet der Admiral kaum hörbar. Sein Herz macht ihm jetzt nicht mehr zu schaffen, doch er spürt, wie sich eine Schlinge um seinen Hals legt, und er weiß, daß die Enden dieser Schlinge der König von Spanien in der Hand hält und erbarmungslos zuziehen wird, wenn er wieder mit fast leeren Händen kommt.

»Ihr werdet bald fahren, Colón.« Doch da steht ein mächtiges Heer, das Unsummen verschlingt, in Italien, um dem König von Neapel wieder zu seinem Thron zu verhelfen. Doch da müssen ganze Geschwader sowohl im mittelländischen als auch im atlantischen Meer kreuzen, um einen Einfall Frankreichs zu verhindern. Über hundert Schiffe sind nach Flandern unterwegs, ein würdiges Geleit für die Prinzessin Juana, die Philipp, den Erzherzog von Österreich, heiraten wird. Fünfzig Schiffe sind ausgelaufen, Philipps Schwester Margarete nach Spanien zu bringen, die dem Infanten Juan zur Frau gegeben werden wird. Acht Schiffe will Colón. Acht Schiffe! Woher sie nehmen?

»Ihr werdet bald fahren, Colón.« Doch die königliche Kasse ist leer. Gewiß, das indische Abenteuer kann sie füllen, bisher jedoch hat es nur Geld gekostet und fast nichts eingebracht. Liegt Neapel nicht näher? Ist es nicht klüger, nach Schätzen zu greifen, die in Europa locken, als nach Reichtümern, die es vielleicht gar nicht gibt?

»Ihr werdet bald fahren, Colón.« Doch die Zeit verrinnt. Zur Hochzeit Margaretes mit dem Infanten versammeln sich alle Granden und Würdenträger Spaniens, die gesamte Ritterschaft und die Gesandten aller Mächte der Christenheit in Burgos. Hat man Zeit, an ein paar weit entfernte Inseln zu denken, wenn solch ein Fest mit großem Gepränge gefeiert wird? Die Festung Salza in Roussillon wird von den Franzosen zerstört. Hat man Geld für einen Abenteurer, wenn solch ein Bollwerk wiederaufgebaut werden muß? Um den Besitz Neapels entbrennen erbitterte Kämpfe. Hat man Muße, sich um einen Admiral ohne Flotte zu kümmern, wenn solch ein hoher Preis auf dem Spiele steht? Die Zeit verrinnt. Der Sommer vergeht, der Herbst. Erst zu Beginn des Jahres 1498 erinnert sich die Königin wieder ihres Versprechens. Colón? Natürlich: Colón. Der Mann, der das Festland von Indien entdecken will.

»Nun werdet Ihr bald fahren, Colón.« Das für die Expedition notwendige Geld wird gegeben, Schiffe und Proviant werden bereitgestellt. Doch da ist niemand, der gewillt ist, diese Schiffe zu besteigen, diesen Proviant zu verzehren. Indien lockt nicht mehr. Ein Land, das kein Gold besitzt, besitzt auch nicht die Zauberkraft, Menschen anzuziehen...

Die Heuer wird erhöht, mit Versprechungen wird nicht gegeizt, überall im Land wird für Colóns Fahrt geworben. Die Mühe ist umsonst. Sie wäre auch umsonst, würde die Heuer noch einmal erhöht, ja verdoppelt werden. Noch zu gut haben die Matrosen die zitronengelben Gesichter jener vor Augen, die in Cadix an Land gegangen sind, und nur ein Narr würde für ein paar lumpige Maravedis geradewegs in die Hölle fahren. Haben Aguados Vorstellungen am Hof nichts gefruchtet, trägt seine Saat beim gewöhnlichen Volk um so reichere Frucht.

Dagegen allerdings weiß sich die Krone zu helfen. Nun erhalten ihre Beamten nicht mehr den Befehl, Freiwillige anzuwerben, sondern die Mannschaft für die acht Schiffe zwangsweise auszuheben. Auch die Beamten wissen sich zu helfen. Galeerensträflinge, zur Arbeit in den Bergwerken Verdammte, zum Tode Verurteilte werden zusammengetrieben und nach San Lucar de Barrameda gebracht, von wo Colón die Fahrt antreten wird. Die Männer, die dem Groß-Khan unter die Augen treten sollen, sind Mörder, Falschmünzer, Diebe, Vagabunden, Ketzer.

Nun endlich stünde dem Aufbruch nichts mehr im Wege. Doch da ist noch Fonseca, der nun ganz auf Aguados Seite neigt und sich die Parole »Viel Kosten – wenig Gewinn« zum täglichen Gebet erwählt hat. Seine Beamten prüfen die Taue auf ihre Haltbarkeit, die Planken der Schiffe auf ihre Teerung, die Medikamente Pille für Pille. Sie legen Listen an und schätzen den Wert selbst der Nägel und Pfannen. Ximeno de Breviesca, Fonsecas Oberschätzmeister, treibt es am ärgsten.

Wieder vergeht Woche um Woche. Ein glasklares, ruhiges Meer liegt vor den Schiffen, ein samtblauer Himmel spannt sich über den Masten, dennoch darf Colón nicht in See stechen. Als Breviesca fordert, daß die Segel abgenommen werden, damit er die Güte der Leinwand prüfen könne, bricht aus Colón aller Groll heraus, alle Wut, alle Erbitterung über die Bosheiten, Beleidigungen, Demütigungen, die er hat ertragen müssen. Er stößt, völlig außer sich, den Beamten nieder und tritt ihn mit Füßen.

Sofort sind ein paar Matrosen bei ihm. Dieses Spiel gefällt ihnen nur zu gut. Breviesca wird aufgehoben und über Bord geworfen. Dann sticht die Flotte in See.

Eine johlende, grölende Meute sieht zu, wie der königliche Beamte, mit den Händen um sich schlagend und nach Luft ringend, zum Ufer schwimmt. Der Admiral ist schon wieder ruhig. Er weiß, daß er die Hölle an Bord hat, und fragt sich, wie er mit ihr den Himmel erobern soll.

Vierter Teil

In Ketten

(Nach dem Bericht des Bartolomé Las Casas)

> Selbst gegen seine Lieblinge zeigt sich das Schicksal nie allzu großmütig. Selten gewähren die Götter dem Sterblichen mehr als eine einzige unsterbliche Tat.
>
> *Stefan Zweig*

I

Dem hochmögenden Admiral Cristóbal Colón,
Vizekönig und Statthalter von Indien,
den ich wohl meinen Freund nennen darf.

Es ist mir bekannt geworden, daß Ihr bald wieder in See stechen werdet, um neue Länder zu suchen und zu entdecken. Da ich selber ausgedehnte Reisen unternommen habe, die mich mit den Bewohnern Arabiens, Afrikas, Indiens und Äthiopiens zusammenführten, von welchen ich wertvolle Auskünfte erhielt, will ich Euch einen Rat erteilen: Fahrt von den Kapverdischen Inseln nach Südwesten, bis Ihr zum Äquator kommt, und richtet Euren Lauf dann nach Westen. So werdet Ihr auf die reichen Länder stoßen, die Ihr sucht.

Denn es ist so, daß alle Naturprodukte um so reifer und kostbarer werden, einer je heißeren Sonne sie ausgesetzt sind. Gold, Edelsteine, Spezereien, Drogen und Gewürze sind nur in den Ländern zu finden, die unter dem Äquator liegen, wo die Menschen schwarz oder von dunkler Farbe sind, wo die Sonne auch der menschlichen Haut die volle Reife gibt. Ich habe Speere dieser Bewohner gesehen und ihre Spitzen untersucht. Sie bestehen aus einer Mischung von 18 Teilen Gold, 6 Teilen Silber und 8 Teilen Kupfer. Das beweist, daß Gold und Silber in diesen Gegenden wohlfeil sind.

Ihr werdet es nicht bereuen, wenn Ihr meinen Rat befolgt. Daß sich das Festland von Asien nach Süden erstreckt, dürftet auch Ihr inzwischen erkannt haben. Deshalb geht Ihr kein Wagnis ein, wenn Ihr zuerst zum Äquator fahrt. Die Passatwinde werden Euch unter allen Umständen nach Hispaniola tragen.

Gott möge Eure Fahrt segnen, zum Ruhme Spaniens und der ganzen Christenheit!

Jayme Ferrer
Mineraloge und Kauffahrer
im Dienst der Katholischen Könige

Günstige Winde brachten die aus sechs Schiffen bestehende Flotte, die am 30. Mai 1498 Sevilla verlassen hatte, rasch nach Gomera. Hier teilte sie der Admiral. Drei Karavellen sandte er direkt nach Hispaniola, mit den anderen setzte er die Fahrt zunächst nach den Kapverdischen Inseln fort. Weiter blieb ihm das freundliche Wetter treu, so daß er schon am 27. Juni Buena Vista erreichte. Hier ging er an Land und wurde von Dom Rodrigo Affonso, dem portugiesischen Inselhauptmann, freundlich aufgenommen und mit seiner Mannschaft reich bewirtet. Dennoch waren alle froh, als sie die Insel wieder verlassen durften. Allzu sehr mißfielen ihnen viele ihrer Tischnachbarn: Es kamen zu dieser Zeit vornehme und wohlhabende Leprakranke nach Buena Vista und São Tiago, die hofften, durch den Genuß von Schildkrötenfleisch und durch Bäder in Schildkrötenblut gesund zu werden. Die übrigen Bewohner der Insel waren sieben Portugiesen, die Ziegen jagten und die Häute für die Ausfuhr einsalzten. Als der Admiral seinen Leuten befahl, einiges Ziegenfleisch, das die Portugiesen wegwarfen, einzusalzen und als Schiffsproviant mitzunehmen, erntete er großes Murren. Und ich muß sagen, daß meine Landsleute nicht zu Unrecht murrten. Kein Fleisch auf der ganzen Welt schmeckt so scheußlich wie eingesalzenes Ziegenfleisch. Ich habe es selbst gekostet und werde seinen Genuß in Zukunft argen Sündern als Buße auferlegen.

In der Samstagnacht des 30. Juni setzte der Admiral Segel – wie gewöhnlich vermied er eine Abfahrt am Tage des Herrn – und ankerte am nächsten Morgen vor Ribeira Grande auf der Insel São Tiago. Es war seine Absicht, ein paar von den wilden schwarzen Rindern, wie sie auf dieser Insel zu Hause sind, einfangen zu lassen und nach Hispaniola zu bringen. Daraus wurde jedoch nichts. Die Rinder zeigten keine Neigung, eine Seereise anzutreten. Vielleicht ahnten sie auch, daß sie später, in den windstillen Regionen, doch nur den Haifischen als Fraß gedient hätten.

Vor São Tiago blieb die Flotte acht Tage lang liegen. Es herrschte eine fürchterliche Hitze, und von der Sahara wälzte sich ein wahrer Staubnebel herüber, der so dick und erstickend war, daß man ihn mit einem Messer hätte schneiden können. Alle litten wir großen Durst, der um so ärger wurde, je mehr man trank. Man konnte zusehen, wie das Wasser, kaum daß man es getrunken hatte, wieder aus dem Körper trat. Wieder begann die Mannschaft zu murren. Wäre die Insel nicht von Portugiesen besiedelt gewesen, hätte ich – natürlich ich – zu hören bekommen, daß wir in das Reich des Teufels geraten seien.

Am 4. Juli, einem Tag nach Vollmond, brachen wir endlich nach Indien auf. Wir steuerten nach Südwesten, in der Absicht, diese Richtung bis zum Äquator beizubehalten, doch widrige Strömungen hielten uns zwei Tage lang auf der Höhe der Insel Fuego. Der vulkanische Gipfel dieses Eilands, der aus der Ferne einem Dom mit einem hohen Turm gleicht, entschwand schließlich doch unseren Blicken. Zugleich hatten wir Abschied von der Alten Welt genommen. Die Fahrt ins Ungewisse begann.

Am 10. Juli versicherte mir der Admiral, daß wir uns im fünften Grad nördlicher Breite befänden. Das glaubte ich ihm gern. Denn das Meer war wie ein Spiegel, und die Schiffe bewegten sich kaum vorwärts. Hatten wir auf São Tiago arg unter der Hitze gelitten, wurde diese nun noch unerträglicher. Tagtäglich besahen wir unsere Haut, ob sie nicht schon so schwarz war wie die der Menschen, zu denen wir fahren wollten.

Es kam noch ärger. Am 13. Juli wurde die Sonne noch heller, noch brennender, und die Winde sanken ganz. Wir glaubten, in einen Ofen geraten zu sein. Der Teer schmolz, die Fugen der Schiffe klafften immer mehr auseinander, das gesalzene Fleisch begann erbärmlich zu stinken, und die Wein- und Wasserfässer platzten, weil die Reifen der Pipen sprangen. Mehrmals mußten die Matrosen unter Deck, da der Weizen, den wir mitführten, in Brand geraten war. Und wir – wir glaubten nun allen Ernstes, in die Hölle geraten zu sein. Während ich an eine irdische Hölle glaubte, waren viele überzeugt, daß wir uns schon längst im Reiche Luzifers befanden.

Acht Tage dauerte diese Qual. Als am 22. Juli plötzlich und unerwartet ein Ostsüdostwind aufkam und die Segel tüchtig füllte, waren Freude und Jubel an Bord unbeschreiblich. Eben noch drei träg auf der öligen Wasserfläche schaukelnde Schiffe, gereffte Segel, Flüche, verzweifelte Gesichter, Drohungen – und nun ein mit Schaumkämmen bedecktes Meer, ein frischer, kühler Passat und vor allem statt zermürbender Untätigkeit Arbeit. Wie die Matrosen herbeistürzten, um die Zeisinge loszuwerfen, die Fallen zu heißen, die Rahen zu brassen und die Schotten zu bedienen, damit die Schiffe auf den neuen von Colón gesetzten Kurs gebracht werden konnten! Wie wundervoll die Musik der knatternden Segel, des rauschenden Meeres, das leise Tapp-Tapp nackter auf dem Deck hin und her eilender Sohlen!

Auch der Admiral, der zu dieser Zeit sehr unter der Gicht litt, war vor Freude außer sich. Er fiel auf die Knie und dankte der Heiligen Dreieinigkeit für die günstigen Winde, die sie ihm gesandt hatte.

Dennoch zog bald wieder Mutlosigkeit auf den Schiffen ein. Die Karavellen, durch die übergroße Hitze ausgedörrt, begannen immer mehr zu lecken, das Trinkwasser begann zur Neige zu gehen, der Proviant war kaum noch genießbar. Außerdem hatte sich das Gerücht verbreitet, der Admiral wisse gar nicht mehr, wo wir uns befänden. Die einen meinten, wir segelten über das Meer von Schottland, die anderen glaubten, wir seien nicht mehr weit von Thule entfernt, aber doch zu weit, um die Insel lebend erreichen zu können. Einig waren sich alle nur in einem: daß sie, als sie dem Ruf des Admirals gefolgt waren, dem Ruf des Teufels Gehör geschenkt hatten.

Am 31. Juli bestand die Ration für den ganzen Tag aus einem Becher Wasser und einem nicht sehr großen Stück verschimmelten Brotes. Ich schenkte das meine einem Kranken, der trotz der großen Hitze erbärmlich fror. Doch ich erntete keinen Dank für meine Gabe, sondern nur einen Blick, aus dem abgrundtiefer Haß sprach. Für die Mannschaft war ich »einer von jenen, die den teuflischen Plan, diese Fahrt zu unternehmen, ausgeheckt hatten«.

»Auch diesmal wird uns Gott nicht im Stich lasse«, sagte ich.

Ich bekam ein höhnisches Lachen zu hören. »Gott? Wir befinden uns auf einem Meer, über das nur der Teufel Gewalt hat.«

»Selbst über den Teufel hat Gott Gewalt«, sagte ich.

»Aber Gott wird uns im Stich lassen, weil wir uns dem Teufel verschrieben haben.«

»Meint Ihr die Königin?« fragte ich.

»Colón«, sagte der Matrose hastig.

»Die Königin hat diese Fahrt befohlen und nicht –«

Vom Deck kam Geschrei. Ich stürzte nach oben. Land? Land! Vor unserem Bug lagen die Spitzen dreier Berge, die bis zum Himmel zu reichen schienen. Abermals konnte ich sehen, wie kurz der Schritt von tiefster Verzweiflung zu heller Freude ist. Alle jene, die noch vor wenigen Augenblicken – das bezweifelte ich nicht – mit dem Gedanken gespielt hatten, den Admiral, die königlichen Beamten und mich über Bord zu werfen, stürzten nun auf Cristóbal Colón zu und versuchten, seine Hände zu küssen.

Als ich mich umwandte, stand der schwerkranke Matrose hinter mir, der mir soeben versichert hatte, er habe sich dem Teufel verschrieben.

»Ich habe immer gewußt, daß uns Gott nicht im Stich lassen wird«, sagte er zu mir.

Sicherlich glaubte er das sogar.

Als wir näher gekommen waren, sahen wir, daß sich die drei Berge an ihrem Fuß vereinigten. Colón nannte die Insel La Trinidad. Er hatte das Gelübde abgelegt, das erste Land, das er sichten würde, so zu benennen. Daß er *drei* Berge gesichtet hatte, schien ihm ein Wunder des dreieinigen Gottes zu sein, und er war deshalb tief bewegt. Ich fragte mich wieder einmal, wie ein Mensch, dessen Frömmigkeit ohne Zweifel echt war, Geschöpfe Gottes nur deshalb wie Tiere behandeln konnte, weil sie eine andersfarbige Haut besaßen.

II

Wir alle waren erstaunt über die Fruchtbarkeit des Landes, denn ohne Ausnahme hatten wir der Meinung gehuldigt, die Länder in der Nähe des Äquators seien von der Sonne ausgedörrt, kahl, felsig, wasserarm und von riesigen Sandflächen bedeckt. Hier jedoch sahen wir Palmen, dichte Wälder, ein frisches, lieblich grünes Land, das von Bächen und Flüssen durchzogen war. In der Nähe eines solchen Gewässers betraten wir die Küste zum ersten Mal. Wir labten uns an dem kühlen süßen Wasser, schrubbten uns die Salzkrusten vom Körper und reinigten dann unsere Kleider und unser Unterzeug. Landeinwärts fand ein Matrose das Gerippe eines Tiers – wohl das eines Affen – und ein Angelgerät. Wieder einmal hatten also die Bewohner die Flucht ergriffen. Ich fragte mich, ob es schon bis hierher gedrungen war, daß die Geschenke der weißen Götter Blut, Tränen und Elend brachten.

Am nächsten Tag fuhren wir die Küste der Insel entlang und entdeckten im Süden abermals Land, einen flachen, von vielen Flüssen durchschnittenen Streifen, der sich gut zwanzig Stunden Fahrt weit dahinzog. Colón nannte das Land La Isla Santa. Heute, nach so vielen Jahren, da ich die Geschichte dieser Fahrt niederschreibe, kann ich die Tragik dieser Stunde erst so richtig ermessen: Colón wußte nicht, ja ahnte nicht einmal, daß das Festland vor ihm lag, das er so lange gesucht hatte. Vor der Südwestspitze Trinidads – Colón gab ihr den Namen Punta del Arenal – warfen wir wieder Anker, um diesmal für längere Zeit an Land zu gehen. Die Mannschaft hatte sich ein paar Tage Ruhe nach den Schrecknissen dieser zermürbenden Fahrt wahrhaftig verdient.

Als sich unsere Boote der Küste näherten, erblickten wir plötzlich ein Canoe, in dem – ich zählte rasch – fünfundzwanzig Indianer saßen. Sie ruderten davon, als wären sie auf den Teufel selbst gestoßen. Alle Versuche der Matrosen, sie durch Zurufe und Gesten anzulocken, blieben vergeblich. Sie hielten, weit von uns entfernt, an, die Ruder in den Händen und offensichtlich entschlossen, sofort das Weite zu suchen, wenn wir uns ihnen näherten. Doch sie waren so nahe gewesen, daß ich sie deutlich hatte ausmachen können: wohlgebaute junge Menschen mit offenen Gesichtern und langem Haar – wir hatten erwartet, hier auf kraushaarige Menschen zu stoßen –, nackt, mit Boden und Pfeilen bewaffnet. Ich dachte an den Sklavenmarkt von Sevilla, und nun erst wurde mir so richtig klar, welch fluchwürdiges Verbrechen es darstellte, diese Geschöpfe Gottes aus ihrem Paradies zu reißen und die Segnungen eines Christentums zu lehren, das nie mein Christentum war.

Auch auf unseren Vorstößen ins Innere der Insel konnten wir mit den Eingeborenen nicht in Berührung kommen. Es war stets das gleiche. Liefen unsere Matrosen hinter ihnen her, liefen sie Hals über Kopf davon. Schlugen wir ein Lager auf, kamen sie näher, aber nie so nahe, daß wir ein Gespräch mit ihnen beginnen konnten. Einmal ließ der Admiral, um sie anzulocken, etwa fünfzig Schritte vor dem Lager Nachttöpfe aus Messing, Glasperlen und Spiegel niederlegen, doch auch das half nichts.

Acht Tage lang lebten wir wie im Paradies. Nur der Admiral schien sich Sorgen zu machen. Als ich ihn fragte, was ihn bedrücke, wies er auf den Ozean hinaus.

»Das Meer hier«, sagte er. »Es strömt Tag und Nacht von Osten nach Westen, so daß eine Rückfahrt unmöglich ist.«

»Und der Weg in die andere Richtung?« fragte ich weiter.

»Dort gibt es gefährliche Untiefen und heimtückische Riffe. Seht doch! Das Land gleicht hier den Fangarmen zweier einander bekämpfender Kraken, und zwischen diesen Fangarmen müssen wir durch.«

»Deshalb habt Ihr sie Drachenschlund und Schlangenschlund genannt?«

»Deshalb. Wir wollen zu Gott beten, daß wir nicht verschlungen werden.«

Ich sah, nachdem er mich allein gelassen hatte, noch lange auf das Meer hinaus. Aber ich konnte nichts weiter sehen als eine Bergkette*«, die sich wie eine Säge in den Himmel hob, und den Kanal, durch den wir segeln sollten. Untiefen? Riffe? Wie konnte Colón das wissen, ohne die See erkundet zu haben? Sehr bald mußte ich erkennen, daß ihm Gott eine Gabe verliehen hatte, die nur wenige besitzen: Er ahnte Gefahren, bevor er sie sah.

Am 4. August, kaum daß wir die Anker gelichtet hatten, gerieten wir auch schon in große Gefahr. Ich befand mich gerade an Deck, als ich plötzlich Getöse vernahm, das mit Windeseile auf uns zukam. Welchen Ursprung es hatte, wußte ich nur zu bald: Eine Flutwelle, höher als unser Schiff, brauste über das sonst spiegelglatte Meer heran. Ihr oberer Rand war aus weißem Gischt, und wie sie auf uns zurollte, hörte sich das an, wie wenn sich die Brandung an Felsplatten bricht. Ich begann rasch zu beten. Flucht unter das Deck – dazu wäre es auch zu spät gewesen – war sinnlos. Denn dieser Wasserberg mußte das Schiff zerschmettern. Näher kam das Ungetüm, noch näher, nun war es da.

Ich hörte einen Schrei, dann einen Hilferuf, schließlich ein Knirschen...

In eine einzige Sekunde preßten sich die Bilder meines ganzen Lebens: die Kindheit – die Jugend – meine erste Messe –, ich wurde hochgehoben, rang nach Luft, glaubte zu ersticken und fand mich auf den Planken des Decks wieder, von Wasser triefend und ein wenig benommen.

»Da habt Ihr Glück gehabt, hochwürdigster Herr Bischof«, sagte einer der Matrosen grinsend zu mir.

---

* Es war der Cerro Mejillones auf der Venezuela vorgelagerten Halbinsel.

»Bischof? Das will ich erst werden.«* Ich spie wie eine Fontäne Wasser aus.

»Eine größere Klippe werdet Ihr kaum zu überwinden haben.«

Ich griff nach meinem Kopf. Auch er war heil. Dennoch erschrak ich von neuem. Das Knirschen, das ich vorhin gehört hatte ... »Und das Schiff?« fragte ich.

»Auch das Schiff ist heil. Wir wurden emporgehoben und dann auf den Meeresboden gesetzt.«

»Seltsam –«

»Daß wir davongekommen sind?«

»Diese riesige Welle auf dem spiegelglatten Meer«, sagte ich, obwohl ich wußte, daß mir etwas anderes seltsam erschien, und nicht wußte, was mir so seltsam erschien.

Erst später, viel später löste ich das Rätsel. Das Meerwasser, das ich zur Genüge gekostet hatte, war Süßwasser gewesen. Wir waren über das seltsamste aller Meere gefahren, ein Süßwassermeer.

Die Kraken streckten auch nach uns ihre Fangarme aus, um uns in die Tiefe zu ziehen. Riffe, kaum sichtbare Sandbänke, widrige Strömungen und Springfluten bedrohten immer wieder unsere Flotte, und nur Colón hatten wir es zu verdanken, daß wir mit heiler Haut und die Schiffe mit heilen Planken hier durchkamen. Wir steuerten auf zwei hohe Kaps zu, das eine krönte Trinidad, das andere eine langgestreckte Insel, der

---

* Las Casas (1474–1566) war damals ein vierundzwanzigjähriger Theologiestudent. Er war der erste Priester, der in der Neuen Welt ordiniert wurde, und war später Bischof von Chiapas (Mexiko). Da er sich stets warm für die Belange der Indianer einsetzte, erhielt er den Titel »Oberschutzherr der Indianer«. Sein Vater und sein Onkel kamen auf Columbus' zweiter Reise als Kolonisten nach Hispaniola. Las Casas verfaßte die »Historia de las Indias«, eine der bedeutendsten Columbus-Biographien. Seine Bewunderung für den Admiral war groß, doch lehnte er dessen Einstellung den Indianern gegenüber schroff ab.

Colón den Namen Isla de Gracia* gab. Das Eiland besaß eine einladende Küste mit vielen guten Ankerplätzen und war einmal von Obstbäumen bestanden, dann wieder von dichten Waldungen, die bis zum Meeresufer heranreichten und grünen Mauern glichen. Mehrmals sandten wir Boote an Land, die Matrosen fanden auch Spuren von Menschen – Feuerstellen, Fußstapfen, Hütten –, auf Eingeborene selber jedoch stießen sie nicht. Dafür auf kreischende Affen, die sicherlich erbost waren, daß wir ihre beschauliche Ruhe störten.

Ein Wunsch findet oft Erfüllung, wenn man alle Hoffnung schon aufgegeben hat. Als wir uns wieder der Küste näherten, um Wasser zu holen, lag plötzlich ein Boot auf den Wellen, in dem vier Indianer saßen. Ein Matrose sprang blitzschnell ins Wasser, warf das Canoe um, nahm die Insassen gefangen und brachte sie vor den Admiral. Ich stand neben Colón, als die Indianer, verzweifelt um sich schlagend, über das Deck gezerrt wurden. Aus ihren Augen sprach die Angst in eine Falle gegangener, um ihr Leben bangender Tiere. Als sie vor dem Admiral niederknieten und bittend die Hände hoben, traten mir die Tränen in die Augen. Die »Wilden«!

Colón gab ihnen sofort zu verstehen, daß sie nichts zu befürchten hätten. Er beschenkte sie mit Glasperlen – dem Zuckerbrot des Teufels –, Schellen und anderem wertlosen Kram und ließ sie dann zu ihrem Boot zurückkehren. Gleich darauf gingen wir in der Nähe eines ins Meer mündenden Flusses vor Anker. Ich verstand nur zu gut. Colón hatte die Leimrute ausgelegt. Ich betete zu Gott, daß sich die Singvögel auf ihr nicht fingen.

Sie kamen. Sie kamen in hellen Scharen. Sie waren schlank, von herrlichem Wuchs, in ihren Bewegungen frei und voller Anmut. Einige wenige trugen Kopfbedeckungen aus Baumwolle – eine Art Mütze, in der Papageienfedern steckten – und einen

---

* Es war abermals das Festland, und zwar die langgestreckte Landzunge von Paria, die weit ins Meer hinausläuft.

Lendenschurz. Die Frauen hingegen waren ohne Ausnahme unbekleidet. Die Waffen der Indianer waren Bogen, Pfeile und kleine Schilde, bunt und abenteuerlich bemalt.

Sie brachten uns Brot, Mais, Früchte und in Kürbisschalen ein schäumendes grünes Getränk, das wie Wein schmeckte. Von unseren Geschenken machten ihnen die Schellen die meiste Freude. Es fiel mir auf, daß sie an allem rochen: an den Booten, an uns, an unseren Waffen. Ihr Geruchssinn, nicht ihre Augen, nicht ihre Hände, schien ihnen der verläßlichste Ratgeber zu sein.

Wir erfuhren, daß das Land, das wir betreten hatten, Paria hieß und im Westen noch dichter besiedelt sei. Als wir aufbrachen, nahm der Admiral drei Eingeborene als Führer mit. Ich versuchte, sie zu retten.

»Ihr braucht sie?« fragte ich.

Colón sah mich verwundert an. »Als Führer und Dolmetscher. Pedro de Terreros wird sie das Kastilische lehren. Das ist eine erprobte Methode, Las Casas.«

Ich spürte, wie mein Herz schneller schlug. »Ihr erprobt sie ohne Gewissensbisse?« fragte ich durch die Zähne.

»Gewissensbisse? Gewissensbisse weshalb?«

Meine Selbstbeherrschung ließ mich im Stich. »Ihr beleidigt Gott, wenn Ihr freie Menschen gegen ihren Willen entführt, wenn Ihr Väter von den Söhnen, Männer von den Frauen trennt«, schrie ich, außer mir, weil mich Colón nicht verstand oder nicht verstehen wollte.

»Ihr seid zu jung –«

»Es ist eine Todsünde!« schrie ich.

»Ihr vergeßt, daß sie keine Christen sind«, sagte der Admiral und ließ mich mit einem Achselzucken stehen.

Ich sah ihm nach, ihm und den Indianern, die vertrauensvoll und ahnungslos die »Capitana« betraten. Ich bewunderte Colón nicht mehr, ich begann ihn zu hassen. Begriff er nicht, daß er einer jener Menschen war, die Christus täglich kreuzigen?

Vor einem Dorf, das die Insulaner *guiria* nannten, ankerten wir wieder. Ein reger Tauschhandel entstand. Die Eingeborenen gaben polierte Scheiben aus Gold, goldene Nasenringe und Schmuckstücke, Nachbildungen von Fröschen, Vögeln und Fischen, nur zu bereitwillig gegen Falkenglöckchen. Sie fielen auch nicht über uns her, als sich unsere Matrosen mit ihren Frauen zu vergnügen begannen. Jetzt schien es dem Admiral nichts auszumachen – den Matrosen noch weniger –, daß die Indianerinnen keine Christinnen waren.

Ich sah, wie die Augen des Admirals zu glänzen begannen, als er plötzlich auf dem Arm einer Indianerin eine Perlenschnur entdeckte. Er erhielt sie für ein Stück roten Stoffes, und – das Beispiel wurde nachgeahmt. Bald besaß jeder Matrose Perlen genug. Zufrieden kehrten alle zu den Schiffen zurück.

Zum ersten Mal in meinem Leben schämte ich mich, ein Spanier und ein Christ zu sein.

III

Plinius hat die Behauptung aufgestellt, Perlen entstünden dadurch, daß Tautropfen in die Öffnungen der Austern fielen. Ist diese Behauptung richtig, dürfte es nirgendwo auf der Welt mehr Perlen als im Golf von Paria geben. Austern bekamen wir zu Tausenden zu sehen, rings um die Wurzeln und die ins Wasser hängenden Zweige seltsamer Bäume, deren Rinde weiß wie Schnee war. Immer wieder sprangen Matrosen ins Wasser und holten Austern heraus. Immer wieder waren die Austern leer. Als ich mich äußerte, daß sich das Schaltier, das die Perlen hervorbringe, wahrscheinlich im tiefen Wasser verberge, erntete ich nur gehässige Blicke. Was sie nicht hören will, hört die Habgier nicht gern.

Obwohl diese Schätze auf dem Meeresgrund warteten und lockten, entschloß sich Colón, nun Kurs auf Hispaniola zu nehmen. Die Vorräte begannen zu Ende zu gehen, und außerdem wurde der Admiral selbst von Tag zu Tag mehr von der Gicht und einem hartnäckigen Augenleiden geplagt. Er brauchte Ruhe und hoffte, sie in Santo Domingo zu finden.

Auf unserer Fahrt sichteten wir immer wieder Inseln, für die der Admiral sofort Namen zur Hand hatte, Namen, die mir nicht immer zutreffend zu sein schienen. Daß weiße Götter vom Himmel herabgestiegen waren, um Perlen und Gold zu sammeln, schien sich weit und breit wie ein Lauffeuer verbreitet zu haben. Oft paddelten die Indianer zu unseren Schiffen heran, um *changey-changey* – diesen Ausdruck gebrauchten sie für Tauschhandel – zu treiben. Einmal tauschte eine Indianerin drei dicke Perlenschnüre gegen die Scherben einer Porzellanvase ein. Sicher glaubte sie, ihr Glück gemacht zu haben.

Am 15. August nahmen wir Abschied vom »Perlen-Golf« – wie anders hätte ihn Colón nennen können? – und am 19. August sichteten wir Hispaniola, meine neue Heimat. Als wir uns der Küste näherten, erblickte ich einen Indianer, der mit einer spanischen Armbrust bewaffnet war und rasch davonlief. Das schien mir kein gutes Zeichen zu sein. Oder tauschten meine Landsleute sogar schon ihre Waffen gegen Gold ein?

Es war nichts als ein Zufall, daß ich dabei war, als die beiden Brüder einander umarmten. Es war nicht meine Absicht, ihr Gespräch zu belauschen. Doch sie vergaßen mich, und – ich blieb. Nicht Neugierde trieb mich dazu. Was ich zu hören bekam, festigte nur noch die Überzeugung, die ich während der Überfahrt gewonnen hatte: daß aus Gold Blut, Haß, Hader und Verrat wachsen; daß alles Unglück vom Gold kommt. Deshalb will ich auch diesem Teil meines Berichts den Titel geben, den er verdient:

Der Fluch des Goldes

Kaum hatte sein Bruder Isabella den Rücken gekehrt, geht Bartolomé auch schon daran, die Hauptstadt Ophirs zu gründen.

Er läßt Diego in Isabella zurück und übersiedelt mit fast zweihundert Mann an die Mündung des Ozeans. Zunächst wird ein Fort erbaut, das von Bartolomé Colón den Namen Cristóbal und von den anderen Spaniern La Torre Dorada* genannt wird. Denn beim Steinebrechen und Graben wird immer wieder Gold gefunden, in weit größeren Mengen als je zuvor. Auch mit der Bearbeitung der Minen beginnt man.

Auch wenn ein wahrer Goldrausch alle zu schnellerer Arbeit antreibt, stellen sich bald die ersten Schwierigkeiten in den Weg. Zweihundert Mägen brauchen viel, und die Nahrungsmittel gehen aus. Die Indianer? Sie haben es inzwischen gelernt, das Brot zu verkaufen, sie schenken es nicht mehr. Außerdem haben sie nie viel mehr angebaut, als sie selber brauchten. Schiffe aus Spanien? Auch sie bleiben aus. So muß der Adelantado schon nach drei Monaten die Arbeit unterbrechen. Er schickt hundert Mann nach Isabella zurück und zieht mit den anderen zum Fort Concepción und dann weiter zu Guarionex, um von ihm den fälligen Tribut statt in Gold in Nahrungsmitteln zu erheben. Doch auch dort erlebt er eine Enttäuschung. Guarionex ist mit seinen Kriegern über alle Berge und hat nichts als leere Hütten und leere Speicher zurückgelassen.

Zunächst zünden die Spanier wutentbrannt die ganze Siedlung an. Doch das hilft nicht gegen Hunger. Die Zucht beginnt lockerer zu werden; obwohl es der Adelantado verboten hat, werden zwei Pferde geschlachtet. Auf dem Rückweg nach Isabella – nach Santo Domingo zurückzukehren, wo es nur Gold und Steine gibt, wäre sinnlos – gleichen die Spanier einem Heuschreckenschwarm. Wohin immer sie kommen, fressen sie alles kahl. Indianer, die sich widersetzen, werden gefangengenommen oder auf grausame Art getötet. Drei Monate dauert dieser Zug, drei Monate lang wird geraubt, geplündert, gemordet, überall der letzte getrocknete Fisch, das letzte Stück Brot verzehrt. Den Indianern bleiben Wurzeln, Kräuter, die Flucht in die Berge.

* Goldturm.

In Isabella erwarten Bartolomé Colón nur Haß, Ablehnung, versteckte und offene Widersetzlichkeit. Viele sind erkrankt, es mangelt schon wieder an Medikamenten. Wohl sind drei Schiffe aus der Heimat mit Lebensmitteln gekommen, der Großteil der Fracht ist jedoch verdorben gewesen. Der Hunger regiert. Im fruchtbarsten aller Länder hungern die Spanier, und daran ist nichts als das Gold, das verfluchte Gold schuld: Wer ewig nach Gold jagen muß, hat keine Zeit, Äcker zu bestellen; wer hofft, in wenigen Wochen reich zu werden, lehnt der Hände Arbeit entrüstet ab; wer den Mammon anbetet, hat keine Zeit für Gott, und Gott sendet Mißernten, Stürme, Fieber und Tod. Vor allem die Lustseuche wütet in der Stadt. Jeder zweite Spanier ist an ihr erkrankt.

Der Adelantado tut, als sähe er das alles nicht. Arbeit, Arbeit allein kann die Medizin sein, diese Übelstände zu heilen. Er schickt die Kranken ins Innere der Insel, auf Jagd nach Nahrungsmitteln, die anderen teilt er in fünf große Trupps, die entlang der Küste eine von Isabella bis Santo Domingo reichende Kette von Befestigungen erbauen sollen. Nur dreißig Mann bleiben in Isabella zurück. Colón selber begibt sich abermals nach der neuen Hauptstadt, wo das begonnene Fort inzwischen wieder verfallen ist.

Zwei Franziskanermönche, Roman Pane und Juan Borgognon, sorgen dafür, daß die mühsam erzwungene Ruhe nicht lange andauert. Sie haben mitten in der Vega eine kleine Kolonie gegründet und lehren dort die Indianer das Paternoster, das Ave-Maria und das Credo. In einer kleinen Kapelle wird täglich eine Messe gelesen, zu der sich immer mehr Indianer einfinden. Aber dann verführt Juan Borgognon die Lieblingsfrau eines Kaziken, und sofort ist die Hölle los. Die beiden Mönche müssen flüchten, kaum sind sie fort, wird die Kapelle von den Indianern zerstört.

Auf ihrer Flucht stoßen die Mönche auf einen Trupp umherschweifender Spanier. Die Kapelle zerstört? Die Heiligenbilder mit Füßen getreten? Das ist Gotteslästerung. Unter dem Schutz der Soldaten kehren Roman Pane und Juan Borgognon in das Dorf zurück. Ein strenges Gericht wird gehalten. Zwanzig Indianer werden zum Tode verurteilt und auf einem riesigen Scheiterhaufen verbrannt. Und nun ist wieder die Hölle los, eine Hölle, wie sie die Spanier noch nicht erlebt haben: Die ganze Insel erhebt sich wie *ein* Mann.

Blut fließt wie Wasser. Zu Tausenden werden die Indianer erschlagen, aber auch mehr als genug Spanier fallen. Drei Monate braucht der Adelantado, bis er des Aufstandes Herr geworden ist. Der Menschen wird er Herr, aber nicht des Hasses. Die Flamme schwelt weiter, verdeckt von dem Blut der Erschlagenen, jederzeit bereit, wieder hell loderndes Feuer zu werden.

Ein Land, in dem man seines Lebens nicht mehr sicher ist? Ein Land, in dem man hungern muß? Ein Land, in dem man von Fieber und unheimlichen Krankheiten bedroht wird? Ein Land, in dem man selber nach Gold graben, den Sand der Flüsse nach Gold auswaschen muß? Lohnt es, in solch einem Lande zu leben? Es lohnt nicht. Aber Rückkehr nach Spanien ist unmöglich. Cristóbal Colón sitzt ohne Zweifel in Burgos in irgendeinem Kerker, und die Königin hat Isabella vergessen. Da man also von der Heimat abgeschnitten ist, muß man wenigstens versuchen, sein Los zu verbessern.

Diesmal ist es der Alcalde mayor*, Francisco Roldán, der die Unzufriedenen um sich sammelt. Seine Parole ist ebenso einfach wie erprobt: Schuld an allem Unheil sind die »Fremden«, die Colóns. Auch der Weg, den Roldán einschlägt, sein Ziel zu erreichen – es ist die Herrschaft –, ist nicht beschwerlich und erprobt: Er verspricht allen alles. Den Spaniern verspricht er ein bequemes Leben, Gold, die Heimkehr, Befreiung von allen Steuern. Den Indianern verspricht er Abschaffung des Tributes. Und allen beiden, Freund wie Feind, malt er in glänzenden Farben den Tag aus, an dem sie von dem verhaßten Joch der verhaßten Genuesen befreit sein werden. Diego Colón? Diego

---

* Oberrichter.

Colón ist nicht zu fürchten. Der Adelantado jedoch – er ist noch gefährlicher als der Admiral – muß sterben, nicht irgendeinmal, nein, bald.

Ein Gericht wird abgehalten, bei dem nur der Angeklagte fehlt. Bartolomé Colón wird schuldig befunden, durch seine Grausamkeit sowohl den Tod vieler Spanier als auch den Tausender Indianer verschuldet zu haben. Er wird zum Tode verurteilt. Francisco Roldán verliest das Urteil, das er schon vor Beginn der Verhandlung – ist es eine Verhandlung? – niedergeschrieben hat. Durch das Los wird der Vollstrecker des Urteils bestimmt. Es fällt auf Pedro Berahona, der wegen Vergewaltigung einer Indianerin von Cristóbal Colón streng bestraft worden ist. Berahona hat also allen Grund, die Colóns zu hassen.

Ein Sonntag. Bartolomé Colón ist nach Isabella gekommen, weil er längst weiß, daß nach dem Aufruhr der Indianer der Aufruhr der Spanier droht. Er hofft, schon dadurch, daß er sich furchtlos zeigt, einen offenen Ausbruch im Keim zu ersticken. Außerdem ist Angst ein Gefühl, das er nicht kennt. Als Diego ihn warnt, noch einmal warnt, während er sein Pferd einem seiner Diener übergibt, lächelt er nur. Mord? Vor der Kirche, wenn die Glocken läuten, mordet ein Spanier nicht.

Eine Gasse bildet sich. Gehässige Blicke. Als die Colóns die Stufen zum Kirchenportal hinaufsteigen, entsteht hinter ihnen ein Gedränge. Diego wendet sich hastig um. »Nicht doch«, sagt Bartolomé. »Laß sie. Auch dazu sind sie zu feig.« Noch ein paar Schritte. Plötzlich vertritt Berahona den Brüdern den Weg.

»Im Namen der Gerechtigkeit –«

»Soll was geschehen?« fragt Bartolomé, der noch immer lächelt. Er sieht den Dolch in der Hand Berahonas, er fürchtet ihn nicht.

»Soll –« Berahonas Stimme versagt. Bartolomés Blick hält ihn fest, nein, lähmt ihn.

»Soll was geschehen?« Eine furchtbare Drohung ist das nun schon.

Berahona duckt sich, will zur Seite schleichen. Er tut es zu spät. Bartolomés Rechte zuckt in die Höhe, die Reitpeitsche saust nieder, trifft den aufschreienden Berahona mitten ins Gesicht.

Jetzt wendet sich der Adelantado um. Die Gasse, durch die er mit seinem Bruder geschritten ist, ist breit geworden. Stumpfe Gesichter, die ihn anstarren. »Die Herde«, denkt er, »nichts leichter, als eine Menschenherde zu lenken.«

Keiner ist ein Aufrührer gewesen, keiner hat an Meuterei gedacht. Die Verräter werden noch einmal zu Verrätern, jetzt verraten sie Roldán. Der Alcalde flüchtet aus der Stadt, nur dreißig Mann, darunter nicht einmal Berahona, begleiten ihn. Fort Concepción ist ihr Ziel. Dort wollen sie sich, nachdem sie die Festung erobert haben, verschanzen und den Colóns Trotz bieten. Dreißig Mann, nur dreißig Mann... Das beunruhigt Roldán nicht. Seine kleine Schar wird trotz allem ein Heer werden. Davon ist er überzeugt.

Auf dem Weg zur Vega schließen sich ihm da und dort tatsächlich Spanier an, die an das sorgenlose Leben glauben, das er ihnen verspricht. Auch Indianer verstärken seine Schar. Aus dreißig Man werden fast dreihundert. Als sie vor Concepción anlangen, versucht Roldán zuerst, den Kommandanten, Miguel Ballaster, auf seine Seite zu ziehen. Doch Ballaster verschließt die Tore. Er ist ein alter Fuchs und sieht voraus, daß Roldáns Weg in einen Abgrund führt. So bleibt den Rebellen kein anderer Weg, als Fort Concepción zu belagern.

Bartolomé Colón holt Roldán sehr bald ein. Noch scheut er Blutvergießen. Spanier gegen Spanier – das würde den letzten Rest des Ansehens bei den Indianern untergraben. So fordert er Roldán zu einer Aussprache auf. Roldán erscheint. Da ihm in den letzten Tagen immer mehr Indianer zugelaufen sind, sieht er sich schon im Besitz Concepcións und auf dem Marsch nach Isabella. Er erwidert Colóns Gruß mit einem hochmütigen

Nicken. Er weiß nicht, daß die Worte des Genuesen gefährlicher als Hiebe mit der Reitpeitsche sein können.

»Bevor Ihr Euch einem Gericht stellen werdet, werdet Ihr Euren Richterstab niederlegen«, sagt Colón gleich zu Beginn des Gesprächs. Er ist ruhig, gelassen, kühl. Das Recht steht auf seiner Seite, und das Recht bedarf lauter Worte nicht.

Roldán verliert sofort die Beherrschung. Er schreit: »Ihr wollt mich anklagen? Ich klage Euch an – der Unterdrückung wohl der Kolonisten als auch der Indianer.«

Noch ruhiger sagt Colón: »Mich könnt Ihr nicht anklagen. Nur einer steht über mir: der Vizekönig von Indien.«

»Und der König! Und die Königin!« kreischt Roldán.

»An ihrer Stelle stehe ich hier – wenn Ihr es so haben wollt.«

»Das glaubt Ihr nur! Das maßt Ihr Euch nur an!« Colóns kühle beherrschte Art bringt Roldán um den letzten Rest der Besinnung. Seine Stimme überschlägt sich, seine Augenlider flattern.

»Ich maße mir sogar an, Euch des Hochverrats anzuklagen, Roldán«, sagt Bartolomé Colón. »Des Hochverrates und der Anstiftung zum Meuchelmord. Berahona? Berahona war nur ein Werkzeug. Ist Euch klar, daß Ihr ihn angestiftet habt, den Dolch gegen die Herrscher Spaniens zu zücken? Hättet Ihr mich getroffen, hättet Ihr sie getroffen.«

Worte wie Peitschenhiebe. Roldán ist sehr blaß geworden. Er tritt, ohne es zu wissen, einen Schritt zurück. »So seht Ihr den Fall«, sagt er ohne Kraft, ohne Überzeugung. »Ich sehe ihn anders.«

Die Aussprache findet auf einem kleinen Hügel statt, der keine fünfzig Schritte von Fort Concepción entfernt ist. Roldán ist mit seiner ganzen Streitmacht gekommen, mit siebzig Spaniern und dreihundert Indianern. Bartolomé Colón steht ihm allein gegenüber. Daß eine Bombarde auf ihn und seine Schar gerichtet ist, weiß Roldán nicht.

Der Adelantado gibt keine Antwort. Er sagt wie gedankenverloren: »Ich will die Namen aller vergessen, die mit einem

Verräter gemeinsame Sache gemacht haben. Ich will sie für immer vergessen. Heute, jetzt. In einer Stunde nicht mehr.«

»Ihr brecht Euer Versprechen!« schreit Roldán, der sofort begreift, welch furchtbare Gefahr ihm droht.

Bartolomé Colón schüttelt bedächtig den Kopf. »Eure Sicherheit werde ich nicht antasten, Roldán, obwohl« – sein Blick ist wieder nur auf die hinter dem Alcalden stehenden Spanier gerichtet, nur auf sie – »obwohl ich es tun dürfte. Ihr scheint zu vergessen, daß Hochverräter vogelfrei sind. Ihr als Richter müßtet das wissen.«

Roldán ballt die Fäuste. Die Gefahr wird immer größer. Sie steht *hinter* ihm. »Fort, nur fort«, geht es ihm durch den Kopf. Als er sich umwendet, tritt der erste Spanier vor, zögernd, gibt sich dann einen Ruck und geht an ihm vorüber. Ein zweiter folgt, ein dritter.

»Dann Krieg, Krieg bis aufs Messer«, sagt Roldán durch die Zähne. »Ihr kämpft auf der Seite Spaniens, Freunde, wenn ihr auf meiner Seite kämpft. Alles, was er vorgebracht hat, ist Lüge.«

Dennoch: Die Lawine rollt schon. Ein vierter Spanier, ein fünfter..., sogar ein paar Indianer treten zu Bartolomé Colón, der sagt: »Für die anderen je ein Baum und je ein Strick –«

Noch eine Gruppe Spanier, noch ein paar Indianer... Dreißig Mann bleiben Francisco Roldán treu. Er geht mit ihnen nicht fort, er läuft mit ihnen davon. Als die Schar den Waldrand erreicht hat, macht einer der Spanier plötzlich kehrt und rennt, rennt, was ihn seine Füße tragen, der Gruppe nach, die mit dem Adelantado in die Festung zieht.

»Jetzt seid Ihr dem Tod davongelaufen«, sagt Colón zu ihm.

Der Alcalde weiß, daß er das Spiel verloren hat. Er flüchtet in die weit entfernte Provinz Xaragua. Unterwegs verläßt ihn der Großteil der Indianer, aber andere strömen ihm zu, als er ihnen die Befreiung von den drückenden Lasten und überhaupt die Räumung der Insel verspricht. Ein zweites Mal scheint ihm das Glück zu winken, als es ihm gelingt, Manicaotex zu einem neuen Feldzug gegen Isabella zu bewegen. Ein Schlachtplan wird entworfen, und der Mond wird das Zeichen zu der allgemeinen Erhebung geben. Ein Teil des indianischen Heers unter Roldáns Führung wird Isabella angreifen, ein zweiter Santo Domingo, ein dritter Fort Concepción. Wer Bartolomé Colón gefangennimmt oder tötet, erhält zehn Frauen zur Belohnung. Diego Colóns Kopf ist fünf Frauen wert. Roldán ist nur noch Werkzeug seines eigenen Machttriebs; unaufhaltsam wird er seinem Schicksal entgegengetrieben.

Als der Mond voll geworden ist, setzen sich die Heere in Bewegung. Auch Mayobanex, der Häuptling von Ciguay, wo der kühnste Stamm der Indianer zu Hause ist, schließt sich mit seinen Kriegern dem Heer an, das Isabella erobern wird. 100000 Indianer marschieren durch die Wälder zur Küste, 30000 sind auf dem Wege nach Santo Domingo, 20000 werden gegen Fort Concepción anstürmen. Wieder wird das Gold seinen Zoll fordern: Blut, Tränen, Tod, Vernichtung.

Bartolomé Colón beweist wieder, daß er – weit eher als der Admiral – zum Feldherrn geboren ist. Die Bewegungen des Feindes sind ihm nicht verborgen geblieben, und er fährt – gleich einem Raubvogel – so unversehens auf die indianische Hauptmacht nieder, daß die Schlacht schon geschlagen ist, noch bevor sie begonnen hat. Nicht stärker als dreißig Reiter ist Bartolomés Schar, auf sie allerdings kann er sich blindlings verlassen. Sie reiten alles nieder, was sich ihnen in den Weg stellt. Manicaotex wird gefangengenommen, Francisco Roldán gelingt die Flucht. Diesmal begleiten ihn drei Spanier in die Hölle des weglosen Urwaldes.

Auf dem Schlachtfeld liegen dreißigtausend Tote, und diese Kunde läuft in alle Teile der Insel. Sie läuft schneller, als selbst eine Stafette laufen könnte. Der Haß schwelt weiter, aber auch die Angst wird riesengroß: Den »Großen Raubfisch« – so nennen die Eingeborenen Bartolomé Colón – kann keiner fangen, und wer ihm zu nahe kommt, wird von ihm verschlungen. Besänftigen kann man ihn in seiner Gier nur, wenn man ihn füttert: mit Blut und Gold.

IV

»Er stellte keine Gefahr mehr dar«, sagte der Admiral.
»Er wird eine Gefahr darstellen, solange er lebt.«
Plötzlich fuhr Cristóbal Colón auf: »Und die Schiffe?«
»Die Schiffe sind untergegangen. Mit Mann und Maus.«
»Auch das wird man mir schwer ankreiden.«
Bartolomé schüttelte den Kopf. »Diesmal wirst du Gold nach Spanien schicken, viel Gold. Man wird darüber die verlorengegangenen Schiffe vergessen.«
»Und die Menschen?«
»Diesen Verlust wird man noch leichter verschmerzen.«
Der Admiral gab keine Antwort mehr und bedeckte das Gesicht mit den Händen. Immer mehr erkannte er, daß nicht er es war, der hinter dem Golde herjagte, daß das Gold es war, das ihn jagte.

Die drei Schiffe waren nicht untergegangen. Kaum hatten sie sich von der Flotte des Admirals getrennt, waren sie in schwere Stürme geraten und zuerst südwärts abgetrieben worden. Wie durch ein Wunder waren sie wieder auf den richtigen Kurs gekommen und dann – über Hispaniola hinausgefahren. Vier Wochen Irrfahrt auf einem unbekannten Meer. Als endlich der Ruf: »Land!« ertönte, hatten weder Giovanni Antonio Colombo, der Sohn eines Onkels des Admirals, noch Pedro de Harana noch Alonzo Sanchez de Carbajal gewußt, auf welches Land sie zusteuerten. Kaum waren sie an Bord gegangen, hatten sie vier Spanier erblickt, die in der Nähe der Küste in Hütten hausten.

Giovanni Antonio Colombo erzählte mir später, wie alles vor sich gegangen war.

Die Mannschaft strömte an Land, überglücklich, dem Meer und seinen Gefahren entronnen zu sein. Ein Fragen und Antworten beginnt.

»Wo sind wir?«

»Auf Hispaniola.«

»Weit entfernt von Isabella?«

»Weit entfernt.«

»Auch weit entfernt von Santo Domingo?«

»Ihr seid in Xaragua.«

»Wann ist der Admiral gelandet?«

Niemand bemerkt, daß Roldán blaß geworden ist. »Der – der Admiral? Der Admiral ist –?«

»In Ketten? Meint Ihr das?« Carbajal lächelt. »Weder die Saat Juan Aguados noch die Pedro Magarites ist aufgegangen. Der Admiral erfreut sich der höchsten Gunst der Souveräne.«

Auch Giovanni Colombo ist blaß geworden. Er preßt sich die Nägel ins Fleisch. »Eure Frage beweist, daß der Admiral noch nicht gelandet ist«, stößt er hervor.

»Er ist mit seinen Schiffen untergegangen«, murmelt Roldán und hofft, daß das, was er sagt, auch wahr ist. Colón erfreut sich der höchsten Gunst der Souveräne? Colón auf dem Wege nach Hispaniola? Ist es so – und natürlich ist es so –, kann ihn nur noch ein verzweifelter Streich retten.

»Ein Cristoforo Colombo geht nicht unter«, sagt Giovanni Colombo. »Er wird Hispaniola erreichen...«

»Er wird Hispaniola erreichen«, pflichtet Carbajal bei.

»Bald«, sagt Pedro de Harana überzeugt. »Santo Domingo ist schon die Hauptstadt?«

Roldán ist mit seinen Gedanken anderswo. Die Worte Bartolomé Colóns dröhnen ihm in den Ohren. »Für die anderen je ein Baum und je ein Strick.« »Es hat viele Schwierigkeiten gegeben«, antwortet er leise.

»Wieder Krankheiten?«

»Auch Diego Colón ist sehr krank. Er – er wird sterben.«

Niemand mißtraut Francisco Roldán. Warum auch sollte ihm irgendwer mißtrauen? Er erzählt weiter: Auch Bartolomé Colón ist schwer krank. Er hat bei einem erbitterten Gefecht mit den Indianern eine Verwundung davongetragen und ist nur noch ein Schatten seiner selbst. Die Wunde will nicht heilen, das Klima Isabellas, nicht die richtige Ernährung... Es steht in den Sternen, ob der Adelantado mit dem Leben davonkommen wird.

»Und wer steht der Kolonie vor?« fragt Giovanni Colombo.

»Ich mußte dieses schwere Amt übernehmen.« Roldán zuckt ergeben die Achseln. »Ich mußte es tun... Ich bin hier der höchste Beamte der Krone. Gott hat mich gestraft, als er mich nach Indien sandte.«

Noch immer regt sich kein Mißtrauen. Niemand fällt es auf, daß der Statthalter mit drei anderen Spaniern in rasch zusammengezimmerten Hütten an einer weit von Isabella entfernten Küste haust, ständig der Gefahr preisgegeben, von den Indianern überfallen zu werden. Niemand stellt deshalb eine Frage.

So gelingt es Roldán, seine trojanischen Pferde auf die Schiffe zu bringen. Lügen, Verleumdungen, Versprechungen kriechen aus ihnen. Diese Saat wächst rasch. Fast durchwegs besteht die Mannschaft der drei Karavellen aus Schwerverbrechern... Als den Kapitänen die Wahrheit aufdämmert, ist es schon zu spät. Nun besitzt der Alkalde ein schlagkräftiges, mit Waffen und Vorräten versehenes Heer. Er zieht neuerdings gegen Fort Concepción, und seine Soldaten sind entschlossen, bis zum letzten Blutstropfen zu kämpfen, um die Insel vom Joch der Colóns zu befreien und sich das Gold – viel Gold, Säcke voll Gold! – anzueignen, das in Isabella, in Santo Domingo, überall auf sie wartet.

Ich sprach selber mit dem Admiral, nachdem bekannt geworden war, daß er sich Roldáns wegen mit dem Adelantado entzweit hatte. Er sah müde aus, niedergeschlagen. Auch seine Stimme war die eines Menschen, der weiß, daß sein großer Traum ein Traum bleiben und nie Wirklichkeit werden wird.

»Es ist genug Blut geflossen«, sagte er zu mir. »Das Paradies darf keine Hölle werden.«

»Ist es nicht schon eine Hölle?«

»Ich glaube, daß es nicht anders kommen konnte. Die menschliche Unzulänglichkeit ist zu groß. Der Allmächtige ist mein Zeuge, daß ich es anders wollte!«

Er tat mir leid. Seine Augen – kranke Augen, fast die eines, der erblinden wird. »Ihr hättet nicht dulden dürfen, daß man die Indianer auf die Sklavenmärkte geschickt hat«, sagte ich leise.

»Ich hätte es nicht dulden dürfen?« schrie er auf. »Nicht dulden! Begreift Ihr denn nicht, daß ich nicht mehr als ein Stück Holz bin, das im Wasser treibt? Sie haben von mir immer nur gefordert, Gold, Perlen, Spezereien. Eine neue Welt habt Ihr entdeckt, Colón? Mit einer neuen Welt kann man leere Kassen nicht füllen. Habt Ihr Gold entdeckt, Colón? Die Schiffe, die Mannschaft, der Proviant, den wir Euch gegeben haben, haben Unsummen verschlungen. Habt Ihr das schon hereingebracht? Und wo sind die Zinsen? Und wo die Zinseszinsen –?«

»Es ist furchtbar«, erwiderte ich.

Schon wieder ruhig, mit einer müden Stimme sagte der Admiral: »Ich konnte ihnen die Zinsen nicht zahlen, auch die Zinseszinsen nicht. Ich konnte das Gold nicht aus einer Erde graben, die kein Gold barg. So schickte ich die Indianer... Ich habe es getan und nicht gewollt, Las Casas. Das Stück Holz kann nicht bestimmen, wohin es treibt.«

Das Gold, das verfluchte Gold... Es trieb Cristóbal Colón. Wohin? Aber das, das durfte nicht sein. Ich sagte hastig: »Ihr *müßt* Roldán hinter Schloß und Riegel bringen; koste es, was es wolle. Er wird sonst das Maß des Unglücks voll machen. Denkt doch daran, was sein Heer in Wahrheit ist.«

»Ich werde ihn heimschicken –«

»Heimschicken? Ihr wollt ihn schonen?« fuhr ich auf.

»Vielleicht wird das Paradies dann wieder ein Paradies sein«, sagte Colón seufzend.

»Aber Ihr werdet ihn in Ketten heimschicken?«

Ein Kopfschütteln. »Ich werde allen, die heimkehren wollen, die Erlaubnis zur Heimkehr geben. Ich werde ihnen Schiffe zur Verfügung stellen und Lebensmittel. So wird sich die Spreu vom Weizen sondern. Der Weizen wird bleiben.«

»Das Gold wird stärker sein. So wird auch ein Teil der Spreu bleiben.«

»Das Gold lockt nicht mehr, Las Casas.«

Ich starrte ihn fassungslos an. »Das – das glaubt Ihr? Wofür denn kämpft Roldáns Heer, wenn nicht um der goldenen Beute willen?«

»Sie werden bald wissen, daß es auf Hispaniola kein Gold gibt.«

»In den Minen von Hayna –«

Colón unterbrach mich mit einer Handbewegung. »Das Gold liegt dort tief in der Erde. Wer wird danach graben? Wer wird die Minen bearbeiten? Die Indianer? Sie werden keinen Finger rühren. Die Kolonisten? Sie werden keinen Finger rühren. Das Gold lockt sie alle nur noch, wenn sie danach bloß greifen müssen. Und dies Gold gibt es nicht. Auch nicht in den Flüssen.« Er hob wieder die Hand, als ich ihm ins Wort fallen wollte. »Morgen werde ich zwei Schiffe zurück nach Spanien schicken. Sie werden einen Brief an die Königin mitnehmen, in dem ich alles erklärt habe, der alle meine Bitten enthält. Ich brauche Priester, die die Indianer bekehren, ich brauche einen erfahrenen Mann, der hier Recht spricht.« Er schrie plötzlich auf: »Ich will neue Länder entdecken, immer neue Länder! Aber ein anderer soll sie regieren –«

»Ihr habt Euren Bruder –«

»Bartolomé soll die Niederlassung in Paria begründen. Darum habe ich die Königin gebeten...« Leise, kaum hörbar, fügte Colón hinzu: »Vielleicht versteht er es besser als ich. Hier vergießt er zu viel Blut...«

»Und Ihr werdet wieder Indianer nach Spanien schicken?«

»Ich muß es tun, Las Casas. Die gefundenen Perlen? Zu wenig. Eine Karte der neu entdeckten Gebiete? Zu wenig. Ich muß es tun, Las Casas, ich muß es tun. Versteht Ihr mich endlich? Auch die portugiesischen Entdecker –«

Er sprach den Satz nicht zu Ende und schlug die Hände vors Gesicht. Ich sah, wie seine Schultern zuckten. Ich ließ ihn allein, weil ich wußte, daß es sinnlos war, weiter in ihn zu dringen. Das Schicksal Hispaniolas erfüllte sich. Das Böse gebar fortzeugend Böses, das Gold Blut, das Blut immer wieder Blut.

Auch Colóns Milde zeugte Böses. Milde? Milde konnte nur Schwäche sein. Roldáns Heer wuchs von Tag zu Tag, sogar aus Fort Concepción liefen Soldaten zu ihm über. Bald verwandelte sich, was anfangs Milde gewesen war, in die bittere Notwendigkeit, sich dem Stärkeren zu unterwerfen. Roldán begann zu drohen, Forderungen zu stellen. Er brüstete sich damit, er werde die Amnestie, die Colón ihm gewähren wolle, den Colóns und allen Unterdrückern und Verrätern gewähren, die spanisches Blut vergossen hätten, Menschen folterten, köpften und hängten, sich wie wilde Tiere aufführten und außerdem Feinde der Souveräne seien.

Noch einmal versuchte der Adelantado seinen Bruder zu überzeugen, daß es nur einen Weg gebe, der schon riesengroß gewordenen Gefahr zu begegnen: eine Schlacht vor Fort Concepción. Wieder sprach der Admiral davon, daß bereits genug Blut vergossen worden sei. So begann der schon aus den Ufern getretene Fluß immer rascher anzuschwellen, sich zugleich immer mehr zu verästeln. überallhin drang das Wasser und untergrub den Boden, auf dem Cristóbal Colón noch stand. Recht wurde Unrecht, Unrecht Recht. Das Unrecht siegte. Und wie immer saß das siegreich gebliebene Unrecht über das Recht zu Gericht. Deshalb glaube ich, auch diesem Teil meines Berichtes den Titel gegeben zu haben, den er verdient:

Die zwei Gesichter der Gerechtigkeit

Auch als Roldán Fort Concepción im Sturm genommen hat und in Bonao, dem größten Dorf Xaraguas, seine Residenz errichtet und sich selbst zum Vizekönig ausruft, glaubt der Admiral noch, seinen Widersacher zum Guten bekehren zu können. Er schickt ihm einen Brief, in dem er ihn seinen *caro amigo* nennt, und lädt ihn nach Santo Domingo zu einer Aussprache ein. Roldáns Antwort besteht in maßlosen Forderungen. Er verlangt zwei Schiffe für die Fahrt nach Spanien, Lebensmittel, Gold, Indianersklaven, Indianerinnen, Wiedereinsetzung in sein Richteramt, einen Brief, in dem ihm der Vizekönig bestätigt, daß alle wider ihn erhobenen Anklagen ungerechtfertigt gewesen seien, und Pardon für alle jene, die nicht nach der Heimat zurückkehren wollen. Den Brief beschließt eine Drohung: Erfüllt der Vizekönig diese Forderungen innerhalb fünfzig Tagen nicht, wird Isabella erstürmt und über die »Unterdrücker sowohl der Spanier als auch der Indianer« Gericht gehalten werden.

Auch diese Herausforderung treibt den Admiral nicht zu raschem, entschlossenem Handeln. Briefe werden gewechselt, Boten reiten von Isabella nach Bonao und wieder zurück. Am Ende gibt Colón nach und willigt in alle Forderungen Roldáns ein. Er bestätigt ihm sogar, daß er ein treuer und unschuldig verfolgter Diener der Krone gewesen ist.

Gleichzeitig allerdings schreibt er einen Brief an die Königin, in dem er den wahren Sachverhalt berichtet. Daß ihm Roldán zuvorgekommen ist, weiß er nicht. Längst ist ein Brief nach Spanien unterwegs, in dem Colón und seine Brüder der Unfähigkeit, die Kolonie zu regieren, bezichtigt werden; vor allem aber: die Indianer mit dem Schwert und nicht mit der Bibel zu bekehren. Nut zu gut kennt Roldán die Königin, und er weiß, daß diese Worte auf fruchtbaren Boden fallen werden. Außerdem hat er von Fonseca erfahren, daß die Souveräne den Sklavenhandel verurteilen. So beschließt er den Brief mit der Feststellung:

> Ich habe alles, was in meiner Macht stand, getan, um diese Unglücklichen vor einem qualvollen Schicksal zu bewahren. Es war vergeblich. Der Admiral der Moskitos, der die Län-

der der Eitelkeit und des Wahns gefunden hat, und sein Bruder Bartolomé, der ärger als ein Bluthund ist, senden Euch, den christlichsten aller Majestäten, Menschenfleisch statt Gold. Sie sind auf dem besten Wege, ein Paradies zu entvölkern, und werden nicht ruhen, bis der letzte Indianer erschlagen, in den Gefängnissen der Schiffe erstickt, verdurstet oder über Bord gesprungen ist, um eine Beute der Raubfische zu werden, von denen die Ozeane hier wimmeln.

Damit hat Roldán noch nicht genug. Er kehrt Bonao den Rücken und zieht in Santo Domingo ein. Er hält dort Hof. Er enthebt alle, die dem Vizekönig treu geblieben sind, ihrer Ämter und setzt an ihre Stelle seine Günstlinge. Er umgibt sich mit einer Leibwache, die aus Schwerverbrechern besteht. Und er setzt einen Plan in die Tat um, den er längst bis ins kleinste ausgearbeitet hat. Denn *er* wird beweisen, daß man Hispaniola ausbeuten kann, ohne selber den Finger zu rühren. Die Indianer auf die Sklavenmärkte schicken? Das ist der falsche Weg. Hier, hier werden sie von weit größerem Nutzen sein.

In der Provinz Xaragua macht Roldán den Anfang. All jenen, die nicht nach Spanien zurückkehren wollen, wird Land zugeteilt, das Land *mit* den Bewohnern. Roldán macht beides – das Land und die Menschen – seinen Anhängern zum Geschenk. So werden die Indianer – von der Tributpflicht werden sie befreit – Leibeigene in ihrem eigenen Land. Sie müssen das Land bebauen, nach Gold graben, den Weißen dienen. Nur Kaziken werden ausgenommen. Sie stimmen freudig zu, weil sie nicht ahnen, daß auch ihre Todesstunde geschlagen hat. Bald werden sie ohne Untertanen sein. Das große Sterben beginnt...

Die Kluft zwischen Cristóbal und Bartolomé Colón wird immer tiefer. Als ein Teil der Insurgenten nach Spanien zurückgekehrt ist, schlägt Bartolomé noch einmal vor, gegen Roldán zu Felde zu ziehen. Wieder weigert sich der Admiral. Die

Gicht plagt ihn, sein Augenleiden macht ihm zu schaffen, und er ist müde, so müde. Hispaniola? Einmal hat er die Insel geliebt, nun haßt er sie beinahe. Cathai... Er träumt wieder von Cathai, dem Reich der Marmorbrücken und goldbedachten Tempel. Die Reise zum Groß-Kahn... Die lockenden Ferne... Rückkehr nach Spanien, neue Schiffe, neue Fahrt... Hispaniola erschlafft, die Ferne, Gefahren und der unbekannte Ozean – sie sind das wahre Lebenselixier.

Hispaniola hält jedoch den Admiral weiter fest. Vier Schiffe werden an der Westküste gesichtet, und es wird bald bekannt, daß Alonzo de Ojeda sie befehligt. Ojeda ist nicht nach Hispaniola gekommen, um Lebensmittel und Medikamente zu bringen, er ist überhaupt nicht gekommen, dem Admiral auch nur zu sagen, daß er da ist. Er läßt Campecheholz schlagen, Jagd auf die Indianer machen und nach Gold graben. Und jeder, der es hören will, erfährt: Fonseca hat ihm die Karte übergeben, die Colón nach Spanien geschickt hat, Fonseca hat ihn ausgesandt, zu überprüfen, wie es wirklich um das Land bestellt ist, in dem die Perlen auf den Bäumen wachsen. Gemeinsam mit Juan de la Cosa, einem Kartenzeichner, und einem in Sevilla lebenden Florentiner – Amerigo Vespucci heißt er – hat er den Golf von Paria erreicht, neue Inseln entdeckt – Aruba, Curaçao – und ein seltsames Land gefunden, in dem die Häuser auf Pfählen stehen. Ihm hat er den Namen Venezuela – Klein-Venedig – gegeben. Und dort, dort hat er Perlen gefunden, Perlen über Perlen, ein ganzes Schiff voll Perlen.

Das rüttelt den Admiral nun doch aus seinen Träumen auf, ruft ihn in die Wirklichkeit zurück. Das ist ein Eingriff in seine Rechte. Das ist – wenn Fonseca tatsächlich Ojedas Fahrt gebilligt hat – ein Bruch des Vertrages, den die Krone mit ihm geschlossen hat. Paria ist sein Land! Hispaniola ist sein Land! Aber wie, wie Alonzo de Ojeda entgegentreten?

Nun endlich hört er auf den Rat Bartolomés. Es ist ein teuflischer Rat. Francisco Roldán spielt sich als Vizekönig auf. So soll er auch nach dem Rechten sehen und Ojeda entgegentreten.

»Vielleicht fallen beide«, denkt und hofft Bartolomé. Doch diesmal geht seine Rechnung nicht auf.

Roldán macht keine Einwände und erklärt sich sofort bereit, Ojeda gegenüber die Rechte der Kolonie zu wahren. Dadurch, glaubt er, kann er nur an Ansehen gewinnen und erneut beweisen, daß ihm weit eher als dem Genuesen das Amt des Vizekönigs gebührt. Von seiner Leibwache begleitet, macht er sich zur Westküste auf und pirscht sich zunächst zu der Bucht heran, vor der Ojedas Schiffe ankern. Ein Erkundungstrupp bringt in Erfahrung, daß sich Ojeda im Innern der Insel befindet. Genau das hat Roldán erhofft. Nun handelt er blitzschnell. Er schneidet Ojeda den Rückweg ab.

Nur mit sechs Mann ist Ojeda ins Innere der Insel aufgebrochen. Er ist völlig überrascht, als er sich, schon im Anblick seiner Schiffe, plötzlich einer schwerbewaffneten Schar gegenübersieht. Doch er verliert deshalb seine Kaltblütigkeit nicht. Er tut so, als freute er sich, einen guten Freund wiederzusehen. Auch Roldán spielt sofort dasselbe Spiel.

»Sicher habt Ihr uns Wein und Medikamente gebracht«, sagt er lächelnd. »Wir haben sehnsüchtig darauf gewartet.«

Ojeda gibt das Lächeln zurück. »Ich meinte, *Ihr* würdet mich mit Wein empfangen. Wein? Auf meinen Schiffen gibt es keinen Tropfen mehr. Ich bin lange unterwegs.«

»Auf *Euren* Schiffen?«

»Auf *meinen* Schiffen«, erwidert Ojeda und lächelt noch immer.

Roldán blickt auf den Boden, als er fragt: »Ihr seid wohin unterwegs?«

»Auf Entdeckungsfahrt ...«

»Ihr wolltet Hispaniola entdecken?«

Ojeda zuckt die Achseln. »Der Wind hat mich hierher verschlagen. Ich wollte nichts weiter als frische Vorräte an Bord bringen und die Schiffe ausbessern.«

»Frische Vorräte? Sind auch Indianer frische Vorräte? Die Schiffe ausbessern? Wollt Ihr sie mit Gold ausbessern?«

Ojeda blickt über Roldán hinweg auf die Bewaffneten, die einen Halbkreis gebildet haben. Stumpfe, ausdruckslose Gesichter, die keine Anteilnahme an diesem Gespräch verraten. Dennoch bezweifelt Ojeda nicht, daß jeder dieser Männer bereit ist, einen Mord zu begehen. »Warum nicht?« sagt er und bemüht sich, erheitert dreinzusehen.

»Ihr wißt, daß Ihr die Privilegien des Vizekönigs verletzt habt und verletzt?«

»Seid Ihr in seinem Auftrag hier?«

»In meinem.« Roldáns Stimme klingt nun schroff.

Ojeda tut, als spräche er noch immer mit einem guten Freund. »Wißt Ihr, daß die Königin todkrank ist?«

»Was hat das –«

»Fonseca hat mich ermächtigt, diese Fahrt zu unternehmen, eine Fahrt zu den Inseln und Ländern, die Colón entdeckt hat. Auch Hispaniola hat Colón entdeckt.«

Roldán spürt, wie sein Herz schneller klopft. Er versteht, er versteht nur zu gut. Die Königin krank – damit ist die letzte Stütze des Admirals morsch geworden. Fonseca hat Ojedas Fahrt befohlen – Colón zählt also nicht mehr. Colón ist schon tot. Der neue Gegner, ein gefährlicher Gegner, steht hier. Alle Welt weiß, daß Ojeda ein Günstling Fonsecas ist.

»Ihr besitzt ein Patent?«

»Auf dem Schiff. Wollt Ihr es sehen? Vielleicht findet sich doch ein Tropfen Wein.«

Einen Augenblick zögert Roldán, dann setzt er sich mit seiner Schar in Bewegung. Und einen Augenblick lang spielt er mit dem Gedanken, seinen Männern einen Wink zu geben. Aber er sagt sich dann gleich, daß dieser Mord sinnlos wäre. Colón würde so ein Trumpf in die Hand gespielt werden...

Zur gleichen Zeit denkt Ojeda: »Auf dem Schiff wird Roldán in meiner Gewalt sein. Wie, wenn ich ihn niedermachen ließe?« Aber er sagt sich, daß dieser Mord sinnlos wäre. Colón würde so ein Trumpf in die Hand gespielt werden...

Ojeda besitzt die Vollmacht. *Ich, der König* und *Ich, die Königin* ist sie unterschrieben, Fonseca hat sie ausgestellt. Sie ist da und greifbar, wie Ojeda da und greifbar ist, wie die Schiffe greifbar sind und der ewig lächelnde Florentiner kein Trugbild ist. Auch die Perlen bekommt Roldán zu sehen, Körbe voll Perlen, und Gold, mehr Gold, als Cristóbal Colón je nach Spanien zu schicken vermochte.

Von unabänderlichen Tatsachen hat Roldán nie die Augen geschlossen. Die Gefahr ist da, und fast noch gefährlicher scheint ihm Amerigo Vespucci zu sein, der lächelnd bemerkt, daß es sicherlich auch auf Hispaniola genug Gold gebe: Man müsse es nur finden. Wie und womit? »Dazu ist nichts weiter nötig als eine Nase, die in Florenz das Licht der Welt erblickt hat«, sagt er.

Auch Wein findet sich auf dem Schiff. Roldán und Ojeda heben ihr Glas. Sie brauchen den Mund nicht zu öffnen, um einander zu sagen, worauf sie trinken: auf den Untergang der Colóns. »Ich muß die Colóns gegen Ojeda hetzen«, denkt Roldán, »dann wird das Feld für mich frei sein. Das ist der richtige Weg.« Und Ojeda denkt: »Ich muß zuerst den Colóns den Rücken stärken, damit sie Roldán vernichten können, das ist der richtige Weg. Dann wird der Weg zur Macht für mich frei sein. Denn die Colóns wird Fonseca vernichten. Mit einem Federstrich.«

Der Admiral und Roldán treffen einander auf halbem Wege zwischen Santo Domingo und Isabella. Cristóbal Colóns Gesicht ist eine Maske, starr, als er seinen Feind umarmt. Roldán hingegen kann, so sehr er den Genuesen haßt, seine Betroffenheit nicht verbergen und eines Mitleids nicht Herr werden, das mit Schadenfreude gemischt ist. Das ist der Mann, der die Welt um ein Viertel vergrößert hat? Da ist der Mann, der den größten Triumph des Jahrhunderts auf seinen Schultern getragen hat? Ein alter gebeugter Mann steht ihm gegenüber, dessen Augen tränen, dessen Lippen zittern, dessen unruhige Hände Spiegelbild eines zerquälten, zerrissenen Herzens sind.

»Ist es wahr?«

»Es ist wahr. Aber seine Urkunde ist nur von Fonseca unterzeichnet.«

»Dann ist sie nicht gültig –«

»Das ist sie auch nicht.« Roldán lächelt schwach. »Er hat sich auch geweigert, vor Euch zu erscheinen und seine Fracht abzuliefern. An Eurer Stelle –«

»Ihr hättet ihn festnehmen sollen.«

»Dazu war ich zu schwach. Ich wäre auch zu schwach, würde ich mit meinem ganzen Heer gegen Ojeda ziehen. Gemeinsam jedoch –«

Roldán kann den Satz nicht zu Ende sprechen. Plötzlich, wie aus der Erde gewachsen, steht der Adelantado vor ihm. Als sähe er Roldán gar nicht, sagt Bartolomé Colón zu seinem Bruder:

»Du hast die Wahl. Gemeinsam mit dem Verräter Roldán bist du stark genug, den Verräter Ojeda zu vernichten. Gemeinsam mit dem Verräter Ojeda bist du stark genug, den Verräter Roldán zu vernichten. An deiner Stelle würde ich dafür sorgen, daß den Schurken Roldán endlich das Schicksal erreicht, das er verdient, das ich ihm versprochen habe: ein Baum, ein Strick –«

Zuerst ist Roldán blaß geworden, als er Bartolomé Colón plötzlich vor sich gesehen hat: Immer hat ihn Angst erfaßt, eine sinnlose Angst, wenn der Adelantado seinen Weg gekreuzt hat. Nun jedoch sieht er durch einen roten Schleier: den Admiral, auf dessen Stirn winzigkleine Schweißtropfen stehen, Bartolomé Colón, der hochaufgerichtet dasteht, ein eingefrorenes Lächeln auf den Lippen, die Reitpeitsche in der Hand.

Nur mit Mühe formt Roldán die Sätze. Seine Stimme überschlägt sich, zeugt von seinem grenzenlosen Haß, als er kreischt:

»Das wagt Ihr? Das wagt Ihr, ein dreckiger Genuese, der Sohn eines Käsehändlers –?«

Blitzschnell ist Bartolomé Colón einen Schritt vorgetreten. Roldán weicht nicht. Die Reitpeitsche zuckt auf, saust nieder, ein zweites Mal, ein drittes Mal. Aufbrüllend bedeckt Roldán das Gesicht mit den Händen und sinkt in die Knie.

Wortlos sieht der Adelantado über ihn hinweg auf die Leibwächter, die wie erstarrt dastehen. Feiglinge alle, jämmerliche Kreaturen alle, die nichts als Fußtritte und die Peitsche verdienen. In diesem Augenblick und zum ersten Mal verachtet er auch seinen Bruder, der nicht weiß, was er mit seinen Händen beginnen soll. Langsam wendet er sich um und geht und denkt: »Morgen schon, nein, heute werden sie überlaufen; aber Cristóbal wird dafür sorgen, daß sie ewig Verräter bleiben, ewig bereit, die Fahne zu wechseln.«

Bartolomé Colón behält recht. Ein Teil des Heeres Roldáns geht zu Ojeda über, mehr als dreihundert Mann kommen nach Isabella und bieten ihre Dienste dem Admiral an. Francisco Roldán? Von ihm wollen sie nichts mehr wissen. Er hat ihnen viel versprochen und nichts gehalten. Außerdem will keiner dem Kommando eines Mannes unterstehen, der sich wie ein störrischer Maulesel züchtigen läßt und stillhält, wenn die Schläge auf ihn niedersausen.

Roldán tut alles, was in seiner Macht steht, zu verhindern, daß sich sein Schicksal erfüllt. Er geizt nicht mit neuen Versprechungen und versucht, durch einen Handstreich Ojedas Schiffe in seinen Besitz zu bringen. Der Angriff wird blutig abgewiesen. Dadurch verliert Roldán den Rest des Vertrauens, das er noch genossen hat. Zwei seiner treuesten Spießgesellen, Hernando de Guevara und Adrian de Moxica, erheben sich gegen ihn. Es kommt zu Scharmützeln, Überfällen, Gefechten: Die Rebellen beginnen einander selber aufzureiben. Guevara und Moxica kämpfen gemeinsam gegen Roldán und dann gegeneinander, als Roldán den verzweifelten Ausweg – die Flucht nach Isabella – gewählt hat.

Es wird kein Galgen für ihn aufgerichtet. Er wird nicht in den Kerker geworfen. Der Admiral begnadigt ihn und gesteht Bartolomé nur deshalb zu, endlich gegen die Rebellen zu Felde zu ziehen, damit die Kluft zwischen seinem Bruder und ihm nicht unüberbrückbar werde. Kaum hat der Adelantado Isabella verlassen, setzt er Roldán wieder in sein altes Amt ein. »Wer Gnade übt, erntet Dank«, denkt er.

Mit vierzig Mann – einer davon ist ein Priester – säubert Bartolomé Colón die Insel. Wer Widerstand leistet oder an Widerstand auch nur denkt, darf rasch beichten und wird dann gehenkt. Hispaniola wird die Insel der Galgen und Massengräber. An einem dieser Galgen baumelt Moxica, in einem dieser Massengräber liegt Guevara.

Roldán, nun wieder Oberster Richter, wartet auf den Tag und den Mann, vor dem er die Wahrheit wie eine Landkarte ausbreiten kann: Cristóbal Colón ist ein alter gebrochener Mann, unfähig, eine Kolonie zu verwalten; Bartolomé Colón ist ein Bluthund, der das Recht mit Füßen tritt. Erst dann wird Hispaniola weder ein Paradies werden, wenn die Colóns, in Ketten gelegt, nach Spanien gebracht worden sind.

Alonzo de Ojeda, der sich schon auf dem Wege nach Spanien befindet, wird Fonseca dasselbe erzählen. Er wird sogar hinzufügen, daß es nur einen Mann gibt, der Hispaniola den Frieden schenken könnte: Alonzo de Ojeda.

V

»Wer immer aus Indien zurückkehrt, beklagt sich über die Colóns. Sie sind keine Spanier, und das, was sie tun, gereicht Spanien nicht zur Ehre.«

Ferdinand blickt auf seine Hände hinunter. Er denkt nicht an die Colóns. Er denkt daran, daß die Bürde des Reiches bald auf seinen Schultern allein lasten wird. Das Reich ist groß geworden und wird noch größer werden. Damit wird die Last schwerer werden. Wie wird er sie tragen können?

Fonseca fährt fort: »Die Colóns sind eine Gefahr geworden. Was dann, wenn sie sich von Spanien lossagen und zu Gebietern der von ihnen entdeckten Gebiete aufwerfen? Was dann, wenn sie diese Gebiete einer anderen Macht in die Hände spielen?«

»Ihr haßt die Colóns, und deshalb ergeht Ihr Euch in Mutmaßungen, die abwegig sind«, fährt der König auf. Hispaniola? Immer wieder Hispaniola. Eine Sorge mehr. *Er* hätte sich diese Last nie aufgebürdet. Statt des erwarteten Goldes hat Isabella Blut geerntet.

Der Bischof zieht sich sofort zurück. »Es drohen dem Reich so viele Gefahren«, sagt er aufseufzend. »Ist es nicht ein Gebot der Vorsicht, Majestät, auch dort eine Festung zu errichten, wo noch Friede herrscht?«

Gefahren... Ferdinands Gedanken schweifen wieder von Indien ab. Da ist Ludwig XII., Frankreichs neuer König, undurchschaubar, hinterhältig, ein Gegner, den man nicht aus den Augen lassen darf. Da sind die Mauren, die sich wieder erhoben haben. Da sind die Türken, die Venedig bedrohen. Fonseca hat recht und unrecht zugleich. Indien bedeutet keine Gefahr, doch es kostet Geld, immer wieder Geld. Und es bringt Ärger, immer wieder Ärger statt Gold. Wann war das? Vor einer Woche. Fünfzig aus Isabella nach Spanien zurückgekehrte Kolonisten sind in den Innenhof der Alhambra eingedrungen und haben Entschädigungen für ihr in Indien verlorenes Hab und Gut gefordert. »Indien ist das Land der Täuschung! Indien ist das Land der Gräber spanischer Hidalgos!« haben sie gerufen und: »Die Colóns an den Galgen!«

Das ist noch nicht aller Ärger. Da sind auch noch die Indianer, die Colón nach Spanien geschickt hat und noch immer schickt. Zu Skeletten abgemagert steigen sie aus den Schiffen, Kinder sind darunter, schwangere Frauen. Und die Sklavenmärkte mehren sich –

Fonseca scheint die Gedanken des Königs erraten zu haben. Er sagt überlaut – denn er weiß, daß er diesmal nicht auf Widerspruch stoßen wird:

»Auch die Indianer, die der Admiral nach Spanien schickt, stellen für das Reich eine Gefahr dar. Für das Reich und Euren Ruf, der christlichste aller Könige zu sein. Wißt Ihr, daß man diese armen Geschöpfe mit Peitschenhieben auf die Märkte treibt? Wißt Ihr, daß auch Kinder verkauft werden?«

Ferdinand beißt sich in die Lippen. Er weiß davon, aber auch das will er nicht hören. Isabella in ihrem Überschwang mütterlicher Gefühle hat die Forderung gestellt, daß zumindest die indianischen Frauen und Kinder in ihre Heimat zurückgeschickt werden. Das würde wieder Geld kosten, viel Geld ...

»Und außerdem« – Fonseca lächelt – »schenkt Euch Colón Euer Eigentum, Sire. Er schenkt Euch Eure Vasallen.«

Jetzt hat Fonseca zum ersten Mal die Wahrheit gesagt. Das Land Ophir! Die Quelle der Reichtümer Salomos! Man müßte wissen, ob Cristóbal Colón ein Phantast oder ein Lügner ist, ob er an die Reichtümer glaubt, die es gar nicht gibt, oder ob er sie vorspiegelt, um seine Macht nicht zu verlieren. Aber da hat Alonzo de Ojeda Perlen und Gold gebracht. Wird Colón sein Versprechen doch halten? Ferdinand erhebt sich, tritt zu einem der hohen Fenster und blickt auf die dunklen Teiche des Myrtenhofes hinunter. »Sie sind dunkel wie die menschliche Seele«, denkt er. »Wer kann auf den Grund schauen?«

»Werdet Ihr den Wunsch der Königin erfüllen, Sire? Es ist ein guter, ein frommer Wunsch.«

Ferdinand fährt herum. »Was wollt Ihr, Fonseca?« fragt er zornig.

»Euer Wohl, Sire.«

»Mein Wohl – das heißt: Colón aus Indien zurückrufen?«

»Cristóbal Colón, Bartolomé Colón und Diego Colón, Majestät.«

»Und wen wollt Ihr an die Stelle des Admirals setzen?«

Fonseca blickt auf den Boden. Er tut, als dächte er nach. Schließlich sagt er, ohne den König anzusehen: »Alonzo de Ojeda ist der geeignete Mann.«

»Weil er Perlen gebracht hat?« fragt Ferdinand höhnisch.

»Weil er rechtschaffen, kühn und Euer treuer Diener ist, Majestät. Weil er ein Spanier ist, Majestät.«

Ferdinands Zorn ist verraucht. Er lächelt. »Ojeda ist Euch sehr ans Herz gewachsen?«

»Euer Wohl, Sire –«

»Ich werde Colón nicht nach Spanien zurückrufen, Fonseca.« Ferdinand schüttelt bedächtig den Kopf. »Aber ich werde den Wunsch des Admirals erfüllen, einen erfahrenen Mann nach Indien zu senden, der nach dem Rechten sieht und Recht sprechen kann. Schlagt Ihr mir noch immer Ojeda vor?«

Ein Plan ist ein Plan geblieben und wird nie Wirklichkeit werden. Nie mehr. Das weiß Fonseca. Er preßt sich die Nägel ins Fleisch, als er fragt:

»Wen werdet Ihr schicken, Sire? Ojeda – ist zu jung –«

Vor einem Augenblick hat Ferdinand noch nicht gewußt, wen er nach Indien schicken wird. Nun weiß er es.

»Francisco de Bobadilla«, sagt er. »Eine gute Wahl, ja?«

Fonseca senkt rasch den Kopf. Bobadilla! An ihn hat er nie gedacht. Bobadilla! Bobadilla ist ehrgeizig, von ungezügeltem Temperament und – weder verschlagen noch klug. Er wird ein brauchbares Werkzeug sein...

»Eine gute Wahl, Fonseca?«

Der Bischof hebt den Kopf, lächelt und verneigt sich. »Ihr habt die beste Wahl getroffen, Sire, die möglich war«, sagt er mit einer Stimme, aus der Bewunderung klingt.

Ferdinand nickt nur. Er tritt wieder zum Fenster und blickt auf die stillen, dunklen Teiche hinunter, die ihn so merkwürdig stark anziehen. Bald hat er Colón und Indien vergessen, bald auch den Bischof, der noch eine Weile wartet und dann den Thronsaal verläßt, um zu Francisco de Bobadilla zu eilen. Er wird Bobadilla mitteilen, daß er seine Wahl vorgeschlagen und gegen den anfänglichen Widerstand Ferdinands durchgesetzt hat.

Niemand in Spanien weiß, daß es auf Hispaniola keine Rebellen mehr gibt. Gegen sie ist die Vollmacht gerichtet, die Bobadilla erhält:

Wir beauftragen Francisco de Bobadilla,
Beamten der Krone und Kommandeur des
Ordens von Katalonien, zu erforschen, wer
sich gegen den von Uns in Indien eingesetzten
Vizekönig erhoben hat, und erteilen ihm
die Vollmacht, diese Rebellen zu verhaften,
ihr Eigentum einzuziehen und ihnen die
Strafen aufzuerlegen, die ihnen nach seiner
Meinung gebühren. Notfalls wird Don Bobadilla
ermächtigt, zur Ausführung dieser Aufgabe
den Beistand des Vizekönigs und anderer
Autoritäten in Anspruch zu nehmen.

    Gegeben zu Granada am 21. März 1499
  ICH, DER KÖNIG   ICH, DIE KÖNIGIN

Bobadillas Abreise verzögert sich. Im Mai 1499 weiß in Spanien noch immer niemand, daß auf Hispaniola endlich der Friede eingekehrt ist, daß nur noch da und dort verstreute Insurgenten ihr Schicksal ereilt, daß die Kolonie endlich Ertrag abzuwerfen beginnt. Fonseca hat die kurze Spanne genützt. Sein Werkzeug – denn das ist Bobadilla schon – erhält eine zweite Vollmacht:

An alle Räte, Richter, Regidores,
Hidalgos, Ritter, Beamte und Eigen-
tümer auf den Inseln Indiens!
Es ist Unser Wille, daß alle auf
den Inseln befindlichen Personen
dem Don Francisco de Bobadilla,
dem wir die Befugnisse eines Gouverneurs und Obersten Richters
übertragen haben, unbedingten Gehorsam leisten. Wir haben ihm das
Recht verliehen, in Unserem Namen

Strafen zu verhängen, Personen im
Dienst der Gerechtigkeit, die er
ausüben wird, von den Inseln zu ver-
bannen und zur Abreise anzuhalten.
Möge sich niemand unterfangen, sich
dem Don Bobadilla zu widersetzen.
Wer sich ihm widersetzt, widersetzt sich Uns.

    Gegeben zu Granada am 21. Mai 1499
    ICH, DER KÖNIG   ICH, DIE KÖNIGIN

Im Dezember 1499 hält sich Bobadilla noch immer in Spanien auf, da es schwerfällt, Mannschaft für die beiden ihm zur Verfügung gestellten Schiffe zu finden. Diese Spanne hat Fonseca noch gründlicher genützt. Nun endlich entspricht Bobadillas Vollmacht seinem Wunsch:

An den Admiral des Weltmeeres Don Colón!
Wir befehlen hiemit Euch und Euren Brüdern,
alle in Indien befindlichen Schiffe, Häuser,
Waffen, Festungen sowie Unser ganzes anderes
Eigentum dem Don Francisco de Bobadilla zu
übergeben, und lassen Euch wissen, daß wir
Euch mit den schwersten Strafen belegen
werden, wenn Ihr diesen Befehl mißachtet.

    Gegeben zu Granada am 20. Dezember 1499
    ICH, DER KÖNIG

Die Königin, die nun ganz an ihr Krankenbett gefesselt ist, hat dieses Dokument nicht unterzeichnet. Aber das wird für Cristóbal Colón, den Admiral des Weltmeeres, kein Trost sein.

VI

Vielleicht war ich der erste, der die beiden Karavellen erblickte. Sie kreuzten langsam vor dem Hafen, einen günstigen Wind erwartend, der ihnen eine Landung ermöglichen würde. Als ich sah, daß ein Canoe flottgemacht wurde, sprang ich rasch hinein. Ohne Zweifel dachte ich, was die anderen dachten: »Endlich wieder Vorräte, Wein und Nachrichten aus der Heimat!« Wir winkten, doch unser Willkommensgruß fand keine Erwiderung.

Als wir in Rufweite an das größere der beiden Schiffe herangekommen waren, wurde ich einen kleinen feisten Mann gewahr, der die Uniform eines königlichen Kämmerers trug. Sofort wußte ich, daß ich ihm schon einmal begegnet war. Wann? Wo? Es fiel mir rasch ein. In Salamanca hatte er – das war vor fünf Jahren gewesen – Kirchengeschichte gelehrt. Er hieß Francisco de Bobadilla, und ich fragte mich, was Francisco de Bobadilla bewog, sich nach Indien zu begeben. Wollte er den Indianern die Lehre Christi überbringen? Dazu war es zu spät. Wo Verbrecher Verbrechen gesät hatten, gab es für wahre Diener des Herrn keine Ernte.

Wir kletterten einer nach dem anderen an Bord. Rodrigo Perez, der Adjutant des Vizekönigs, trat auf Bobadilla zu.

»Wie viel Fässer Wein bringt Ihr uns?« fragte er lächelnd. »Und wie viel –?«

»Ich bringe den Frieden«, unterbrach ihn Bobadilla. Seine Stimme klang wie die eines Schauspielers, wie die eines schlechten Schauspielers.

»Den Frieden?« Perez runzelte die Stirn. »Glaubt Ihr, daß wir auf Hispaniola Krieg haben?«

»Bürgerkrieg. Aufruhr. Meuterei. Sinnloses Blutvergießen.«

»Das glaubt man in Spanien?«

»Das *weiß* man in Spanien. Man weiß von der Schreckensherrschaft, der Tyrannei der Colóns.«

Perez lächelte schwach. Ich las ihm vom Gesicht ab, daß er

Bobadillas Worte nicht ernst nahm. »Wer hat Euch geschickt?« fragte er spöttisch. »Margarite oder Aguado?«

»Der König.«

Das Lächeln auf Perez' Gesicht erstarb. Schroff fragte er: »Ihr meint den König von Spanien?«

»Eure Fragen beweisen, daß hier der Geist des Aufruhrs und der Widersetzlichkeit herrscht.«

Eine Ader auf Perez' Stirn schwoll dick an. Sich nur noch mühsam beherrschend, stieß er hervor: »Hier herrscht auch die Sitte, Feinde des Vizekönigs – das sind Feinde der Gerechtigkeit – zu behandeln, wie sie es verdienen.«

Ich sah, wie Bobadilla blaß wurde. Er zeigte über Perez hinweg zum Ufer. Dort standen zehn Galgen. Sieben davon waren nicht leer.

»Zu behandeln wie die dort?«

»Drei Galgen sind noch leer«, sagte Perez und lächelte jetzt wieder.

»Vielleicht für Euch. Wer seid Ihr?«

Ich fand, daß das Gespräch allmählich unerträglich wurde. Solche Gespräche hatten wir als Kind geführt, wenn wir einer Murmel wegen in Streit geraten waren. Ich wartete darauf, daß nun Perez Bobadilla fragen würde, wer er sei. Doch es kam ganz anders.

Urplötzlich trat Bobadilla zurück. Seine Stimme überschlug sich. »Ergreift ihn!« schrie er.

Ein kurzes Handgemenge. Wir waren sechs, und zwanzig fielen über uns her. Auch ich wurde ergriffen. Wir wurden unter Deck gebracht und in Ketten gelegt. Mir schwante Böses, doch noch glaubte ich nicht, daß der König von Spanien befohlen hatte, so mit uns zu verfahren.

Dann und wann hörte ich auf dem Deck Schritte, Stimmen, das Klirren von Waffen. Die Schiffe kreuzten noch immer. Bobadilla? Ich mutmaßte nicht, daß Aguados oder Margarites Saat so spät aufgegangen war. Roldáns Werk? Das Ojedas? »Die Schreckensherrschaft der Colóns.« »Die Tyrannei der

Colóns.« Bobadilla trug die Uniform eines königlichen Kämmerers. War er der Mann, um dessen Entsendung der Admiral gebeten hatte? War er es, brachte er den Frieden nicht, er gefährdete ihn... Ich dachte an das Gold, das vergossene Blut. Friede? Vielleicht wollte Gott nicht, daß Hispaniola jemals Friede beschert war.

Ich hörte Rodrigo Perez fluchen. Ein anderer stöhnte. Sicherlich plagte ihn wie mich der Durst. Wieder Schritte. Sie näherten sich. Plötzlich traf der Schein einer Fackel mein Gesicht.

»Ihr seid Bartolomé Las Casas?«

»Einmal war ich ein Schüler Bobadillas«, erwiderte ich spöttisch.

Die Fesseln wurden mir abgenommen. »Folgt mir.«

»Nur mit den anderen.«

»Ihr kommt allein.«

Ich sah den Mann nicht, der vor mir stand, aber ich bekam ihn zu spüren. Schließlich stand ich vor Bobadilla. Er saß in seiner Kajüte. Hinter ihm hing ein Kruzifix an der Wand.

»Handelt Ihr in seinem Namen?« fragte ich und zeigte auf den Gekreuzigten.

»Glaubt Ihr, daß Colón in seinem Namen handelt, wenn er freie Menschen in die Sklaverei schleppt, Blut vergießt und an die Stelle des Rechts das Unrecht setzt? Und – hat Colón geglaubt, Spanien wäre *so* weit, daß wir nicht erfahren könnten, was hier geschieht? Er hält sich in Isabella auf?«

»In Santo Domingo.«

»Ihr meint, daß er sich unterwerfen wird?«

»Euch?«

»Dem König. Der Königin. Wer sich mir widersetzt, widersetzt sich ihnen.«

Ich wußte, daß ich blaß wurde. »Ihr – Ihr seid –? Die Souveräne haben Euch zum Obersten Richter ernannt?«

»Zum Richter der Colóns, Las Casas.« Bobadilla lächelte. »Euch vertraue ich. Gebt mir ein Bild der Wahrheit. Mein Dank ist Euch gewiß.«

Deshalb also hatte mich Bobadilla rufen lassen. Er wollte mir eine Rolle zuweisen, die mir nicht gefiel. Auch die *andere* Rolle gefiel mir nicht. Dennoch spielte ich sie. Bald las ich Bobadilla vom Gesicht ab, daß er nicht das zu hören bekam, was er hören wollte. Er unterbrach mich mit einer schroffen Handbewegung.

»Das Unrecht ist wie die Pest«, sagte er böse. »Es macht auch vor dem Gerechten nicht halt. Daß Ihr Euch zum Verteidiger der Colóns erniedrigen würdet, hätte ich nicht erwartet.«

»Gott ist mein Zeuge, daß ich die Wahrheit, nur die Wahrheit gesagt habe.«

»Geht!« schrie er.

»Ich kann verstehen, daß Euch die Wahrheit nicht angenehm ist.«

»Geht schon! Geht endlich! Auch Ihr seid eine Kreatur des Tyrannen!«

Einer der Bewaffneten betrat die Kajüte. Ich wurde ergriffen und zu meiner Überraschung nicht wieder unter Deck gebracht. Unsanft wurde ich in ein Boot gestoßen.

»Dankt Gott, daß der Gouverneur so mit Euch verfährt. Ich glaube nicht, daß Perez Hispaniola wiedersehen wird.«

Ich gab keine Antwort. Der Gouverneur... Stand der Gouverneur über dem Vizekönig? Ich begann auch an Bartolomé Colón zu denken. Der Gouverneur! Bartolomé Colón würde keinen Gouverneur anerkennen. Blut, wieder Blut...

Mein Kopf begann zu schmerzen. Ringsum Dunkelheit. Das leise Anschlagen der Wellen an die Wände des Bootes. Der Schein der Fackel, der das Wasser in Silber verwandelte, wenn er es traf. Ein einsamer Stern. Endlich das Ufer. Ich sprang aus dem Boot. Ein Mann, der wartete. Der Fackelschein traf Francisco Roldáns Gesicht. Ich senkte den Kopf, als hätte mich ein Peitschenhieb getroffen. Nun war meine Befürchtung Gewißheit geworden: Gott wollte nicht, daß Hispaniola Frieden fand.

Erst nach zwei Tagen – an einem Sonntag – ging Bobadilla an Land. Gut zweihundert Mann, alle schwer bewaffnet, begleiteten ihn. Ich hatte den Zug nicht gesehen, als er sich formte, aber ich sah ihn, wie er in die Stadt zog. Ich sah auch die Gesichter der Menge. Sie spiegelten Erstaunen, Angst, Spott, Bestürzung, Schadenfreude, Freude wider.

In Schlachtordnung zog der Zug in die Kirche. Während der ganzen Messe klopfte mein Herz, und ich war kaum imstande zu beten. Die Ruhe vor dem Sturm... Auch die Ruhe vor dem Blutvergießen? Cristóbal Colón hielt sich in Santo Domingo auf, Bartolomé Colón in Fort Concepción. Würde Diego Colón, der stille Träumer, Widerstand leisten? Diego Colón würde mit einem gleichmütigen Achselzucken alle Forderungen Bobadillas erfüllen und dann zu seinen Büchern zurückkehren.

Bobadilla wartete, bis das »Ite, missa est« verklungen war. Dann erhob er sich, trat zu der Madonnenstatue, die rechts neben dem Altar stand, und legte eine schwere goldene Kette nieder. Eine Weile betete er, um sich schließlich mit einem Ruck umzuwenden. Sehr langsam verließ er die Kirche, durch eine Gasse, die ein Teil seiner Bewaffneten bildete.

Trompetengeschmetter. Ich ahnte, was da kommen würde. Bobadilla ließ seine Vollmacht verlesen. Wieder klopfte mein Herz rascher. Das hatte ich nicht erwartet: Alle Macht vereinigte sich in Bobadillas Hand, in seiner Hand allein, und der Vertrag, den Cristóbal Colón mit der Krone geschlossen hatte, war über Nacht ein wertloses Stück Papier geworden.

»... und lassen Euch wissen, daß wir Euch mit den schwersten Strafen belegen werden, wenn Ihr diesen Befehl mißachtet. Gegeben zu Granada am zwanzigsten Dezember eintausendvierhundertneunundneunzig. Ich, der König.«

Wieder Trompetengeschmetter. Blasse Gesichter, zornfunkelnde Gesichter, unverhohlene Schadenfreude, Angst, Haß und Totenstille. Bobadilla trat auf Diego Colón zu und sagte mit weithin hallender Stimme:

»Ich habe gehört, daß sich drei Spanier, deren Namen mir bekannt sind, im Gefängnis befinden. Gebt sie heraus, samt den Protokollen.«

Diego Colóns Antwort kam rasch: »Befehlt Ihr mir das? Befehle nehme ich nur von einem entgegen: vom Vizekönig.«

»Soll ich Euch meine Vollmacht noch einmal vorlesen lassen?«

»In Eurer Vollmacht steht nichts von Gefangenen.«

»Aber es steht in ihr, daß mir alle auf der Insel – hört Ihr: alle! – unbedingten Gehorsam zu leisten haben. Dazu gehört auch Ihr, Don Diego.«

»Gehört auch der Vizekönig dazu?

»Auch er.«

»Davon steht nichts in Eurer Vollmacht. Wie sollte ein Vizekönig und Statthalter einem Gouverneur unterstehen?«

Ich glaubte zu träumen. Das war Diego Colóns Stimme? Das waren Diego Colóns Worte? Oft fragte ich mich später – ohne je eine Antwort zu finden –, was Diego Colón so plötzlich ermutigt hatte. Wie er hochaufgerichtet dastand, ein leichtes leeres Lächeln um die Lippen, war er über Nacht ein anderer geworden.

»Wendet Euch an den Admiral, Don Bobadilla. Ohne seine Erlaubnis werde ich die Gefangenen nicht herausgeben.«

Bobadillas Gesicht war zuerst rot und dann fahl geworden. Er zitterte vor verhaltener Wut. »Ihr werdet auf der Stelle –«

Diego Colón hatte sich schon umgewandt und schritt auf das Pferd zu, das einer seiner Edelknaben hielt. Bewaffnete deckten seinen Rücken. Die Stille wich ohne Übergang Rufen, Gelächter, Geschrei, Verwünschungen. Ich atmete auf und sagte mir zugleich, daß der Tod allen, die hier standen, nur eine Gnadenfrist gewährt hatte.

Bobadilla achtete den Tag des Herrn nicht. Am Nachmittag erschien er mit dreißig Bewaffneten vor der Festung, in der sich die Gefangenen befanden. Er ließ seine Vollmacht wieder verlesen und forderte dann Miguel Diaz, den Kommandanten, auf, die zum Tode Verurteilten herauszugeben. Abermals fand seine Forderung kein Gehör. Von den Zinnen herab rief Diaz ihm zu, daß er nur einen Herrn kenne und nur von einem Befehle entgegennehme: vom Admiral des Weltmeeres, dem Vizekönig und Statthalter Indiens Don Cristóbal Colón.

Ich sah, daß die Bewaffneten nicht wichen und Bobadilla irgendeinen Befehl erteilte. Bald wußte ich, was er plante. Immer mehr Soldaten strömten auf den Platz, Leitern wurden an die Festungsmauern gelegt. Ein Hornstoß. »Zeigt ihnen, wer die Macht besitzt!« schrie Bobadilla. »Und schont keinen!«

Der Kampf währte nicht lange. Außer Diaz befanden sich nur sieben Mann in der Festung. Alle fielen. Die Gefangenen wurden wie eine kostbare Beute auf die Straße gezerrt. »Zündet die Festung an, damit endlich klar wird, wer die Macht besitzt!«

Ich erstarrte. Wieder glaubte ich zu träumen. Aber dann sah ich Fackeln ... Ich schlich davon. Nero kam mir in den Sinn.

Während der ganzen Nacht spannte sich ein brennendroter Himmel über die Stadt. Er schien mir ein Fanal des Bösen zu sein. Oder spiegelte sich am Firmament das vergossene Blut?

Am nächsten Morgen erfuhr ich, daß Bobadilla die Residenz Colóns besetzt und alles Eigentum des Vizekönigs an sich gebracht hatte: Waffen, Gold, Silbergeschirr, Juwelen, Pferde, Bücher, Briefe, Schriften. Ein Herold ritt durch die Stadt und verkündete, daß nun jeder nach Gold suchen dürfe und nur ein Elftel und nicht wie bisher ein Drittel seines Fundes der Regierung abzuliefern habe. Allen Soldaten wurde eine Erhöhung des Soldes versprochen.

Und das Volk, wie es immer der Gewalt zujubelte, jubelte Francisco de Bobadilla, dem neuen Herrn, zu. Keiner fragte sich, ob er seine Versprechungen erfüllen würde, erfüllen konnte. Allen genügte es, daß sie nun von dem Gold mehr behalten durften, das sie gar nicht besaßen und nie besitzen würden.

VII

Cristóbal Colón erfuhr bald genug, was sich in Isabella ereignet hatte. Die brennende Festung, der Tod Miguel Diaz', Perez' Gefangennahme, Bobadillas uneingeschränkte Vollmacht – er glaubte nicht daran. Er besaß einen Vertrag mit der Krone und die Gunst der Königin – Isabella von Spanien brach Verträge nicht. Bobadilla war ein Abenteurer von Fonsecas Gnaden – wie Alonzo de Ojeda – und besaß vielleicht das Recht, neue Länder zu entdecken. Das Recht, den Boden Hispaniolas zu betreten, besaß er nicht, weil er es nicht besitzen konnte. Oder – das war die andere Möglichkeit – Bobadilla war der Richter, um dessen Entsendung er selber gebeten hatte, und – ein neuer Roldán. Eine dritte, eine andere Möglichkeit gab es nicht. Widersetzte sich Bobadilla, zettelte er weiter Aufruhr an, würde Bartolomé seiner rasch Herr werden.

Aber wie, wie neues Blutvergießen verhindern? Bartolomé würde hart zuschlagen, wie er es immer tat. »An den Galgen mit Bobadilla!« Das würden seine Worte, das würde seine Entscheidung sein. Ein Brief? Vielleicht konnte ein Brief das Ärgste verhüten. Oder Rückkehr nach Spanien? Das konnte man so deuten: Colón hat vor dem erstbesten Rebellen die Flucht ergriffen. Das konnte bedeuten, Hispaniola für immer zu verlieren.

Colón entschied sich für den Brief. Er hieß Bobadilla auf der Insel willkommen und bat ihn, sich in Santo Domingo einzufinden. Er nannte auch ihn, den er gar nicht kannte, seinen *caro amigo*.

Ich lernte begreifen, daß die Menschen der Macht nachlaufen, gleichgültig, ob sie Recht oder Unrecht verkörpert. Alles drängte Bobadilla zu, alle buhlten um seine Gunst. Der errang sie am leichtesten, der Beschwerden gegen die Colóns vorzubringen vermochte. Ob übertrieben oder nicht, ob wahr oder unwahr, darauf kam es nicht an. Ein ganzes Heer von Schreibern brachte Tag und Nacht zu Papier, was dem Tyrannen und seinem »Werkzeug mit den blutbefleckten Händen« – das war Bartolomé – zur Last gelegt wurde.

Nur noch ein einziges Widerstandsnest gab es in der Stadt: das Haus, in dem Diego Colón sich aufhielt. Es war über Nacht in eine Festung verwandelt worden, deren Besatzung Bobadillas Versprechungen, Drohungen, Lockungen nicht nachlief. All jene waren das, die wußten, daß auch sie angeklagt werden, daß auch sie fallen würden, wenn der Vizekönig fiel. Es waren nicht mehr als dreiundvierzig Mann.

Dennoch wagte Bobadilla keinen Angriff. Ich glaubte, er sei zur Besinnung gekommen, habe endlich erkannt, daß auch seiner Macht und Willkür Grenzen gesetzt seien. Daß sein Machtrausch schon einem aus den Ufern getretenen Strom glich, der ihn selber mit sich fortriß, ahnte ich nicht.

Es war wieder ein Sonntag. Wie immer seit Bobadillas Ankunft – es war eine Vereinbarung, die nie getroffen worden war und doch stets eingehalten wurde – saß Diego Colón mit seiner Schar rechts von dem Mittelgang, der die Kirche in zwei Hälften teilte, Bobadilla mit seiner Leibwache, fünfzig Schwerbewaffneten, links. Ich stand in der Nähe des Eingangs, neben einem Bild des heiligen Hieronymus, seltsam unruhig, außerstande, mich ins Gebet zu vertiefen. Irgend etwas wird geschehen, etwas Furchtbares ... War da eine Stimme, die mir dies zuflüsterte? Ich schalt mich einen Narren. Zu viel war in den letzten Tagen über mich gekommen, und deshalb sah ich Gespenster. Weder Bobadilla noch Diego Colón würde es wagen, das Gotteshaus durch eine Bluttat zu entweihen. Irgend etwas wird geschehen, etwas Furchtbares ... Ich versuchte wieder zu beten, und es gelang mir nicht. Meine Lippen formten Worte, meine Seele jedoch war nicht dabei. Angst ließ mich nicht beten.

Das Credo. Ich sah zu Diego Colón hinüber. Er kniete und flehte wohl den Himmel um Gerechtigkeit an. Auch Bobadilla kniete. Ob er Gott um Vergebung bat? Ob er gelobte, dem sinnlosen Morden, dem Brudermord ein Ende zu setzen? Die

Opferung. Ich nannte mich immer mehr einen Narren. Wohl trugen alle Waffen, doch weder Bobadilla noch Colón dachte an Mord. Weder Bobadilla noch Colón durfte es wagen, die Kirche in ein Schlachtfeld zu verwandeln. Aber dann, nach Beendigung der Messe? Auch die Heiligkeit des Sonntags würden die beiden nicht entweihen... »Bobadilla hat sie schon einmal entweiht«, flüsterte mir die Stimme zu.

Die Wandlung. Ganz Isabella, ja ganz Hispaniola würde gegen Bobadilla aufstehen, sollte er es wagen, Diego Colón nach dem Kirchgang, im Anblick des Gekreuzigten, zu überfallen... Viele haßten die Colóns, haßten sie tödlich... Die Kommunion. Ich atmete auf. Jetzt würde nichts mehr geschehen. Ecce agnus dei, ecce qui tollit peccata mundi... Ich sah, daß sich Bobadilla erhob, zum Altar trat und niederkniete. Diego Colón erhob sich, trat zum Altar und kniete nieder. Domine, non sum dignus... Einer der Bewaffneten Bobadillas erhob sich, trat zum Altar und kniete nieder. Ein zweiter, ein dritter, fünf, zehn, fünfzehn, die ganze Schar. Sie knieten links von Diego Colón nieder, rechts von ihm... Mir setzte der Herzschlag aus... Das, das durften sie nicht wagen, das nicht! Plötzlich dachte ich an die Königin. Auch Bobadilla mußte an sie denken, wenn er diesen Plan geschmiedet hatte...

»... aber sprich nur ein Wort, dann wird meine Seele gesund.« Der Priester, der die Messe las, war totenblaß. Die Hand, die die Hostie heilt, zitterte. Argwöhnte er dasselbe wie ich? Ich träumte. Was ich sah, sah ich nur in einem Alptraum. Ich befand mich in keiner Kirche. Diego Colón erhob sich, wandte sich um, zuckte kaum merkbar zusammen. Sie traten auf ihn zu, fielen über ihn her, zerrten ihn fort, in die Sakristei hinein. Bobadilla ging mit gefalteten Händen zu seinem Platz zurück. Irgendwer stöhnte tief auf. Gesang –

Ich stürzte aus der Kirche und kam gerade zurecht zu sehen, wie Diego Colón, schon gefesselt, auf ein Pferd gehoben wurde. Neben mir stand ein Mann, den ich nicht gleich erkannte. Er zeigte auf einen der Bäume, die den Kirchenplatz säumten.

»Dort wäre der richtige Ort für ihn«, sagte er mit einer Stimme, die vor Haß zitterte.

Ich erwachte, nicht aus einem Traum, sondern in der Wirklichkeit.

»Das war Gotteslästerung«, sagte ich, die Fäuste ballend. »Bobadilla hat Gott und seine Kirche geschändet.«

Ein finsterer Blick traf mich. »Die Genuesen haben das nie getan, diese Bluthunde?«

Roldán! Roldán stand vor mir. Ich sah ihn starr an und antwortete leise und schon traurig:

»Kennt Ihr die Worte Christi: ›Simon, der Sohn des Jona, weißt du, daß keiner verächtlicher als der Verräter ist?‹?«

Ich sah, wie er zusammenzuckte. Dann stürzte er davon. Ich ging langsam in die Kirche zurück. Bobadilla kniete wieder und betete. Ich wußte, daß er umsonst betete. Für das, was er getan hatte, gab es keine Verzeihung. Gott läßt sich nicht mit Gold bestechen. Er würde Bobadilla furchtbar strafen.

Der Admiral hatte vergeblich auf Bobadillas Antwort gewartet. Ein Bote, den er zu seinem Bruder nach Xaragua sandte, kehrte nicht zurück. Ein zweiter nach Isabella geschickter Bote schien sich in nichts aufgelöst zu haben. Und allmählich fand die volle Wahrheit den Weg nach Santo Domingo. Mehr als einer sorgte dafür, daß Cristóbal Colón sie erfuhr.

Diesmal traf Colón seine Entscheidung rasch. Nach Xaragua? Zurück nach Spanien? Er wählte den Weg nach Isabella. Gegen ihn die Hand zu erheben – das würde Bobadilla nicht wagen...

Auch nach Bonao fanden zuerst Gerüchte und dann Nachrichten, die mehr als Gerüchte waren, ihren Weg. Bartolomé Colón zögerte nicht. Mochte es wahr sein, daß sich ganz Isabella erhoben hatte! Mochte es wahr sein, daß sich ganz Hispaniola erhoben hatte! Mochte Bobadilla schon die Hälfte der Macht in Händen haben! Er würde des Aufruhrs Herr werden und einen Galgen mehr aufrichten lassen. An der

Spitze seines Heeres machte sich Bartolomé Colón auf den Weg nach Isabella. Diesmal würde er keine Milde walten lassen, auch wenn sie der Vizekönig befahl. Die Insel mußte von allen Roldáns, Bobadillas und Moxicas gesäubert werden, und er würde seinem Namen alle Ehre machen. Der »Große Raubfisch« würde jeden verschlingen, der die Macht des wahren Vizekönigs nicht anerkannte. Die Macht Bartolomé Colóns.

Gott ersparte mir nichts. Ich mußte zusehen, wie eine große Schar Bewaffneter dem Admiral, kaum, daß er den Boden der Stadt betreten hatte, den Weg verstellte. Francisco Velasquez, Schatzmeister der Krone und Stellvertreter Bobadillas, ritt langsam auf Colón zu.
»Ihr seid Cristóbal Colón?« fragte er, als wüßte er das nicht.
»Der Vizekönig.«
»Steigt vom Pferd.«
Ruhig klang das: »Ihr bittet mich darum?«
»Ich befehle es Euch.«
»Ihr seid Don Bobadilla?«
»Ich befehle in seinem Namen.«
Ich hielt den Atem an. Sah Colón das grausame, schon greifbare Ende nicht? Wollte er es nicht sehen? Er schüttelte den Kopf.
»*Hier* befehlen nur zwei«, sagte er. »Gott und ich.«
»Der König nicht?« fragte Velasquez lauernd.
»*Hier* gibt es nur einen König: mich.«
Velasquez lächelte. »Einen König ohne Macht, einen König ohne Untertanen.« Er riß sein Pferd herum. »Ergreift ihn und legt ihn in Ketten.«
Immer mehr Menschen drängten hinzu. Sie sind immer da, wenn man Könige krönt, wenn man Könige von ihrem Thron stößt. Welches Gesicht ich auch ansah, von jedem las ich das niedrigste aller Gefühle ab: die Freude am Untergang eines anderen, die Freude an diesem erniedrigenden Schauspiel. Aber keiner rührte sich. Sie waren Geier, zitternd vor Gier. Sie war-

teten auf ihren Fraß. Doch sie wagten sich an ihr Opfer noch nicht heran, weil es noch lebte.

»Ergreift ihn! Legt ihn in Ketten!«

Wieder trat keiner vor. Ich sah, wie auf Velasquez' Stirn eine Ader dick anschwoll. »Tausend Maravedis dem, der seine Pflicht erfüllt«, stieß er unbeherrscht hervor.

Nun doch: Einer trat vor. Judas Ischariot. Ich kannte ihn. Er hieß Espinosa und war lange der Koch des Admirals gewesen. Ehe er den Mund öffnen konnte, sagte Colón:

»Ich will Euch keine Mühe machen, Freund.«

Ich bedeckte mit der Hand die Augen. Ich wollte es nicht sehen. Ich *hörte* die Stille, wußte, was geschah. Als ich die Hand von den Augen nahm, verlief sich die Menge schon. Das Spiel war aus, der Held war kein Held mehr... Worauf noch warten?

Ein Freund machte es mir möglich, daß ich die Anklageschrift sah. Sie umfaßte mehr als hundert Seiten. Cristóbal Colón, ehemals Vizekönig von Indien, Statthalter von Hispaniola und Admiral des Weltmeers, wurde angeklagt:

Unschuldige aus ihren Ämtern entfernt, grausam bestraft, ja sogar vom Leben zum Tode befördert zu haben.

Treue Diener der Krone zu Rebellen und Rebellen zu treuen Dienern der Krone gestempelt zu haben.

Als Ausländer die Ehre Kastiliens befleckt zu haben.

Des mehrfachen Mordes.

Der Überschreitung seiner Rechte.

Der Unbotmäßigkeit gegen die Krone.

Er hatte Spanier zu drückenden, entehrenden Arbeiten angehalten und durch mangelnde Vorsorge den Tod vieler verschuldet.

Er hatte gegen die Indianer grausame Kriege geführt, hatte sie fast ausgerottet oder in die Sklaverei geschleppt

Er hatte Perlen, Gold und andere Kostbarkeiten für sich behalten und so die Krone geschädigt.

Er hatte der Wahrheit widersprechende Berichte und von

Lügen strotzende Briefe geschrieben, um die Souveräne zu täuschen und neue Privilegien für sich zu erlangen.

Sogar die Bekehrung der Indianer hatte er verhindert. Wegen dieser Sünde wider Gott war er der Inquisition zu übergeben.

Ich las und las. Einmal mehr begriff ich, wie leicht es fällt, die Wahrheit in Lüge und die Lüge in Wahrheit zu verwandeln. Ich verstand auch, warum es Roldán so wie Bobadilla vermied, dem Admiral gegenüberzutreten. Nichts fürchtet die Lüge mehr, als der Wahrheit ins Auge sehen zu müssen.

Bartolomé ging in eine geschickt gestellte Falle. Als auch er in Ketten auf das Schiff gebracht worden war, auf dem sich seine Brüder befanden, hielt ganz Isabella den Atem an. Überall die gleiche Frage: Sie wurde geflüstert, laut ausgesprochen, war von nicht geöffneten Lippen abzulesen. Auch ich stellte sie mir.

Doch dieses *letzte* Wagnis – den Prozeß gegen die Colóns in Isabella zu führen, das Urteil in Isabella zu fällen – nahm Bobadilla nicht auf sich. Er befahl Alonzo de Villejo, einem Günstling Fonsecas, die Gefangenen nach Spanien zu bringen. Ich wagte es, an Bord zu gehen, knapp bevor das Schiff in See stach. So wurde ich Zeuge der letzten Szene – des letzten Aktes – dieses beschämenden abscheulichen Schauspiels.

Der Admiral: tief in den Höhlen liegende Augen, Ketten an den Füßen, die bei jeder Bewegung klirrten, unruhige Hände, mit der Zunge immer wieder die Lippen benetzend. Dennoch – seine Stimme spiegelte Ruhe, Gefaßtheit, eine Ergebenheit in das Schicksal wider, die nur eine tiefe Gläubigkeit zu schenken vermag.

»Draußen – das ist die Menge?«

»Die Menge«, sagte Villejo bedrückt.

»Sie wartet auf mich, auf das *letzte* Schauspiel?«

»Sie« – Villejo zuckte die Achseln – »ist nicht anders. Sie jubelt, weil Ihr Isabella verlaßt.«

»Weil – ich – Isabella – verlasse? Sagt mir die Wahrheit, Villejo.« Ein schwaches, kraftloses Lächeln. »Glaubt mir, daß ich die Wahrheit ertragen kann. Meint Ihr die Welt und nennt Ihr sie Isabella?«

Ich sah, daß Villejo den Kopf senkte. »Ich werde Euch nach Spanien bringen, Colón. Ich – ich werde Euch die Ketten abnehmen.«

»Die Ketten? Wenn es wahr ist, daß die Königin befohlen hat, sie mir anzulegen, muß die Königin befehlen, daß sie mir abgenommen werden. Ich will sie behalten, Villejo.«

Villejo hob den Kopf nicht. »Behalten –?«

»Als Erinnerung an den Dank der Herrscher.«

»Habt Ihr einen Wunsch?« Nun klang Villejos Stimme schroff, rauh.

»Daß diese Ketten mit mir zu Grabe getragen werden, wenn ich unterwegs sterben sollte.«

»Ihr werdet nicht sterben ... Ihr werdet nichts entbehren.«

»Mein Schicksal liegt *nur* in Gottes Hand. Nicht in Eurer, Villejo, nicht einmal in der der Königin.«

Villejo zuckte zusammen. Er sah nur mich an, als er plötzlich aufschrie:

»Empfehlt mich der Barmherzigkeit Gottes, Las Casas!«

VIII

Einem Freund – Francisco de Noreña – hatte ich es zu verdanken, daß ich erfuhr, wie die Würfel weiter fielen, wie Gott den Turm des Unrechts weiter in die Höhe wachsen ließ, um ihn dann so jäh zum Einsturz zu bringen, daß alle, die ihn erbaut hatten, unter seinen Trümmern begraben wurden.

Noch immer in Ketten, wird der Admiral von Cadix in das Kartäuserkloster Las Cuevas in Sevilla gebracht. Wohl wirft man ihn dort nicht in einen Kerker, aber man hält es doch für notwendig, ihn von einem Gefängniswärter bewachsen zu lassen. Fray Gaspar Gorricio, der Prior, behandelt ihn mit Milde. Er gesteht ihm sogar die Absendung eines Briefes an Doña

Columbus in Ketten

Juana de Torres, eine Vertraute der Königin, zu. Wenn je ein Schreiben erschütternd gewesen ist, ist es dieses:

Tugendsamste Dame!

Jetzt sind es siebzehn Jahre her, daß ich dem König und der Königin von Spanien mit meiner Unternehmung nach Indien meine Dienste zu widmen begann. Acht Jahre davon, die in Besprechungen und Verhandlungen vergingen, mußte ich warten, und am Ende derselben wurde mein Plan als Narrheit zurückgewiesen. Trotzdem beharrte ich fest und unerschütterlich darauf.

Drüben errichtete ich Spaniens Herrschaft über ein großes Land, größer als Afrika und Europa, über mehr als siebzehnhundert Inseln, ohne Hispaniola mitzuzählen. In sieben Jahren führte ich mit Gottes Hilfe diese Eroberung durch. Und nun, da ich berechtigt wäre, hierfür meinen Lohn zu empfangen und Ruhe zu finden, werde ich verhaftet, wie ein Verbrecher in Ketten gelegt und in sicherem Gewahrsam gehalten.

Man hat eine Anklage gegen mich erhoben, die teuflische Bosheit ist und sich auf die Aussage von Menschen stützt, die Rebellen waren und Indien in ihren Besitz zu bringen trachteten. Bobadilla und die anderen würden, hätte ich auf Hispaniola hundert Kirchen und hundert Spitäler erbaut, vor der Behauptung nicht zurückschrecken, ich hätte zweihundert Lasterhöhlen erbaut. Ja, es würde mich nicht wundern, wenn sie mich anklagten, ich hätte das Gold auf Hispaniola in Steine verwandelt, nur um der Krone zu schaden.

Ich habe diesem Unternehmen meine Jugend hingegeben. Anstatt des Lohnes Ketten, anstatt der Ehrungen, die mir gebühren würden, Ehrlosigkeit. Aber glaubt mir, daß man außerhalb Kastiliens meine Taten nicht verurteilen, sondern zu schätzen wissen wird. Überall scheint man zu wissen, daß ich Spanien zum reichsten aller Länder gemacht habe, nur in Spanien selber nicht.

Und glaubt mir, daß Gott in seiner Allmacht und Weisheit am Ende das Unrecht und die Undankbarkeit strafen wird. Ihm vertraue ich, denn ich wüßte nicht, wem ich sonst noch vertrauen könnte.

Geschickt versteht es Doña Juana, diesen Brief der Königin in die Hände zu spielen. Denn sie weiß, daß nur noch Isabella den Admiral vor dem Sturz in einen Abgrund retten kann, den Fonseca aufgebaut hat. Der König? Der König fühlt sich von Colón hintergangen: Hat Colón Cathai gefunden? Hat er die versprochenen Reichtümer nach Spanien geschickt? Er hat gefordert, gefordert, immer wieder gefordert, beladene Schiffe sind nach Indien gefahren, leere sind zurückgekehrt. Die Menschenfracht? Mit ihrem Erlös hat man den leeren Säckel nicht füllen können...

Auch Isabella ist wenig geneigt, dem Admiral noch einmal ihre Gunst zu schenken. Mag sein, daß er für Spaniens Krone eine neue Welt entdeckt hat, mag sein, daß durch ihn Spaniens Ruhm noch größer geworden ist – verwalten hat er diese Welt nicht können, er nicht, seine Brüder nicht. Vor allem jedoch: Er hat durch die Versklavung der Indianer Kastiliens blütenweiße Fahne befleckt. Das hat sogar Alexander VI. bemängelt, der sich sonst nur um seine Mätressen kümmert.

Und schließlich: Immer neue Nachrichten von der Größe, von der unermeßlichen Ausdehnung der südlichen Länder gelangen nach Spanien. Rodrigo de Bastidas hat den Golf von Darien entdeckt, Caspar Corte-Real Neufundland, Cabral Brasilien, Amerigo Vespucci ist bis zum Rio de la Plata gefahren und hat damit das Ende dieser unbekannten Welt noch immer nicht erreicht. Wer weiß, wie groß diese Welt ist? Für ewig soll Colón Vizekönig dieses gewaltigen Reiches sein? Für immer soll er den zehnten Teil des Gewinns aus dem Handel mit diesen Ländern erhalten? Das Recht soll ihm gewahrt bleiben, die Gouverneure in all diesen Ländern zu ernennen? Ein ewiger Anteil aus den neuen Einkünften soll ihm, seinen Brüdern und sogar seinen Erben gewährt werden? Der Vertrag... Er ist für ein paar Handelsniederlassungen geschlossen worden, doch nicht für einen ganzen Erdteil, den – das ist sicher – Colón selber zu finden nicht gehofft hat. Der Vertrag... Er wäre gültig, wenn Colón seine Versprechungen gehalten, Schiffe voll Gold nach Spanien geschickt hätte. Dieser Vertrag, einem lästigen Fußeisen gleich, er würde wieder gültig sein, wenn Colón in Freiheit gesetzt, in seine Ämter wiedereingesetzt und von allen Beschuldigungen reingewaschen würde.

Der Vertrag hat seine Gültigkeit verloren. Denn Colón sitzt im Gefängnis, wird vieler Verbrechen beschuldigt. Kann ein Vertrag mit einem Verbrecher gültig sein? Er kann es nicht sein. So muß der Angeklagte zeitlebens ein Angeklagter bleiben.

Die Hilfe kommt von einer Seite, wo sie keiner erwartet hat. Das Volk beginnt zu murren, die hohe Geistlichkeit ist unzufrieden. Diese Behandlung hat der Genuese nicht verdient. So darf man mit dem Entdecker einer neuen Welt nicht verfahren. Oder will man erreichen, daß Portugal Spanien noch mehr überflügelt? Nur einer kann Vasco da Gamas große Tat in den Schatten stellen: Cristóbal Colón, wenn er die Meerenge findet, die den Weg zum Indischen Ozean freigibt. All jene, die von Anbeginn und später Steine auf den Admiral geworfen haben, werfen sie nun auf die Königin. Und Fonseca sieht sich plötzlich einer geschlossenen Front von Feinden gegenüber, in der er manches Gesicht erblickt, das gestern noch das eines Freundes war.

Das Volk mag murren! Wen kümmert es, wenn der Adel ein unzufriedenes Gesicht zeigt? Auch die Geistlichkeit wird man zu beschwichtigen wissen. Aber da stellt sich plötzlich noch einer auf die Seite Colóns, einer, der ihm schon einmal helfend beigesprungen ist: Luis de Santangel. Er gibt zu bedenken, was die neuentdeckten Länder Portugal bringen: Edelsteine aus den Minen Hindostans, Perlen, Gold, Silber aus Calcutta, Elfenbein, Bernstein, Porzellan, Seide, Gummi, Gewürze, Edelhölzer aus dem Inneren des riesigen Landes. Auf halbem Wege stehenbleiben? Gewiß, zu verwalten, zu regieren hat Colón die

Länder Indiens nicht vermocht. Doch er hat sie entdeckt, er, nur er. Er wird auch den Weg entdecken, der zu den Reichtümern führt, die Marco Polo – daß der Venezianer kein Lügner war, hat Colón zur Genüge bewiesen! – so ausführlich beschrieben hat. Auf halbem Wege stehenbleiben? Das hieße alles verlieren und nichts ernten als eines Tages das Gelächter der ganzen Welt.

Nun beugen sich die Souveräne. Der Befehl wird erteilt, Colón sofort die Freiheit wiederzugeben. Dieser Entschluß fällt leichter, weil Santangel auch einen Weg durch den Engpaß gefunden hat, der den Souveränen so viele Sorgen bereitet. Der Weg ist nicht mehr als ein Satz: *Mit Untertanen geschlossene Verträge gelten für Könige nicht.*

Dieses Axiom gefällt Ferdinand so gut, daß er dem Boten, der nach Las Cuevas reiten wird, zweitausend Dukaten als Geschenk für den Admiral mitgibt. Nach elf Wochen Haft werden Colón die Ketten abgenommen. Er freut sich über die Gabe des Königs – die Gunst der Herrscher leuchtet ihm wieder. Das ahnt er noch nicht: daß diese zweitausend Dukaten eine Abfindung sind. Zweitausend Dukaten als Lohn für die Entdeckung eines Kontinents ...

Colón wird am Hofe empfangen, man schließt ihn in die Arme, man bedauert, daß so mit ihm verfahren wurde. Man sichert ihm die strenge Bestrafung Bobadillas und Roldáns zu. Doch man ist taub, wenn der Admiral von einer Rückkehr nach Hispaniola spricht, man ist auch taub, wenn er an seinen mit der Krone geschlossenen Vertrag erinnert, auf seine Rechte pocht und leise mahnt, daß man ihm die ihm zustehenden Einkünfte vorenthält. Woche um Woche vergeht, aus Wochen werden Monate. Andere erhalten Schiffe, Mannschaft, Proviant und folgen dem Ruf der Ferne, um sich aus der neuen, von Colón entdeckten Welt ein Stück herauszuschneiden.

Als Colón schließlich zu drängen beginnt, erinnert sich der König des Axioms. Er ernennt Nicolas de Ovando, den Kommandanten von Lares, zum Gouverneur und höchsten Richter der Inseln und des Festlandes von Indien. Ovando wird auf Hispaniola nach dem Rechten sehen und auch dafür sorgen, daß das Colón und seinen Brüdern widerfahrene Unrecht aus der Welt geschafft wird. Bobadilla und Roldán werden alles zurückgeben, was sie sich angeeignet haben. Besitzen sie das Eigentum der Colóns nicht mehr, haben sie es inzwischen veräußert, werden *sie* für den Schaden aufkommen. Auch für die Verluste, die sie durch ihre Verhaftung erlitten haben, werden die Colóns eine Entschädigung erhalten. Nicht von der Krone, sondern von jenen, die Unschuldige in den Kerker werfen ließen: von Bobadilla und Roldán.

Das ist endgültig. Mit dreißig Schiffen segelt Nicolas de Ovando am 13. Februar 1502 von Cadix ab, sein Amt anzutreten. Cristóbal Colón behält weiter die Würde eines Admirals des Weltmeeres, er bleibt weiter Vizekönig von Indien. Aber er darf den Boden Santo Domingos, das zur neuen Hauptstadt – nicht nur Hispaniolas, sondern ganz Indiens – bestimmt wird, nicht mehr betreten.

Wochen, Monate hindurch kämpft Colón gegen das ihm widerfahrene Unrecht, doch bleibt ihm jeder Erfolg versagt. Der König schickt ihn zu Fonseca, Fonseca schickt ihn zum König, und die Königin, schon wieder kränkelnd, empfängt ihn überhaupt nicht mehr. Schließlich muß er erkennen, daß ihm nichts geblieben ist außer der lockenden Ferne, dem Meer.

Eine neue Fahrt? Sie könnte seinem verblichenen Ruhm wieder zu neuem Glanz verhelfen, sie könnte die Krönung seiner Seefahrerlaufbahn sein. Eine neue Fahrt – doch wohin? Zwischen der Isla de Pinos und der Ostseite des Golfes von Darien, fernab vom Westen, abseits der Wege der anderen, der Festlandforscher, müßte, hat Marco Polo recht, ein großer, noch unentdeckter Golf liegen. Und hier, hier mußte sich auch die Meerenge befinden, die Durchfahrt, der kürzere Weg nach Indien. Vermochte er diesen Weg zu entdecken und rund um die Welt nach Spanien zurückzukehren, würde sein Ruhm unsterblich sein, würde er selbst Vasco da Gamas Tat in den Schatten stellen.

Da es ihm nicht mehr gelingt, zu Ferdinand selber vorzudringen, beginnt der Admiral Briefe zu schreiben, einen nach dem anderen: an den Papst, an die Königin, an Fonseca, an Santangel. Der Papst? Alexander VI. hat für Mätressen mehr als für Missionare übrig. Die Königin? Sie ist müde, wie ausgebrannt, krank. Fonseca kann den Namen Colón nicht mehr hören, geschweige denn seine Briefe lesen. Wieder findet Santangel den richtigen Weg: Man lasse den Genuesen doch fahren! Findet er die Meerenge – er wird sie finden! –, wird Spanien das mächtigste Land der Erde sein. Findet er sie nicht, besitzt man Grund genug, ihm den Rat zu geben, er möge seine Tage in einem Kloster beschließen. Vielleicht auch – auch das kann Gott gefallen – findet er die Meerenge und kehrt nicht mehr zurück.

So erhält Colón wieder Schiffe, Mannschaft, Geld, Proviant. Man rät ihm, bald zu fahren, und rät ihm noch mehr, sein Augenmerk auf Gold, Silber, Perlen und Gewürze zu lenken und nichts davon für sich zu behalten. Die Eingeborenen wieder zu Sklaven zu machen und auf der Fahrt Hispaniola zu berühren, verbietet man ihm.

Die lockende Ferne, das Meer... Obwohl man ihm nur vier kleine Schiffe und hundertfünfzig Mann zur Verfügung stellt, ist der Admiral schon wieder guten Mutes. Ovando wird sich selber zu Fall bringen, und er – er wird so viele Lorbeeren pflücken, daß den Herrschern nach seiner Rückkehr kein anderer Weg bleiben wird, als ihn in seine alten Rechte wiedereinzusetzen. Er nennt diese Fahrt, noch bevor er sie angetreten hat, *el alto viaje* – die hohe Reise. Wie kann er wissen, ahnen, daß nur Gefahren auf ihn warten, Gefahren, Kampf mit unerbittlichen Naturgewalten und Kampf mit entfesselten menschlichen Leidenschaften? Wie kann er ahnen, wissen, daß nach seiner Rückkehr nur *ein* Lohn auf ihn warten wird: der Tod?

Fünfter Teil

OPHIR

(Nach dem Bericht des Diego Mendez)

Wer Gold hat, vermag alles, was er in der Welt nur will. Er kann selbst die armen Seelen ins Paradies bringen.

*Aus einem Brief des
Columbus an die
Katholischen Könige vom
7. Juli 1503*

I

»Ihr wollt Hispaniola anlaufen?«

Colón nickte. »Die ›Santiago‹ macht mir Sorgen. Sie ist ein schlechter Segler und hemmt die Fahrt der anderen Schiffe. Ich will versuchen, sie einzutauschen oder von Ovando ein anderes Schiff zu kaufen.«

»Und wenn Ovando weiß, daß es Euch verboten ist, im Hafen von Santo Domingo zu ankern?«

»Er kann mir deshalb kein Verbrechen zur Last legen. Ein schlechtes Schiff haben heißt eine schlechte Flotte haben. Die ›Santiago‹ gefährdet das ganze Unternehmen, und daß mein Unternehmen gelingt, muß auch ihm am Herzen liegen.«

Ich blickte zur Küste hinüber, die rasch näherkam. Colón wagte viel. Er wagte zu viel. Und er schien das Spiel nicht zu durchschauen, das um ihn gespielt und mit ihm getrieben wurde. Ovando würde kein Schiff verkaufen, keines eintauschen. Denn nichts konnte ihm mehr am Herzen liegen, als daß Colóns neues Unternehmen mißlang.

Ich zögerte nicht und fragte: »Und wenn er von dem Verbot weiß und Euch in Ketten legen läßt?«

Ein verschleierter Blick traf mich. »Ihr denkt, daß das möglich wäre?«

Ich wandte mich um. Immer mehr Menschen liefen zum Strand hinunter. Winken, Rufe, lachende, finstere Gesichter. Freude und Betroffenheit.

»Sie glauben, daß Ihr zurückkommt, Colón«, sagte ich leise. »Und das bringt Euch in eine tödliche Gefahr.«

Der Admiral schien meine Worte gar nicht gehört zu haben. Seine Augen leuchteten. »Sie freuen sich, weil ich zurückkomme! Seht Ihr nicht, Mendez, wie sie sich freuen?«

Ich gab ihm keine Antwort und ging zur Reling vor. Er war ein alter Mann, ein halbes Jahrhundert war er alt. Sollte ich ihm sagen, daß er sofort Fehler auf Fehler häufte, kaum daß er das Meer verlassen hatte oder daran war, es zu verlassen?

Man schrieb den 29. Juni des Jahres 1502, als wir Hispaniola erreicht hatten. Niemand hinderte uns, die Insel anzulaufen. Ich dachte an den Fuchs, den auch niemand hindert, in die Falle zu gehen. Bald erfuhren wir, was aus Hispaniola inzwischen geschehen war: Ovando hatte die Spreu vom Weizen gesondert, und die Spreu – Bobadilla und Roldán gehörten dazu – würde in Kürze die Fahrt nach Spanien antreten. Deshalb, versicherte man uns, sei weder Bobadilla noch Roldán untröstlich. Die beiden hätten wahre Berge von Gold aufgehäuft und fühlten sich deshalb sicher. Gold für Vergehen – diesen Tausch würde der König nicht abschlagen.

Ein Bote, den Colón an Land geschickt hatte, kam mit finsterer Miene zurück. Ovando lehnte es ab, ein Schiff zu tauschen oder zu verkaufen. Nicht nur das: Er verbot dem Admiral, an Land zu gehen und den Hafen zu benützen. Der Mann, der Hispaniola entdeckt hatte, dessen Bruder den Hafen von Santo Domingo erbaut hatte, durfte die Tür nicht öffnen, die in sein eigenes Haus führte.

Ich sah, wie sehr diese Entscheidung den Admiral traf. Er fragte: »Und weshalb kann ich kein Schiff bekommen?«

»Die Flotte sticht in einer Stunde in See – Richtung Spanien.«

»Darf ich deshalb auch nicht im Hafen ankern?«

»Ovando erklärte, er sei um Eure Sicherheit besorgt. Ihr hättet hier viele Feinde, die Euch gefährlich werden könnten.«

Colón biß sich in die Lippen. »In einer Stunde werden die Schiffe in See stechen? Alle?«

»Alle neunzehn.«

»Dann« – der Admiral zögerte einen Augenblick – »kehrt zu Ovando zurück und warnt ihn. Es wird bald Sturm aufkommen.«

Erstaunt mengte ich mich ein. »Ihr wollt Ovando warnen, Colón? Dafür, daß er Euch den Hafen verwehrt, Euren Hafen?«

»Es befindet sich mein Eigentum auf einem dieser Schiffe, und außerdem« – der Admiral seufzte – »ist es meine Pflicht.

Denkt an die Menschen, die jämmerlich umkommen würden, sollten die Schiffe von dem Sturm auf hoher See überrascht werden. Sie haben mir den Hafen nicht verwehrt.«

Ich trat zur Reling und blickte auf das Meer hinaus. Sturm? Ein Sturm im Anzug? Die See war glatt, der Himmel blau und von keiner einzigen Wolke bedeckt. Mehr Robben und Delphine als sonst waren an die Oberfläche gekommen – das war alles. Ich glaubte nicht an diesen Sturm.

Auch Ovando glaubte nicht daran. Der Bote erntete nichts als Geringschätzung und Hohn. »Cristóbal Colón, der Wahrsager und Prophet!« »Cristóbal Colón, der nur einen Finger ins Wasser zu tauchen braucht, um zu wissen, wie das Wetter werden wird!« »Wenn Colón die Gicht zu zwicken beginnt, beginnt der Himmel zu weinen – vor lauter Mitleid mit ihm.« Später dann behaupteten sie – die Überlebenden –, Colón steht mit dem Teufel im Bunde und habe den Hurrikan heraufbeschworen, um sich zu rächen.

Wir sahen, wie die Flotte auslief. Schon eine Stunde später wurde der Himmel bleigrau und bedeckte sich immer dichter mit Zirruswolken. Eine ölige Dünung rollte vom Südwesten heran, die Wasseroberfläche begann sich zu kräuseln. Immer mehr Robben und Delphine zeigten sich, die Hitze wurde beklemmend. Als die Sonne sank, eine seltsame, verzerrte, karmesinrote Sonne, konnte ich mich des Gefühls nicht erwehren, der Weltuntergang stünde bevor.

Der Admiral hatte den Befehl gegeben, die Schiffe nahe der Küste zu halten. Als wir endlich einen Ankerplatz in der Nähe eines Flusses gefunden hatten – gerade noch zur rechten Zeit –, brach der Sturm los. Der Sturm? Es war ein Orkan. Ein Orkan? Es war, als würde die Welt auseinandergerissen, als fiele der Himmel auf uns, als spaltete sich das Meer, uns zu verschlingen.

Und die Wut des Hurrikans – des ersten, den ich erlebte – nahm nur noch zu. Später erfuhr ich, daß nur das Ankertau der »Capitana« gehalten hatte. Die anderen Schiffe wurden von schrecklichen Sturmstößen, die wie Peitschenhiebe von den Bergen Hispaniolas niedersausten, auf die wildschäumende See hinausgetrieben. In stockfinsterer Nacht, im Toben des Orkans, begann jede Karavelle verbissen um ihr Leben zu kämpfen und glaubte, die Bruderschiffe seien verloren. Der Admiral verbrachte die Nacht damit, abwechselnd zu Gott zu beten und Ovando zu verfluchen.

Ein bleicher Morgen. Wir hatten vereinbart, uns in einem kleinen, ganz von Land umschlossenen Hafen wieder zu sammeln, falls wir durch den Orkan getrennt werden sollten. Die »Santiago«, auf der ich mich befand, erreichte ihn zuerst. Banges Warten. Doch das Wunder geschah. Zerzaust, beschädigt, aber doch nicht gesunken, krochen die anderen Schiffe in ihren Zufluchtsort. Als alle Anker geworfen hatten, stieg ein Salve Regina zu einem Himmel auf, der schon wieder strahlend blau und wolkenlos war.

Bald genug erfuhren wir das Schicksal der Flotte Ovandos:

Kaum hatte sie die Ostspitze Hispaniolas erreicht, als der Sturm mir furchtbarer Gewalt über sie hereinbrach. Im Nu waren die Schiffe auseinandergetrieben, und dann erfüllte sich ihr Schicksal. Ein Teil, in die Längsbahn des Orkans geraten, scheiterte auf See, die anderen wurden gegen das Ufer geschleudert und zertrümmert. Mit Mann und Maus sanken sie, fünfhundert Mann ließen ihr Leben. Ein einziges Schiff entkam dem Verderben. Auf ihm befand sich das Eigentum des Admirals und seiner Brüder. Viel später erfuhr ich, daß es sogar Spanien erreichte.

Bobadilla, Roldán, das Gold – nun lagen sie auf dem Grunde des Meeres. Gott hatte jäh und furchtbar zugeschlagen. Colón sprach von einem Wunder. Damit meinte er unsere Errettung. Ich dachte daran, daß es auch ein Wunder war, wie die Feinde des Admirals vor seinen Augen vernichtet worden waren. Das Gold, auf das sie so fest gebaut hatten, half ihnen nun nicht mehr. Der Tod war unbestechlich wie immer gewesen.

II

Den Aufenthalt in diesem Hafen verwehrte uns Ovando nicht. Vielleicht hatte er erkannt, daß Gott nicht auf seiner Seite stand. Die Schiffe wurden ausgebessert, die Mannschaft erholte sich von dieser einen Nacht, in der wir alle dem Tode schon näher als dem Leben gewesen waren. Ein Boot wurde rasch gezimmert, da die »Gallega« das ihre verloren hatte. Schon nach acht Tagen konnten wir die Flotte wieder dem Ozean anvertrauen.

Ich bereute es nicht, daß ich mich freiwillig zu dieser Fahrt gemeldet hatte. Ein Tag nach dem anderen enthüllte uns neue Wunder: ein Meer, dessen Bläue mit der des Himmels wetteiferte; seltsame Fische, die Kühen ähnelten – einen erlegten wir – und Säugetiere waren; kleine, sandige, unbewohnte Inseln, auf denen oft nur eine einzige einsame Palme stand. Nach sechzehn Tagen Fahrt kam dann ein großes Eiland vor unserem Bug auf, mit hohen Fichten bewachsen. Der Admiral taufte es deshalb – später hörten wir, daß es die Eingeborenen Guanaga nannten – Isla de Pinos*. Hier gingen wir an Land.

Der Admiral selbst hatte mir vom Verlauf seiner früheren Fahrten erzählt, von seinen Enttäuschungen, von den einfachen braunen Menschen, denen er begegnet war. So war auch ich überrascht, als sich auf dem Fluß plötzlich ein Fahrzeug zeigte, groß wie eine Galeere, aus einem einzigen Baumstamm gezimmert und den Booten nur zu ähnlich, wie sie in Venedig gang und gäbe sind. Fünfundzwanzig Indianer ruderten es. Näher und näher kam diese Riesenbarke, und dann sahen wir auch ihre Fracht: einen jungen Indianer, um den zwölf Frauen einen Kreis bildeten, und wahre Berge von Früchten, Waren und Waffen.

Die Indianer zeigten keine Furcht. Die Barke legte an, und bald war ein reger Tauschhandel im Gange. Ich sah, wie Colóns

---

* Das heutige Bonacca.

Augen leuchteten, und ich ahnte auch den Grund seiner freudigen Erregung: Zum ersten Mal war er in Indien auf Menschen gestoßen, die einer höher entwickelten Rasse angehörten und ohne Zweifel in einem der Länder lebten, die Marco Polo beschrieben hatte. Wir sahen kupferne Äxte und Glocken, Gefäße aus Marmor und hartem Holz, Tücher und Mäntel aus Baumwolle, gefärbte Hemden ohne Ärmel, Krüge, in denen sich ein schäumendes Getränk befand, und zum ersten Mal in diesen Breitengraden – Geld. Es waren seltsame Münzen, weder aus Gold noch aus Silber, sondern braun und unscheinbar, Nüssen ähnlich. Die Indianer nannten sie *cacauatl** und behaupteten, man könne sie auch essen. Die größte Überraschung jedoch: Sowohl die Männer als auch die Frauen waren bekleidet, die Männer mit baumwollenen, um die Hüften geschlungenen Tüchern, die Frauen mit langen wallenden Mänteln, mit denen sie auch – wie die Mohrinnen in Granada – sofort ihr Gesicht verhüllten, wenn einer von uns sie allzu freundlich anblickte.

Colón selbst, die Dolmetscher, wir alle versuchten, von den Indianern zu erfahren, woher sie kämen. Sie zeigten nach Westen und gaben uns zu verstehen, daß sie in wohlhabenden, fruchtbaren Ländern zu Hause seien, in einer Stadt, die mehr als zehntausend Menschen beherberge. Dorthin luden sie uns ein. Doch Colón lehnte ab. Er wollte die Meerenge suchen und hatte außerdem von den Indianern erfahren, daß im Osten viel Gold zu finden sei. Das Gold lockte ihn immer noch. Um es sicher finden zu können, nahm er den Steuermann der Barke, einen alten Mann namens Jumbe, mit.

Heute, nach so vielen Jahren, da ich meine Erinnerungen niederschreibe, denke ich daran, was wohl geworden wäre, hätte der Admiral die Einladung der Indianer angenommen. Ob wir an der Küste Yucatans gelandet wären und Mexiko entdeckt hätten, lange vor Hernando Cortez? Ob wir nach Guate-

---

* Die Kakaobohnen wurden von den Eingeborenen nicht nur als Nahrungs-, sondern auch als Zahlungsmittel verwendet.

mala gekommen wären? Ob wir das Südmeer gesehen hätten? Wer kann das sagen? Colón suchte die Durchfahrt zu den Gewürzinseln und reichen Ländern Indiens und fand – die Hölle.

Wir segelten südwärts und erblickten nach dreißig Meilen Fahrt ein Vorgebirge, das über und über mit fruchttragenden Bäumen bedeckt war. An einem Sonntag – es war der 14. August – landeten wir und hörten eine Messe, die am Strande zelebriert wurde. Der Himmel war die Kuppel unserer Kirche und ein auf zwei leeren Weinfässern liegendes Brett der Altar. Noch während wir sangen, kamen Indianer hinzu. Auch sie waren bekleidet, doch häßlicher als die Bewohner Guanagas. In den durchbohrten Ohrläppchen steckten große hölzerne Pflöcke. Deshalb erhielt diese Küste von uns den Namen »La Costa de la Oreja«, die Küste des Ohrs. Hier hatten wir ein seltsames, ein unheimliches Erlebnis.

Als wir nach Einbruch der Dunkelheit auf die Schiffe zurückkehren wollten, verstellten uns die Indianer den Weg. Zugleich leuchteten am Rande des Urwalds Fackeln auf. Ein Überfall? Wir brauchten die Schwerter nicht zu zücken. Wir sollten bleiben, bedeutete man uns, wir würden ein großartiges Schauspiel zu sehen bekommen.

Die Fackeln kamen näher. Voran schritten fünf Indianer, deren Gesichter grellrot, deren Leiber schwarz bemalt waren. Knapp vor uns blieben sie stehen, unbeweglich, als wären sie plötzlich zu Stein geworden. Mein Mißtrauen erwachte. Planten sie doch einen Überfall? Aber ohne Waffen...? Während ich noch überlegte, kam aus dem Urwald das schwache Klingen einer Glocke, das einer zweiten, einer dritten. Ohne Zweifel waren es die Glocken, mit denen wir die Indianer beschenkt hatten. Musik? Es klang fast wie Musik, wie eine eintönige, stets auf- und abschwellende Melodie, wie – ich mußte nachdenken, bis ich ihren Sinn erfaßte –, wie ein Locken.

Und nun begannen die fünf Indianer zu tanzen, langsam, schnell, immer schneller, am Ende so rasend schnell, daß ich im gespenstischen Schein der Fackel bald nur noch einen einzigen

Knäuel aneinandergedrängter Leiber, einen schwarzen Koloß sah, der zehn Arme und zehn Beine besaß. Das Trommeln der nackten Füße auf dem Boden, verzerrte Gesichter, weiße Augäpfel – ich glaubte, einen wüsten Traum zu erleben. Auch die Glöckchen bimmelten immer schneller, immer schriller, immer wilder, immer erregender. Und dann, dann – dann verstand ich auch das: Indianerinnen hielten die Glöckchen in Händen, Frauen, die hinter der grünen Wand des Urwalds standen, lockten... Sicher trugen auch sie jetzt keine wallenden Gewänder mehr.

Einer der Tänzer brach zusammen, ein zweiter schleppte sich, auf allen vieren kriechend, fort. Die anderen besaßen noch die Kraft, in den Urwald zu stürmen. Und sie, sie waren wie ein Magnet. Rasch löste sich der Halbkreis der Zuschauer auf, auch sie verschluckte der Busch.

Das war es nicht, was mich erschreckte. Doch ich mußte sehen, wie einer der Matrosen den Fuß vorsetzte, zurückzog und dann, als wäre er gar nicht Herr seines Willens, als hätte er ein Seil um den Leib und würde gezogen, auf die grüne, nun im tiefen Dunkel liegende Wand zutaumelte. Ein zweiter, ein dritter, dann – alle. Der Admiral, der Adelantado, Francisco de Porras, Diego Tristan, Pedro de Terreros, Bartolomeo Fieschi – vor einem Augenblick noch waren wir hundertfünfzig gewesen.

Entsetzt starrte ich den neben mir stehenden Adelantado an. »Soll ich versuchen, sie zur Rückkehr zu bewegen?« flüsterte ich.

»Das könnte keiner.«

»Und wenn sie überfallen werden?«

»Ich glaube, sie würden sich nicht einmal wehren –«

»Ein Zauber –«

Bartolomé Colón lachte grob auf. »Kein Zauber, Mendez. Wo die Sonne heißer und die Erde fruchtbarer ist... Versteht Ihr denn nicht?«

Ich sah, daß sich der Admiral jäh umwandte und zum Strand hinabschritt. Ich folgte ihm rasch mit den anderen. Fast war es so, als hätten wir es alle nur deshalb so eilig, um selber der Lockung zu entfliehen, die hinter der grünen Mauer, obwohl so weit von uns entfernt, beinahe greifbar war.

Zugleich mit der Küste des Ohrs hatte uns der blaue Himmel Lebewohl gesagt. Regen, Stürme, Gewitter, Strömungen, die uns von der Küste weg ins Meer hinaustrieben, wurden nun unsere ständigen Begleiter. Dazu begann uns eine drückende, feuchte Hitze zu quälen, die den Schweiß in wahren Bächen aus den Poren trieb und die Kehle und den Körper ausdörrte. Die Schiffe leckten bald, Segel und Takelwerk rissen entzwei, die Vorräte verfaulten. Eine tiefe Mutlosigkeit bemächtigte sich unser aller.

Vierzig Tage dauerte diese Qual. Kaltes Frühstück, Durst, nasse Kleider, als Nahrung verschimmeltes Brot und ein Stück Salzfleisch, ständig niederrauschender Regen, Gewitterböen, Wasserschöpfen, Angst, da kein Schiff das andere sehen konnte. Vierzig Tage wurden wir von den aus den nahen Mangrovensümpfen anschwirrenden Stechfliegen gemartert, alle schon zu kraftlos, sie zu verscheuchen. Vierzig Tage gegen den Wind, vierzig Tage Regen! Vierzig Tage lang schon halb verschlungen von der über den Schiffen sich brechenden See, halbtot durch das ständige Einholen der Leinen und das unablässige Pumpen...

Vierzig Tage, in denen wir siebzig Seemeilen zurücklegten! Hohläugig, verzweifelt, von der Gicht und anderen Krankheiten geplagt, erreichten wir schließlich ein Vorgebirge, wo die Küste, einen Winkel bildend, gerade nach Süden lief. Kaum hatten wir es umsegelt, waren wir auch schon in eine andere Welt eingedrungen. Ein blauer Himmel lachte uns entgegen, ein frischer Wind ließ die Segel knattern, und das Land, das vor uns lag, schien das Paradies selber zu sein. Wenn der Admiral je einem der von ihm entdeckten Vorgebirge einen zutreffenden Namen gab, so wählte er ihn diesmal. Er nannte das Kap, hinter dem wir qualvolle vierzig Tage zurückgelassen hatten, Gracias à Dios.

Einmal schroffe Vorgebirge, ins Meer hinauslaufende kahle, sandige Spitzen, dann wieder schwellende Fruchtbarkeit und Strom neben Strom. Schilfrohre, oft von der Dicke eines Mannesschenkels. Fische und Schildkröten im Überfluß, Alligatoren, die sich träg auf Schlammbänken sonnten. Am 16. September gingen wir in der Nähe eines Flusses vor Anker, um Vorräte und Trinkwasser zu holen. Als die Boote zu den Schiffen zurückkehrten, wurden sie plötzlich von einer starken Strömung erfaßt und kenterten. Vierzehn Mann ertranken. Wir nannten den Fluß El Rio del Desastro*. Das Paradies? Es hatte uns fremden Eindringlingen zum ersten Mal die Zähne gezeigt. Was auf uns wartete, ahnten wir noch nicht.

Am 25. September ankerten wir zwischen einer kleinen Insel und dem Festland und betraten eine von Palmen, Kokosbäumen und Bananensträuchern dichtbestandene Bucht, die von den Indianern so wie das ganze Land *cariai* genannt wurde**. Kaum waren die Bewohner unser ansichtig geworden, sammelten sie sich auch schon und nahmen eine drohende Haltung ein. Wir bekamen Pfeile, Bogen, Speere aus Palmrippen, deren Spitzen aus Fischknochen verfertigt waren, und riesige Keulen zu sehen. Geschwächt, wie wir alle waren, konnten wir einen Kampf nicht wagen. Mindestens fünftausend bewaffnete Indianer standen uns gegenüber. So zogen wir uns rasch auf die Schiffe zurück und stellten Wachen auf, da uns nicht entgangen war, daß die Indianer Hunderte von Canoes besaßen.

Bald zeigte es sich, daß Furcht und Mißtrauen auf *beiden* Seiten lagen. Wir fürchteten die Übermacht, die Indianer hatten Angst vor den seltsamen Wesen, deren Bärte und weiße Haut sie erschreckten. Kämpfen wollten wir nicht, Kampf lag auch den Rothäuten fern. Sie machten den Anfang: Ein Canoe kam auf die »Capitana« zu, in dem ein alter Mann und zwei nackte Mädchen saßen, die Goldketten in den Händen hielten.

---

* Fluß des Unglücks.
** Das heutige Puerto Linón in Costarica.

Ohne erst zu fragen, kletterten die Mädchen, gewandt wie Katzen, an Bord.

Rasch verstanden wir, was dieser Besuch zu bedeuten hatte: Man bot uns Jungfrauen und Gold für den Frieden an. Das Gold war kein Gold, sondern nur *guanin*, eine Mischung aus Gold, Silber und Kupfer. Wir nahmen die Geschenke nicht an. Der Admiral schenkte den Mädchen – sie mochten etwa zehn Jahre alt sein – Kleider und schickte sie in das Boot zurück. Er ahnte wie wir alle nicht, daß er damit den Indianern eine tödliche Beleidigung zugefügt hatte.

Sie griffen uns nicht an, aber die Kunde, daß wir bösartige, gefährliche Wesen seien, lief uns voraus. Sie lief schneller als unsere Schiffe. Und mit ihr lief uns viel Gold davon.

Insel um Insel, durch Kanäle getrennt, die oft so schmal waren, daß überhängende Zweige das Stangen- und Takelwerk streiften. Aber sie waren frei von Riffen und Felsen, so daß wir sie passieren konnte, als führen wir durch die Kanäle Venedigs. Immer wenn wir an Land gingen, nahmen die Indianer zuerst eine drohende Haltung ein, um dann, wenn wir auf sie zuschritten, doch Fersengeld zu geben. In einer Bai, die wir Puerto del Almirante nannten, gelang es uns, zwei Eingeborene gefangenzunehmen. Sie waren nackt, wie Gott sie erschaffen hatte, wenn man von zwei großen Adlern absah, die an dünnen Ketten von ihrem Hals herabbaumelten.

Die Indianer ließen wir laufen, die Adler nahmen wir mit. Sie waren nicht aus *guanin*, sie waren aus purem Gold und mehr als zehn Dukaten wert. Als wir eine Stunde später auf eine größere Insel stießen, gingen wir abermals an Land. Wo zwei Adler waren, mußten viele sein. Diesmal jedoch liefen die Indianer nicht davon.

Ehe wir uns dessen versahen, war die Flotte von Hunderten von Canoes eingekreist. Während wir, die an Land Gegangenen, uns eines wütenden Angriffs erwehren mußten, kämpften die auf den Schiffen Zurückgebliebenen schon mit den an Bord gekletterten Indianern. Ein Kampf Mann gegen Mann entspann sich. Mit ihren Palmenholzschwertern hieben die Wilden auf uns ein, mit ihren Lanzen versuchten sie, unsere Kehle zu treffen. Ein Hagel von Pfeilen prasselte auf uns nieder, während aus den Wäldern das dumpfe Dröhnen der Trommeln und das schrille Tuten der Muschelhörner kam.

Der Adelantado war an Bord seines Schiffen geblieben, und er war es, der uns rettete. Das Krachen einer Bombarde... Im nächsten Augenblick waren wir allein. Ihre Waffen zurücklassend, schrille Schreie des Entsetzens ausstoßend, stürzten die Indianer davon. Zehn Tote ließen sie zurück. Auch bei ihnen fanden wir Adler und Halsketten aus purem Gold.

Auf den Schiffen gab es nur zitternde Gefangene, die nun zahm wie Lämmer waren. Auch sie beraubten wir ihrer goldenen Adler. Drei der Gefangenen nahmen wir mit, die anderen schickten wir zur Küste zurück. Unsere Toten begruben wir später – auf einer unbewohnten Insel. Es waren drei. Und alle drei waren Opfer von Pfeilen geworden, deren Spitze ohne Zweifel mit Gift bestrichen war.

Wo immer wir an Land gingen, empfingen uns Pfeile, Feinde, das dumpfe Dröhnen der Holztrommeln. Scharmützel, Gefechte, Schlachten. Als die Mannschaft zu murren begann, betraten wir festen Boden nur noch, wenn die Vorräte und das Trinkwasser zu Ende gegangen waren. Gold, das nur durch Kampf gewonnen werden konnte, lockte nicht, obwohl wir auf einer Insel neun große Goldplatten von nahezu unermeßlichem Wert gefunden hatten.

Allmählich lernten wir es, Jumbes Sprache zu verstehen. Er erzählte uns, seine Worte mit weitausholenden Gesten untermalend, von einem Reich im Innern des Landes, das Quiriquiamba* hieß. Dort waren die Menschen nicht nackt, sie trugen mit Gold und Perlen bestickte Gewänder, Armbänder,

---

* Es kann sein, daß Jumbe, der als Juan Perez in die Geschichte eingegangen ist, von Peru sprach.

Fußspangen, Kronen aus Gold und seltsame rote Ketten um den Hals. Quiriquiamba – das war das größte, das reichste Land der Welt: Es besaß Seehäfen, riesige Schiffe, die auf einem breiten, ins Meer mündenden Strom segelten, und – jeder Krieger hatte sein eigenes Pferd. Quiriquiamba – das war das Land eines unermeßlichen Wohlstandes. Aber eine wohlausgerüstete Armee verteidigte das Reich aller Reiche: von unübersteigbaren Mauern umgebene Städte, in denen die Dächer aus Gold und die Brücken aus Marmor waren. Dieses Land erobern, diese wilden Krieger besiegen? Das würde auch unsere Kraft übersteigen...

Colón selber zeigte Jumbe eine Korallenkette. »Das tragen sie um den Hals?«

Jumbe nickte eifrig. »Genau solche Ketten. Als einmal ein Bote aus Quiriquiamba zu uns kam, sah ich seinen Halsschmuck.«

»Der Bote war lange unterwegs?«

»Zehn Tage brauchte er bis zu uns und zehn Tage wieder zurück.«

»Er sprach eure Sprache?«

»Eine andere.«

Ich sah, wie die Erregung den Admiral gepackt hatte. »Weißt du den Namen des Herrschers dieses Volkes?«

Jumbe schüttelte den Kopf. »Er besitzt keinen Namen – dieser Herrscher aller Herrscher.«

»Und der Weg zu ihm?«

Jumbe zeigte, ohne zu zögern, nach Südost. »Dort ist der Weg.«

»Landeinwärts?«

»Der Weg führt mitten durch das Land – zu einem anderen Meer.«

»Und man kann ihn mit einem Schiff zurücklegen?« Das schrie der Admiral fast.

Wieder ein Kopfschütteln. »Der Weg führt über hohe Berge, durch dichten Wald. Keiner kann ihn gehen, der ihn nicht kennt.«

»Das Meer schneidet das Land in zwei Hälften –«
»Ja, in zwei Hälften«, sagte Jumbe.
Colón lachte laut und wild auf, dann schloß er die Augen. Er vergaß uns und sprach nur noch mit sich selbst:
»Ciamba hat Marco Polo das Land genannt... Quiriquiamba? Quiriquiamba kann nur Ciamba sein... Der Herrscher der Herrscher – der Groß-Khan. Der breite, ins Meer mündende Fluß – der Ganges. Goldbedachte Häuser, Brücken aus Marmor... Cathai... Zehn Tage bis Cathai...«
»Zu Fuß«, sagte ich. »Durch den Urwald.«
Colón zuckte zusammen. Er kehrte aus einer anderen Welt zurück.
»Ihr vergeßt die wilden Krieger des Groß-Khans, Mendez«, flüsterte er. »Aber ich werde wiederkommen – mit einem Heer...«

III

Wir fuhren weiter nach Südosten, immer nach Südosten, einen fruchtbaren Landstrich entlang, den die Eingeborenen Veragua nannten. Dichte Wälder mit kirchturmhohen Bäumen wechselten mit Palmenhainen und Maisfeldern ab, kleine Ansammlungen von Hütten mit großen Dörfern. Weiter grüßten uns drohend geschwungene Speere, wenn wir uns der Küste näherten, manchmal stiegen die Indianer sogar in ihre Canoes und versuchten, die Schiffe anzugreifen.

Kurs Südosten, der Meerenge zu, dem Kanal, der die zwei großen Meere miteinander verband! Colón bezweifelte nicht, daß er den Durchgang finden würde. Jumbe hatte die Wahrheit gesagt und auch nicht die Wahrheit. Er wußte von dem Weg zum Indischen Ozean, was er nicht wußte, war: daß es nicht nur einen Weg über das Gebirge, durch den Urwald gab.

Am 2. November erreichten wir eine geräumige Bucht, die der Admiral Puerto Bello nannte. Hier stießen wir – es war wie ein Wunder – auf Eingeborene, die vor uns weder davonliefen noch sofort zu den Waffen griffen. Sie brachten uns Früchte, Brot, Baumwolle und kleine Goldplättchen – einen Schmuck, den sie in der Nase trugen – und waren dankbar, als wir sie mit Glasperlen beschenkten. Sieben Tage blieben wir hier, nicht nur, um endlich nicht mehr neben der Waffe schlafen zu müssen. Es hatte zu regnen begonnen, und es regnete Tag und Nacht. Eine Sintflut stürzte von einem bleigrauen Himmel, Wolken, zum Greifen nahe, jagten einander, und über den Wäldern lag ein häßlicher weißer Dunst, der immer, wenn es dunkel geworden war, zu wandern begann und sich wie ein riesiges Leichentuch auf die Hütten legte, in denen wir, vor Kälte zitternd, schliefen.

Blauer Himmel? Wir konnten kaum noch glauben, daß es einen blauen Himmel gab, und begannen zu fürchten, daß wir für ewig hier festgehalten würden. Gerüchte entkeimten dem sumpfigen, von Nässe geschwängerten Boden, Mutmaßungen überreizter Gehirne: Ein böser Zauber hielt uns hier fest; wir waren in eine Region geraten, in der nie die Sonne schien; die Heere des Groß-Khans befanden sich schon im Anmarsch, um uns alle gefangenzunehmen und auf Sklavenmärkte im Innern des Landes zu verschleppen; sollten wir weiter nach Südosten fahren, würden wir nicht auf eine Meerenge stoßen, sondern auf furchtbare Strömungen, die alle Schiffe in die Tiefe zogen.

Am 9. November 1502 – noch immer hielt der Himmel seine Schleusen geöffnet – gab Colón den Befehl zur Weiterfahrt. Ich wartete darauf, daß die Mannschaft meutern würde. Finstere, verschlossene Gesichter, Flüche und sogar Drohungen ließen das Ärgste befürchten. Wir fuhren dann doch weiter nach Südosten. Vielleicht war die Mannschaft zu müde, die Hand gegen uns zu erheben, vielleicht hatten sich die meisten schon in ihr Schicksal – den baldigen Tod – ergeben.

Acht Meilen kamen wir vorwärts, dann mußten wir, von Regenböen, immer heftiger werdenden Winden und einer widrigen Strömung gezwungen, neuerdings nach einem Ankerplatz suchen. In der Nähe dreier kleiner Inseln fanden wir schließlich eine Bucht, die einen schmalen, mit Kornfeldern bebauten Küstenstreifen abschloß. Als wir uns dem Ufer näherten, dachten wir wohl alle das gleiche: »An Nahrung wird es uns hier nicht mangeln.« Und alle, alle ohne Ausnahme flehten wir den Himmel an, er möge uns hier einen Kampf mit den Indianern ersparen. Wir waren müde, wie ausgelaugt, und der Regen hatte uns allen Mut genommen.

Der Admiral gab dem Hafen den Namen Puerto de Bastimentos* und befahl, kaum daß wir festen Boden unter den Füßen hatten, die Ausbesserung der Schiffe. Ich verstand, weshalb er es damit so eilig hatte. Nichtstun hätte das Ende bedeutet.

Der Vorrat des Himmels an Wasser schien unerschöpflich zu sein, und wir mußten, als wir die Schiffe ausbesserten, erkennen, daß nicht nur wir selber am Ende unserer Kräfte waren. Die Karavellen standen vor dem Zerfall: Holzwürmer, groß und dick wie der Finger eines Mannes, hatten die dicksten Balken und Bohlen durchbohrt und morsch und brüchig gemacht. Am ärgsten war die »Vizcaina« mitgenommen. Ihre Planken glichen einem Sieb, und es war ein Wunder, daß sie nicht schon längst auf dem Meeresgrund lag.

Dennoch gab der Admiral den Kampf nicht auf. Wieder kämpften wir gegen widrige Winde, widrige Strömungen, gegen den Ozean und den Himmel an. Wieder wurden wir zurückgeschlagen. Wir versuchten, eine Festung zu erstürmen, die uneinnehmbar zu sein schien, und unsere Hoffnung auf einen Sieg wurde fortgeschwemmt, ging unter in dem strömenden Regen.

Auf den Schlammbänken, die dem Hafen vorgelagert waren, der uns diesmal aufnahm, lagen Hunderte von Krokodilen. Sie griffen nicht an, wenn man sich ihnen näherte, und blinzelten

---

* Hafen der Vorräte.

nur träge, wenn eine Flinte auf sie abgefeuert wurde. Daß sie ein neuer Feind waren, erfuhren wir nur zu bald. In der zweiten Nacht, die wir in notdürftig zusammengezimmerten Hütten an Land verbrachten, rissen uns plötzlich gellende Schreie aus dem Schlaf. Ich war einer der ersten, der ins Freie stürzte, und sah gerade noch, wie einer der Alligatoren einen Mann, der nun nicht mehr schrie, mit sich fortschleppte, zu den Schlammbänken hinaus. Ich stürzte hinterher und prallte zurück – wie die anderen, die sich zu mir gesellt hatten. Überall glühten uns aus der Dunkelheit kleine Lichter entgegen, unbewegliche Lichter, Hunderte. Ein riesiger Halbkreis versperrte uns den Weg zum Meer, zu unserem Gefährten, der wohl längst in Stücke gerissen worden war.

Von Grauen erfaßt, flüchteten wir in die Hütten und warteten, ob es die Bestien wagen würden, uns auch hier anzugreifen. Blickten wir in die Dunkelheit hinaus, sahen wir, daß der Halbkreis immer näher kam und sich allmählich in einen Kreis verwandelte. Der Feind schloß uns ein ...

Ich teilte die Hütte mit dem Adelantado. »Alles stellt sich gegen uns«, sagte ich seufzend. »Die Meerenge, die wir suchen, besitzt mächtige Bundesgenossen. Sogar die Tiere kämpfen auf ihrer Seite.«

Er warf mit einen spöttischen Blick zu. »Auf der Seite eines Hirngespinsts ...«

Ich fragte überrascht: »Ihr bezweifelt, daß es die Meerenge gibt?«

Ein Achselzucken. »Ob es sie nun gibt oder nicht, Mendez – was würde es nützen, wenn wir sie fänden?«

»Der Weg nach Indien –«

»Mit zerfallenden Schiffen, mit einer Mannschaft, die vor Angst sterben wird, sollte sie vom Meer verschont bleiben?«

»Der Ruhm, sie gefunden zu haben –«

»Andere würden dort ernten, wo mein Bruder gesät hat«, fiel er mir wieder ins Wort.

Ich stand auf und blickte durch eine Ritze der lose aneinandergefügten Balken in die Dunkelheit hinaus. Der Kreis war kleiner, enger geworden. Die Zeit verging immer langsamer. Ob wir den Morgen erleben würden?

»Der Admiral *muß* die Meerenge finden«, sagte ich, als ich mich umwandte.

»Unserer Feinde wegen?«

»Es ist die letzte Gelegenheit für ihn, eine Sechs zu würfeln.«

Bartolomé schüttelte den Kopf. »Es gibt noch zwei andere Wege«, sagte er. »Der eine: Gold. In Veragua gibt es Gold genug.«

»Gold, nicht weniger gefährlich als die Bestien, die uns belagern. Und der zweite Weg?«

»Bleiben.«

Ich zuckte zusammen. »*Hier* bleiben?«

»Hier. Irgendwo.«

»Auch wenn wir heimkehren könnten?«

»Auch dann. Hier gibt es keinen König, keinen Fonseca, keine Inquisition.«

»Das würden sie nie wagen«, fuhr ich auf.

Er lachte grob auf. »Wißt Ihr, was mein Bruder vor Antritt der ersten Fahrt versprochen hat? Schiffe voll Gold, Schiffe voll Perlen, Schiffe voll Spezereien. Was hat er gebracht? Wißt Ihr, was er vor Antritt der zweiten Fahrt versprach? Länder, die von Gold und Edelsteinen überfließen. Was hat er gefunden? Vor Antritt der dritten Fahrt hat er gelobt, das Festland, das reiche Indien zu entdecken. Ophir? Welche Früchte hat Ophir getragen? Das Festland? Auch das Festland fand Cristoforo nicht. Der Westweg? Kann man mit dem Westweg leere Kassen füllen? ›Euer Dank muß Gold heißen.‹ Das waren die Worte Ferdinands. Bezweifelt Ihr, daß der christlichste aller Könige die Schlinge zuziehen wird, die schon um den Hals meines Bruders liegt, wenn wir wieder ohne Gold heimkehren? Die Meerenge? *Welchen* Weg Spanien zu den Reichtümern Indiens nimmt – kommt es darauf an? Nur auf die vollen Bäuche der Schiffe, nur auf sie kommt es an. Der ewig hungrige Moloch Spanien nährt sich nicht nur von Menschenfleisch, sondern auch mit Gold.«

Ich trat wieder zu der hölzernen Wand und spähte in die Dunkelheit hinaus. Die Lichter waren noch immer da. Der ewig hungrige Moloch Spanien... Glich er den Bestien, die da draußen auf uns lauerten? Als ich mich umwandte, sagte Bartolomé Colón, ein böses Lächeln auf den Lippen:

»Gold gedeiht nur auf dem Boden des Unrechts. Gold ist Gift. Und deshalb wird Spanien eines Tages daran verenden.«

Puerto del Retrete* hatte der Admiral den Hafen genannt. Tatsächlich war die zu beiden Seiten von hohen Felsen, Sand- und Schlammbänken umgebene Bucht so klein, daß die Schiffe kaum darin Platz fanden. Sofort als der Morgen angebrochen war, flüchteten wir auf die Schiffe. Unsere Feinde lagen wieder unbeweglich wie Holzklötze im Sand und ließen sich von kleinen bunten Vögeln die Maden aus dem Panzer hacken. Von unserem Gefährten fanden wir nicht einmal die Gebeine.

Weiter Regen, Regen bei Tag und Regen bei Nacht. Ein Verlassen des Hafens verwehrten uns nun auch immer stürmischer werdende Winde. Allmählich ergaben wir uns in unser Schicksal. Wir wurden stumpf und bemühten uns, die Heimat zu vergessen. Wir fanden uns mit dem Gedanken ab, hier bleiben zu müssen und – hier zu sterben. Und allmählich – da und dort hatten sich vor der grünen Mauer Indianer gezeigt – begann das Land zu locken.

Die Eingeborenen waren friedfertig und gastfreundlich. Sie tauschten kleine Goldplättchen gegen Glasperlen und brachten uns Früchte und Brot. Doch die Wünsche der Matrosen wuchsen von Tag zu Tag. Goldplättchen? Goldbarren wurden verlangt. Brot und Früchte? Frauen wurden verlangt. Was nicht freiwillig gegeben wurde, wurde genommen. Waffen und Fäuste unterstützten die Forderungen. Colóns Mahnungen? Colóns Drohungen? Colón trug die Schuld, daß die Flotte in diesem Höllenloch festsaß. Durfte er es wagen, irgend jeman-

---

* Das heutige Puerto de Escribanos.

dem zu verbieten, das auf ein paar Wochen zusammengedrängte Leben noch rasch zu genießen?

Es kam zu Schlägereien. Den Schlägereien folgten Gefechte. Blut floß. Und immer mehr Indianer spie die grüne Mauer aus. Sie tauschten nicht mehr, sie brachten weder Brot noch Früchte und griffen eines Morgens die Flotte an. Gastfreundschaft hatte sich in tödlichen Haß verwandelt.

Colón ließ ein paar blinde Kanonenschüsse abfeuern. Sie schreckten die Eingeborenen nicht. Weiter umkreisten die Canoes unsere Schiffe, weiter sahen wir drohend geschwungene Speere, von Haß verzerrte Gesichter. Ein ganzes Heer sammelte sich an der Küste an, immer mehr Boote wurden ins Wasser gelassen. Schon prasselte ein Pfeilhagel auf uns nieder.

Nun ließ der Admiral mitten in die dichtgedrängte Menschenmauer feuern. Zerfetzte Leiber, schrille Schreie, Stöhnen, das Röcheln Sterbender. Die Indianer flüchteten. Aber wir durften es nun nicht mehr wagen, an Land zu gehen. Während der Nacht warteten die Alligatoren auf uns, bei Tag spie die grüne Mauer vergiftete Pfeile aus. Wir hatten uns selbst aus einem Paradies verjagt, das uns in dieser Regenhölle wie ein Paradies erschienen war.

IV

Dreiunddreißig Tage Regen, und es regnete weiter. Als der Admiral den Befehl gegeben hatte, die Schiffe klar zur Fahrt zu machen, sah er sich sofort der ganzen Mannschaft gegenüber.

»Wieder nach Südosten?«

»Wieder auf die Suche nach der Meerenge?«

»Wenn Ihr den Befehl zur Heimkehr nicht gebt –«

Was dann geschehen würde, blieb unausgesprochen. Doch Mienen ersetzten Worte. Colón sagte leise, den Kopf senkend:

»Wir fahren zunächst nach Puerto Bello. Wir müssen zunächst dem Regen entrinnen.«

Sofort ließen sie von ihm ab. Ich blieb bei ihm stehen.

»Ihr glaubt nicht mehr an die Meerenge?«

Er hob die Hand und zeigte nach Südosten. »Dort liegt sie«, sagte er mit einer seltsam tonlosen Stimme. »Irgendwo dort... Ich weiß es.«

»Jumbe irrt also?«

»Ob er irrt oder nicht, Mendez, was macht das aus?« Wieder wies der Admiral nach Südosten. »Dort liegt der Weg zu dem anderen großen Meer, und dieses Meer ist ganz nahe. Auch wenn Ihr über mich lacht – ich rieche es, dieses Meer, ich spüre es, ich sehe es, wenn ich die Augen schließe. Es ist ein sanftes Meer, das unter einem blauen, wolkenlosen Himmel liegt. Ein Landweg? Ein Seeweg? Ist das von Bedeutung? Einen Kanal könnten die Indianer graben, wenn ich die Macht besäße, sie dazu zu zwingen. Einen Weg über das Gebirge, einen für Maultiere gangbaren Pfad könnte man anlegen. Reist man nicht täglich von Genua nach Venedig? Warum also sollte man nicht auch von einem Meer zum anderen reisen können?«

War er ein Phantast? War er ein Träumer? Viele behaupteten das, aber ich glaubte es nicht. »Und Ihr kehrt der *größten* Entdeckung den Rücken?« fragte ich.

»Muß ich es nicht – mit dieser Mannschaft, mit diesen Schiffen?« Jetzt bekam Colóns Stimme Farbe, Klang. »Doch ich werde wiederkommen – zu *meiner* Meerenge. Sie werde ich mir nicht stehlen lassen – wie Hispaniola. Vorher jedoch –« Er ließ plötzlich die Schultern hängen und sprach nicht weiter. Aus seinen Augen sprach seine ganze Qual.

»Vorher müßt Ihr wieder dem Gold nachjagen?«

»Das scheint mein Schicksal zu sein«, sagte er dumpf. »Was würde der König sagen, kehrte ich wieder ohne Gold zurück? Was würde er sagen, wenn ich von neuen Plänen spräche, die wieder nur Geld kosten würden, kehrte ich mit leeren Händen zurück? Nur Gold und Perlen wiegen in Spanien und vor dem Thron. Sie sind der Preis für eine fünfte Fahrt.«

Langsam glitten die Schiffe aus dem Hafen hinaus, der grauen Regenwand entgegen. Eine fünfte Fahrt... Colón sprach, als läge noch das ganze Leben vor ihm. *Er* dachte nicht daran – wie sein Bruder –, hierzubleiben, er bezweifelte nicht, daß wir Spanien wiedersehen würden. Machte ihn seine Gläubigkeit so stark? Er *war* wohl so stark, ein Gigant, der sich nur einer Macht beugen mußte: der des Goldes.

Das Schicksal schien tatsächlich unseren Untergang beschlossen zu haben. Kaum hatten wir Puerto Bello verlassen, sprang der Wind um. Nun wehte er vom Westen her – wie lange hatten wir darauf gewartet! – und hemmte unsere Fahrt. Alles Kreuzen war vergeblich, denn auch die Strömungen liefen vor dem Wind.

Aus dem Wind wurde am 7. Dezember ein Orkan. Ein Versuch, nach Puerto Bello zurückzukehren, scheiterte. Wir wurden von der Küste abgetrieben und auf ein Meer hinausgeworfen, das zu kochen schien, dessen Wellen hoch wie Berge waren. Der Himmel glühte, und pausenlos prasselten Blitze auf die Wasserfläche und unsere kleine Flotte nieder. Weiter stürzte eine Sintflut auf uns herab, so daß wir allmählich einer weiteren Gefahr ausgesetzt waren: in unseren offenen Schiffen zu ertrinken. Wir begannen das Ende nicht mehr zu fürchten, sondern herbeizusehen... Einer beichtete dem anderen.

Am 10. Dezember schien dieses Ende da zu sein. Eine riesige Wasserpyramide, von einer fahlgelben Wolke gekrönt, hob sich aus dem tobenden Meer und kam, sich um ihre eigene Achse drehend, langsam auf uns zu. Ich stand neben dem Admiral.

»Der Tod«, sagte ich leise. »Die letzte Fahrt...«

»Das kann Gott nicht wollen...«

Immer höher wurde die Wassersäule, immer näher kam sie. Betete der Admiral? Ich sah, daß er den Mund öffnete und schloß. Und jetzt verstand ich ihn auch. Aus dem Evangelium Johannis betete er die Stelle von dem Sturm bei Kapernaum. »... Ich bin's, fürchtet euch nicht.«

Fast schon vor dem Bug der »Capitana« war die Wasserhose angelangt. Wieder: »Ich bin's, fürchtet euch nicht.« Ich sah, daß der Admiral die Bibel in die linke Hand nahm und mit dem Schwert ein Kreuz gegen den Himmel und einen Kreis um die ganze Flotte beschrieb. Und ich sah – mit klopfendem Herzen, mit weit aufgerissenen Augen sah ich, daß der Wasserturm zu wandern begann, fort von der »Capitana«, fort von den anderen Schiffen.

»Gott verlangt kein Gold von mir«, sagte Colón. »Nur meinen Glauben an ihn.«

Ich wollte ihm antworten, aber ich brachte kein Wort über die Lippen.

Wir schienen dem einen Unheil nur entronnen zu sein, um für ein anderes aufgespart zu werden. Am 13. Dezember trat plötzlich eine völlige Windstille ein. Schlaff hingen die Segel herab, der Himmel war weiter grau, und der Regen blieb unser treuer Gefährte. Um die Schiffe schwärmte eine ganze Flotte von Haifischen. Ich erschrak, als ich sie sah. Wie um meine böse Ahnung zu bestätigen, trat Francisco de Porras auf mich zu. Er wagte es nicht einmal, laut zu sprechen.

»Seht Ihr sie?« flüsterte er.

Ich mochte Francisco de Porras ebenso wenig wie seinen Bruder Diego leiden. Was alle wußten, wußte ich auch: daß Francisco de Porras als Kapitän – der nichts von der Seefahrt verstand – und Diego de Porras als Vertreter der Krone – dem ewig die Angst im Nacken saß – dem Admiral für diese Fahrt aufgezwungen worden waren, weil ihre Schwester die Nächte im Bett Alonso de Morales', des Hauptschatzmeisters Kastiliens, verbrachte.

»Es sind Haifische«, sagte ich. »Sicher die ersten, die Ihr zu sehen bekommt.«

»Wißt Ihr, was solch große Schwärme zu bedeuten haben?«

»Sie halten eine Versammlung ab, um ihren Häuptling zu wählen.«

Sein von Angst gezeichnetes Gesicht widerte mich an. Er flüsterte weiter:

»Die Beute hat sie angezogen, eine Beute, deren sie sich schon sicher fühlen. Nicht nur Leichen wittern sie, sondern auch Schiffe, die bald scheitern werden. Dieser Tod –«

»Diesen Tod könnt Ihr abwenden, wenn Ihr noch rasch in der Bibel nachlest, wie sich der Prophet Jona verhalten hat.«

»Ihr scherzt noch –?«

»Immer, wenn der Tod nahe ist.«

Ich ließ Porras stehen und stieg mit ein paar Beherzten in das Boot. Es gelang uns, eine dieser Bestien zu fangen, ein roter Stofflappen diente uns als Köder. Zum ersten Mal kosteten wir Haifischfleisch. Es schmeckte immer noch besser als der Zwieback, den wir nur nach Einbruch der Dunkelheit aßen, um die Maden nicht zu sehen.

Drei Tage dauerte die Windstille. Dann endlich gelang es uns – wer hatte das noch erhofft? –, einen Hafen anzulaufen, der einem großen Kanal glich*. Land unter den Füßen! Fester Boden unter den Füßen! Ein Hafen! Die Rettung! Wir konnten es kaum glauben, und nun machte es uns nichts mehr aus, daß der Himmel seine Schleusen weiter geöffnet hatte.

Wir fanden frische Früchte und Trinkwasser. Wir stießen auf Eingeborene, die vor uns die Flucht ergriffen. Wir erbeuteten in Hütten, die auf Pfählen standen oder wie Vogelnester auf den Wipfeln hoher Bäume klebten, kleine Goldstücke. Ein Wunder... Es war ein Wunder, daß wir lebten.

Die Schiffe wurden ausgebessert, und dann stachen wir wieder in See. Am 6. Januar 1503 liefen wir in die Mündung eines Flusses ein, den die Eingeborenen Yebra nannten. Colón gab

---

* Dieser Hafen, von den Eingeborenen Huiva genannt, war die heutige Stadt Colón am Nordeingang des Panamakanals. Hätte der Admiral die Eingeborenen eingehender ausgehorcht, hätte er von dem Übergang zu dem anderen Meer gehört. Doch dazu war er viel zu müde. »Ich kam mir vor wie ein Hund, der nach einem hitzigen Kampf seine Wunden leckt«, sagte er selber.

ihm den Heiligen Drei Königen zu Ehren den Namen Belén*. Hier ereignete sich das zweite Wunder. Es hörte zu regnen auf, und am Himmel zeigte sich ein schmaler blauer Streifen, der rasch größer wurde. Jubelnd begrüßten wir ihn wie eine totgeglaubte geliebte schöne Frau.

V

Gleich hinter einer Barre, die nur bei Flut zu passieren war, formte sich der Belén zu einem Becken, in dem die Flotte genug Platz fand. Auf der einen Seite reichte der Urwald fast bis ans Ufer des Flusses heran, auf der anderen dehnten sich Maisfelder, an deren Ende dreißig Hütten standen. Kaum waren wir an Land gegangen, wurden wir von den Indianern auch schon angegriffen. Wir wehrten uns nur unserer Haut und bemühten uns, keinen unserer Gegner zu verwunden. Wir wollten kein zweites El Retrete erleben.

Die Nacht verbrachten wir an Bord der Schiffe. Als wir am nächsten Morgen wieder an Land gingen, überschüttete uns kein Pfeilhagel mehr. Am dritten Tag näherten sich die Indianer zögernd unserem Lager. Am vierten betraten sie es, und am fünften tauschten sie mit uns. Am sechsten wußten sie, daß Glasperlen, Schellen und bunte Tücher nur für Gold zu haben waren.

Wir erfuhren, daß sie sich, suchten sie Gold, während dieser Zeit von ihren Frauen fernhielten und auch fasteten. Ich traute meinen Ohren nicht, als ich hörte, wie der Admiral vorschlug, auch wir sollten uns diesen Brauch zu eigen machen. Zum ersten Mal glaubte ich von ihm das, was seine Gegner von ihm glaubten: daß er ein weltfremder Phantast war.

Zwanzig Platten aus Gold. Kugeln aus Gold. Schüsseln aus Gold. Goldklumpen. Allmählich verwandelte sich unser Lager

---

* Spanisches Wort für Bethlehem.

in eine Schatzkammer. Dorado! El Dorado! Endlich hatten wir es gefunden! Der Anteil der Krone wurde sofort auf die »Vizcaina« gebracht, unser Anteil blieb inzwischen an Land. Keiner von uns, vom Schiffsführer bis zum einfachen Matrosen, besaß nun noch einen Grund zu murren. Die Gefahren hatten sich gelohnt: Wir würden alle reich und mit Gold beladen den Boden der Heimat betreten.

Von einem Indianer, der mit einem großen Stück Stoff beschenkt wurde, erfuhren wir, wo sich die Goldlager befanden. Zugleich wurden wir gewarnt. Quibian, der Häuptling, in dessen Reich die Goldminen lagen, galt als kriegerisch, verschlagen und furchtlos. Achtzigtausend gutbewaffnete Krieger unterstanden ihm, er besaß mehr als tausend Canoes. Wir lächelten. Wir fürchteten den Drachen nicht, der vor der Höhle lag, in der sich das Gold befand. Aber wir wollten ihn nicht töten, sondern zu zähmen. Sicherlich spielte auch er gerne mit bunten Glasperlen ...

Zunächst hinderte uns das Wetter an dem geplanten Vorstoß ins Landesinnere. Es begann wieder zu stürmen und zu regnen. Der Rio Belén schwoll rasch an, wurde reißend, und wir hatten alle Hände voll zu tun, zu verhindern, daß die Schiffe von den Ankern gerissen wurden. Dennoch waren wir froh, nicht draußen auf dem Meer zu sein. Dort tobten wieder furchtbare Stürme, die wir zu spüren bekamen, wenn die See über die Barre brach und unsere Flotte zu schütteln begann. In einer dieser Sturmnächte wurde der Vordermast des Admiralsschiffes wie eine Fahnenstange geknickt.

Erst am 6. Februar konnten wir mit zwei Booten und achtundsechzig Mann zu dem eine Legua entfernten Rio Veragua – an seinem Oberlauf sollten die Goldminen liegen – aufbrechen. Das eine Boot befehligte der Adelantado, das andere ich. Nach etwa drei Stunden Fahrt erreichten wir eine Ansammlung von Hütten, Quibians Residenz. Er kam uns selber entgegen, nackt, von einem großen Gefolge begleitet und unbewaffnet, zum Zeichen, daß er uns nicht als Feinde ansehe. Einer seiner Gefolgsleute wälzte einen großen Stein herbei, und auf diesen

Thron setzte er sich, als er unsere Geschenke entgegennahm. Ich sah, wie seine Blicke, während er mit uns sprach, immer wieder zu unseren am Ufer liegenden Booten glitten, und – er gefiel mir nicht. Seine Freundlichkeit mißfiel mir, seine plumpen Versuche, uns seine Macht vor Augen zu führen, und seine allzu rasch gegebene Zusicherung, er würde uns gern Führer zu den Goldminen stellen, erregten mein Mißtrauen. Ich konnte mich des Gefühls nicht erwehren, daß wir auf einem Pulverfaß saßen und Quibian eine schon brennende Lunte in der Hand hielt.

Dieses Gefühl blieb, als wir reich bewirtet wurden. Es blieb, als wir am nächsten Morgen, von drei Indianern geführt, in den Urwald aufbrachen. Als wir nach fünf Stunden eines beschwerlichen Marsches durch ein ewiges Halbdunkel, durch eine weglose Wildnis plötzlich vor einer Hügelkette standen, wunderte ich mich, daß wir noch immer nicht überfallen worden waren. Worauf wartete Quibian?

Die Indianer bedeuteten uns, daß wir am Ziel angelangt seien, am Beginn der Goldfelder. Den anderen mag es wohl wie mir ergangen sein: Sie hatten kein Auge für den Boden gehabt. Nun, da wir ihn untersuchten, sahen wir, daß er mit Gold durchzogen war. Wohin wir blickten – Gold! Gold in der Erde, Gold in den Steinen, unter den Steinen, sogar unter den Baumwurzeln. Mit unseren Messern konnten wir es aus dem Boden holen, und nach einer halben Stunde besaß jeder von uns mehr, als er zu tragen vermochte. Wir fragten, wie weit die Goldvorkommen reichten, und die Antwort ließ uns erstarren: Zwanzig Tagesreisen nach Westen war der Boden wie hier eine einzige Goldmine.

Zum ersten Mal mußten wir Gold zurücklassen. Schwer beladen taumelten wir eher durch den Urwald, als daß wir gingen. Wieder wartete ich auf den Überfall. Quibian hatte uns doch wohl seinen Reichtum nur sehen lassen, hatte uns das Gold doch wohl nur fortschaffen lassen, um es uns wieder zu nehmen. Er empfing uns lächelnd und fragte uns, ob wir zufrieden seien. Seine Krieger gaben uns Früchte, Brot und wohlschmeckende Wurzeln mit. Als ich im Boot saß und wir abstießen, glaubte ich noch immer, daß wir überfallen werden würden. Und als ich das Lager betrat, fragte ich mich, ob der Besitz des Goldes solches Mißtrauen zeugte und schuld daran war, daß ich einen Freund für einen Feind gehalten hatte.

Wo immer wir das Land erkundeten, fanden wir Gold. In einem Dorf in der Nähe eines Flusses, der Urirá hieß, schenkte uns der Kazike zehn große Scheiben von unermeßlichem Wert. Ein anderer hängte jedem von uns einen großen goldenen Teller um den Hals. Boote voll Gold kehrten Tag und Nacht zu unserem Lager zurück. Wir mußten auch die »Gallega« damit füllen, weil die »Vizcaina« ihre Last auf der Heimfahrt nicht mehr hätte tragen können, würden wir auch nur noch eine einzige Goldscheibe in ihren Bauch gestopft haben.

Der Admiral hatte die Meerenge vergessen. Es kümmerte ihn nicht einmal mehr, als wir neuerdings hörten, daß nicht allzu weit von hier entfernt ein großes, reiches, fruchtbares Land liege, in dem die Menschen bekleidet wie wir gingen, in aus Stein erbauten Häusern wohnten und noch größere Schiffe als wir besaßen. Er hatte endlich den von Marco Polo beschriebenen Teil des asiatischen Festlandes gefunden, den »Goldenen Chersones«, der König Salomo das Gold für den Bau des Tempels zu Jerusalem geliefert hatte. Er hatte sich gerechtfertigt. Er hatte bewiesen, daß er kein Träumer, kein Phantast war. Nun würde man ihm seine Rechte und Hispaniola zurückgeben müssen, nun würde man nicht mehr zögern, ihm die Mittel für eine fünfte Fahrt zu geben...

An die Verwirklichung eines Plans wurde auch schon gegangen, kaum daß er gefaßt worden war. Ein Teil von uns würde hierbleiben – unter dem Befehl Bartolomé Colóns –, hier würde eine Kolonie gegründet werden, Spaniens schönste und reichste Kolonie in der Neuen Welt, ein Stapelplatz für die Reichtümer Asiens.

Achtzig Mann, durch das Los bestimmt, begannen sofort mit dem Bau ihrer Hütten, Vorratskammern wurden angelegt, ein Teil des Proviants – Zwieback, Käse, Wein, Essig, Öl und Zucker – wurde an Land gebracht. Das Schiff, das zurückbleiben sollte, wurde besser verankert. Schon nach drei Wochen waren zwölf Hütten aus Holz gebaut und mit Palmblättern gedeckt, fertiggestellt. Eine Siedlung? Eine Stadt sollte hier entstehen, Santa Maria de Belén ...

Auch ich hatte mich entschlossen zu bleiben. Es war ein fruchtbares, ein reiches Land, das die Natur mit einer Überfülle ihrer schönsten Geschenke überschüttete: mit herrlichen Früchten, mit Fischen, mit Korn, mit Holz, mit Gold. Der Admiral würde dem Land neue Bewohner zuführen, und Bartolomé Colón würde dafür sorgen, daß Santa Maria de Belén kein zweites La Navidad wurde. Auch ich sah schon eine große, mächtige Stadt, in deren Hafen Schiff neben Schiff lag, mit allen Reichtümern Indiens beladen.

Wir planten. Auch die Natur hatte ihre Pläne gefaßt. Und auch die Haltung der Indianer änderte sich plötzlich. Unser Besuch schien sie mit Freude erfüllt zu haben. Daß wir bleiben, uns hier fest niederlassen wollten, schien sie mit Mißtrauen und Angst zu erfüllen. Sie kamen nicht mehr in unser Lager. Wir hörten das dumpfe Dröhnen der Holztrommeln wieder, und die grünen Wände des Urwalds waren mit einem Mal eine Mauer, hinter der der Tod lauerte.

Es hatte zu regnen aufgehört, und der Belén fiel so schnell, daß über der Barre bald nur noch zwei Fuß Wasser standen. Der Admiral, schon für die Abfahrt gerüstet, sah sich plötzlich einem Hindernis gegenüber, das alle seine Pläne zerstörte. Die Schiffe saßen in dem Hafenbecken wie in einer Falle gefangen, und es gab nur einen Weg, wollten sie das Meer erreichen: sie über die Barre zu ziehen. Dazu hätte es der Indianer bedurft. Die Indianer kamen wieder, aber ihre Körper waren rot bemalt und ihre Gesichter schwarz, in ihrem Haar bunte Federn. Was das zu bedeuten hatte, wußten wir.

So wie wir Gott um trockenes Wetter gebeten hatten, flehten wir ihn nun um Regen an. Unsere Gebete waren vergeblich. Und die Indianer wurden immer dreister und immer zahlreicher. Sie kamen den Rio Belén und den Rio Veragua herunter, in Hunderten von Canoes, und versperrten uns den Weg sowohl ins Landesinnere als auch zum Meer. Daß Quibian so viele Krieger befehligte, glaubte keiner von uns. Aber er war es ohne Zweifel, der das ganze Land in Aufruhr brachte und zu einem Angriff gegen uns hetzte.

Aber sie griffen nicht an. Sie strichen um das Lager, um die Flotte, drohten uns mit ihren Speeren und ließen die Trommeln ertönen. Es war, als wartete ein furchtbares Unwetter auf uns, das jeden Augenblick loszubrechen drohte und doch nicht losbrach. Das war unerträglicher als der erbittertste Kampf. Und der Himmel war weiter blau und wolkenlos. Die Barre lag in der Sonne und wurde von Stunde zu Stunde größer.

Zwei Tage verstrichen, drei... Immer mehr Indianer, die noch nicht angriffen. Da der Admiral verboten hatte, daß wir den Angriff eröffneten – er hoffte immer noch, Blutvergießen vermeiden zu können –, beriet ich mit dem Adelantado. Er glaubte wie ich nicht, daß die Indianer einen Überfall doch nicht wagen würden, und war wie ich der Meinung, daß es nur einen Weg gab, den Untergang der Siedlung zu verhindern. Wir losten, und das Los fiel auf mich. Rodrigo de Escobar erbot sich freiwillig, mich zu begleiten. Ich nahm einen Kamm, einen Spiegel und eine Schere mit.

Entlang der Küste stießen wir mehrmals auf Indianer, die so taten, als bemerkten sie uns nicht. Ungehindert erreichten wir die Mündung des Veragua. Dort verstellte uns ein großer indianischer Heerhaufen den Weg. Wir wurden umringt, doch nicht angegriffen. Als ich fragte, wohin sie zögen, bekam ich zur Antwort, sie würden in zwei Tagen zum Yebra aufbrechen, um die weißen Männer zu töten und die Schiffe und Häuser zu verbrennen, deren Anblick ihnen unerträglich geworden sei. Ich nickte, als wäre ich nicht überrascht, und bat, zwei von ihnen möchten mich in ihrem Canoe zu der Residenz Quibians rudern. Gelächter. Wir wurden gefragt, ob wir heute schon sterben wollten, und ich nickte wieder. Als ich sah, daß sie zögerten, gab ich ihrem Kaziken rasch eine Handvoll Glasperlen.

Den Veragua aufwärts sahen wir Heerhaufen um Heerhaufen, die alle zur Küste zogen. Um hundertfünfzig Spanier, zwölf Hütten und vier Schiffe zu vernichten, schien Quibian das ganze Land aufgeboten zu haben. Ungehindert, ohne daß uns ein Haar gekrümmt wurde, erreichten wir seine Residenz, niemand stellte sich uns in den Weg, als wir der auf einem Hügel gelegenen, von einem rohen Holzzaun umgebenen Hütte des Häuptlings zueilten. Erst als wir die Umzäunung hinter uns gelassen hatten, brach die Hölle los. Frauen und Kinder – es waren so viele, daß ich sie nicht zählen konnte – stürzten uns entgegen, und ihr Gekreisch und Geschrei rief Quibians Leibwache auf den Plan. Im Nu waren wir umringt, eine Wand von Keulen, Speeren und Schwertern versperrte uns den Weg. Sie kam rasch näher.

Ich tat, als sähe ich sie nicht. Gelassen setzte ich mich nieder, holte den Kamm, die Schere, den Spiegel hervor. Den Kamm und die Schere reichte ich Escobar, und er begann sofort damit, mir das Haar zu schneiden. Die Indianer erstarrten zuerst, dann lachte einer. Die anderen stimmten zögernd in das Lachen ein und kamen näher. Erstaunte Fragen. Ich beantwortete sie nicht und sah weiter in den Spiegel. Escobar schnitt weiter mein Haar.

Ich sah nur die Beine der Indianer. Als sie eine Gasse bildeten, wußte ich, daß der Häuptling vor mir stand. Ich wartete, bis er mich ansprach. Ich blickte nicht auf.

»Was soll das?« fragte er. Seine Stimme klang rauh und – unsicher.

Ich hatte die Sprache der Indianer Veraguas zwar nicht vollständig erlernt, beherrschte sie aber doch so, daß ich mich zur Not verständigen konnte. »Das erhöht die Würde«, antwortete ich.

»Du wirst sterben. Und dein Kopf wird nichts wert sein – ohne Haare.«

»Mehr wert als alle anderen.«

»Du lügst«, sagte er zögernd.

Ich gab keine Antwort. Escobar frisierte mich jetzt.

»Was hat das zu bedeuten?«

»Noch mehr Würde. Willst du es versuchen? Es wird dich zum mächtigsten Häuptling des Landes machen.«

»Es ist ein böser Zauber. Ich traue dir nicht.«

»Du kannst in den Spiegel sehen, während es geschieht.« Ich erhob mich rasch und hielt ihm den Spiegel hin.

Er wich zuerst zurück, als hätte ich eine Waffe gegen ihn gezückt, dann griff er hastig danach. Der Spiegel gefiel ihm. Er lächelte, fletschte die Zähne, hielt den Spiegel ganz nahe an sein Gesicht und dann wieder weit weg. »Gefährliche Waffen«, murmelte er und schielte nach der Schere und dem Kamm.

»Du hast Angst?«

Er setzte sich sofort nieder und starrte in den Spiegel, während Escobar sein Haar zu schneiden begann. Ich blickte auf ihn hinab.

»Unser Häuptling wartet auf dich«, sagte ich. »Er hält viele Geschenke für dich bereit: zehn Hände voll Perlen, einen Ballen Stoff, viele Glocken und einen Spiegel wie diesen hier.«

»Ich brauche keine Geschenke.«

»Du führst dein Volk ins Verderben.«

»Ihr werdet alle sterben«, sagte er.

Ich lachte. »Weißt du nicht, daß wir unsterblich sind?«

»Du lügst. Einen von euch hat ein großer Fisch gefressen.«

Ich bemühte mich, mein Erschrecken zu verbergen. War es möglich, daß diese Nachricht von El Retrete bis Veragua gelaufen war?

»Und ihr anderen seid geflohen. Wir fürchten euren Donner und euren Blitz nicht.«

»Wir haben hundert Donner und tausend Blitze mit.«

Er schüttelte den Kopf. »Ich habe beim Vollmond geschworen, euch zu töten. Durch einen anderen Entschluß würde ich mein Gesicht verlieren.«

Ich benetzte mit der Zunge die Lippen. Ich verstand: Ich hatte dieses Wagnis umsonst auf mich genommen, umsonst hatte ich mein Haar geopfert. Ich schenkte Quibian den Spiegel, den Kamm und die Schere, und er bewirtete mich reich. Er sorgte auch dafür, daß ich ins Lager zurückkehren konnte. Offenbar glaubte er, daß ihm mein Kopf sicher war, und auf zwei Tage kam es ihm nicht an. Wieder gab es nur einen Weg, die Siedlung vor der Vernichtung zu bewahren. Es war ein verzweifelter Weg.

VI

Diesmal losten wir nicht. An der Spitze von sieben Mann brachen wir beide auf. Während der Nacht, immer während der Nacht, umgingen wir die indianischen Heerhaufen und kamen unbemerkt an Quibians Residenz heran. Auch den Weg zu seiner Hütte konnten wir unbemerkt zurücklegen. Der Kampf mit der Leibwache war kein Kampf. Quibian war gefesselt, ehe er sich dessen versah. Unbemerkt konnten wir mit unserer kostbaren Beute das Dorf wieder verlassen.

Als wir etwa die Hälfte unseres Weges zurückgelegt hatten, begann es zu regnen, schwach zuerst, dann immer stärker, bis schließlich die Sintflut vom Himmel fiel, die wir schon zur Genüge kannten. Ich sah den Adelantado an, er sah mich an. Ohne ein Wort zu sprechen waren wir uns einig: Die Gefahr ist abgewendet. Bald wird die Barre wieder mit Wasser gefüllt sein, und die Schiffe werden auslaufen können. Da sich auch Quibian in unserer Hand befindet, haben wir das Spiel doch noch gewonnen.

An der Mündung des Veragua erwartete uns ein Boot, das Juan Sanchez, der erste Steuermann der Flotte, befehligte. Ihm übergaben wir unseren kostbaren Gefangenen. Wir selber tauchten, da der Morgen schon heraufkam, wieder in den Wäldern unter.

Als wir am späten Abend Santa Maria de Belén erreichten, wurde schon gekämpft. In pausenlosen Wellen rannten die Indianer an. Quibian war entkommen. Und inzwischen waren drei Schiffe ausgelaufen. Da das Wasser noch immer nicht hoch genug über der Sandbank stand, hatte Cristóbal Colón, um die Flotte zu erleichtern, den größeren Teil des Proviants zurückgelassen.

Die drei Schiffe waren zum Teil über die Sandbank gezogen worden. Jetzt, da Tausende von indianischen Canoes die Mündung des Belén versperrten, war es unmöglich, sie in den Hafen zurückzubringen, um unsere Streitmacht wieder zu vereinigen und den Proviant zu retten. So waren wir auf uns selbst gestellt: achtzig Mann gegen ein entfesseltes Meer brauner Leiber, achtzig Mann gegen ein Heer, nein, gegen viele Heere.

Als der Adelantado verwundet worden war, stellte ich mich an die Spitze. Ich ließ die Geschütze abfeuern, doch was half das? Die Indianer verschanzten sich hinter den Leichenwällen und überschütteten uns mit einem Hagel von Pfeilen und Wurfspeeren. Brennende Fackeln fielen ins Lager, und – einer nach dem anderen riß die Hände in die Höhe und fiel aufs Gesicht. Nach drei Stunden Kampf mußte ich erkennen, daß die Siedlung nicht zu halten war. Wir retteten uns auf die »Gallega«. Den Proviant mußten wir zurücklassen.

Die Nacht kam. Sechsundfünfzig Mann waren wir noch, elf davon waren verwundet. Wir unternahmen den verzweifelten Versuch, das Schiff über die Barre zu ziehen. Er mißlang. Es hatte wieder zu regnen aufgehört.

Am Morgen versuchte der Admiral, uns Ersatz zu bringen. Ein Boot unter der Führung Diego Tristans erzwang die Durchfahrt. Knapp vor der »Gallega« wurde es von den Indianern angefallen. Wir mußten, ohne helfen zu können, zusehen, wie Diego Tristan gefangengenommen wurde, wie ihm die Augen ausgestochen wurden, wie unsere anderen zehn Gefährten fielen. Nun konnte uns nur noch der Himmel helfen, wenn er uns Regen sandte.

Blauer, wolkenloser Himmel. Das Wasser über der Barre sank rasch. Pausenlos griffen die Indianer die »Gallega« an.

Wohl gelang es ihnen nicht, das Deck zu erklettern, aber die Feuerbrände, die sie warfen, waren um so gefährlicher. Was nützte eine Festung, wenn sie demnächst in Flammen aufgehen würde?

Daß uns der Admiral keine Hilfe mehr schicken konnte, wußte ich. Er besaß nur noch ein Boot und durfte es nicht wagen, auch dieses noch zu verlieren. Zwei der Verwundeten starben. Vierundfünfzig Mann... Gelang es den Indianern nicht, uns zu töten, mußte der Tag kommen, an dem uns Hunger und Durst töten würden.

Blauer, wolkenloser Himmel. Die Regenzeit war vorüber – das hatte ich von den Indianern erfahren. Ein letzter Ausweg, wieder ein verzweifelter Ausweg: Ich ließ ein Floß zimmern. Es war besser, den Tod zu suchen, als weiter auf ihn zu warten.

Wir beteten, bevor wir nach Einbruch der Dunkelheit das rasch zusammengezimmerte Floß ins Wasser ließen. Das letzte Gebet? Es war nicht das letzte – wir kamen durch. Wir erreichten die Schiffe. Wie immer hatte die Wachsamkeit der Indianer nachgelassen, kaum daß die Nacht hereingebrochen war. Der Admiral empfing mich wie einen Totgeglaubten. Er küßte mich auf beide Wangen und ernannte mich zum Kapitän seines Schiffes. Eine Stunde später stachen wir in See.

Die wurmzerfressene »Gallega« blieb zurück. Santa Maria de Belén blieb zurück. Rasch entschwand der Ort unseren Blicken, der die erste spanische Siedlung auf dem Festland hätte werden sollen und das Grab vieler von uns geworden war. Auch unsere Vorräte waren zurückgeblieben. Das Gold lag im Bauch der Schiffe. Würde es uns ernähren, unseren Durst stillen können?

VII

In Santa Maria de Belén hatten wir nie richtig Zeit gehabt, die Schiffe zu überholen, zu verpichen und zu kalfatern. Das rächte sich schon, als wir Puerto Bello erreicht hatten. Dort mußten wir auch die »Vizcaina« zurücklassen – die Holzwürmer hatten schon den Schiffsboden zerstört. Auf zwei Schiffen wurde nun die ganze Mannschaft zusammengepfercht, sie mußten die Vorräte aufnehmen, die wir noch besaßen, und – das Gold.

Hispaniola war unser Ziel. Alle – auch die Steuermänner – glaubten, daß die Insel im Norden liege, und deshalb waren alle überrascht, als der Admiral seinen Kurs entlang der Küste und ostwärts nahm. Er kümmerte sich nicht darum, daß mehr als die Hälfte der Mannschaft murrte und ihm vorwarf, er wolle nicht nach Hispaniola, sondern nach Spanien fahren. Er nahm den Steuermännern ihre Karten weg, und ich hörte, wie er sich rühmte, außer ihm würde niemand imstande sein, den Weg nach Veragua und zu den Goldminen zu finden.

Bald erwies es sich, daß die Schiffe, eher schon Wracks, zu sehr belastet waren. Die Vorräte über Bord werfen? Das Gold über Bord werfen? Das erwog niemand. So glich die Fahrt dem Tanz auf einem Seil über einem Abgrund. Tag und Nacht mußten die Matrosen bei den Pumpen stehen, um zu verhindern, daß noch mehr Wasser eindrang. Die Planken? Der Schiffsboden? Das waren keine Planken, das war kein Schiffsboden mehr, sie glichen eher den Waben einer Honigscheibe.

Am 1. Mai 1503 verloren wir das Festland aus den Augen und steuerten nun in nördlicher Richtung. Immer wieder glitten unsere Blicke zum Himmel hinauf. Alle wußten wir, daß wir verloren waren, wenn Sturm aufkam, wenn uns ein Unwetter überraschte. Zwei mit Segeln versehene Siebe und nicht mehr schaukelten auf dem Ozean.

Pumpen, pumpen bei Tag und bei Nacht. Dennoch stieg das Wasser. Der Spiegel in den Trinkwasserfässern hingegen sank. Nur noch ein Becher für einen Tag, nur noch ein Stück Zwieback für einen Tag... ein wenig Öl besaßen wir auch noch: Es stillte den Hunger nicht, löschte den Durst nicht. Viele erkrankten. Die gefährlichste Krankheit war die Mutlosigkeit.

Am 13. Mai bedeckte sich der Himmel mit Wolken. Sie waren weiß und zogen hoch über uns, doch wir kannten sie schon: Vorboten eines Sturms! Ein Hurrikan? Es bedurfte keines Hurrikans, unsere Schiffe zu zerschmettern, eine stürmische See schon würde genügen, das Ende herbeizuführen. Das Ende? Oft auf dieser Fahrt hatten wir geglaubt, das Ende sei da, und immer waren wir davongekommen. Doch nun? Die Bohrwürmer hatten ihr Zerstörungswerk fortgesetzt, das Wasser war in den letzten Tagen noch mehr gestiegen. Das Ende? Vielleicht war es weniger qualvoll, zu ertrinken, als Hungers zu sterben oder zu verdursten.

Schon gegen Mittag waren die Wolken nicht mehr weiß. Die See wurde unruhig, kleine Wellen züngelten zischend heran und ließen das Wasser in unseren Sieben rasch höher steigen. Der erste Windstoß... Er warf die »Santiago« – als könnten sie einander Schutz gewähren, hatten sich die Schiffe aneinandergedrängt, viel zu nahe aneinander – gegen die »Capitana«. Unser Vordersteven brach, die »Santiago« kam nicht mehr frei und schlug mit dem Heck gegen unser Ruder. Auch das Ruder brach. Gleich darauf erhob sich der Sturm zu furchtbarer Gewalt, der Himmel öffnete seine Schleusen. Immer höher ging die See.

Es gelang uns, voneinander abzukommen. Mehr stand nicht in unserer Macht. Obwohl wir alle Anker und Taue, die wir noch besaßen, auswarfen, hielt nur der Notanker der »Capitana«. Jetzt wurden wir weit auseinandergetrieben. Die Dunkelheit kam. Die Nacht ging vorüber, vielleicht die längste Nacht meines Lebens. Als der Morgen dämmerte und unsere Siebe noch immer nicht gesunken waren, schien uns dies ein Wunder zu sein. Das Wunder unserer Rettung erhofften wir dennoch nicht. Denn es war uns nicht mehr möglich, die Richtung zu bestimmen, in welche die Schiffe fuhren. Die Winde allein bestimmten unseren Kurs.

Der Himmel war wieder blau. Doch was half es uns, dem Unwetter entkommen zu sein? Die Lecke wurden immer größer, immer mehr Wasser strömte ein, obwohl die Matrosen mit letzter Kraft pumpten und nach Eimern und Kesseln griffen, wenn eine der Pumpen zusammengebrochen war. Wir zögerten das Ende nur noch hinaus. Hispaniola? Hispaniola lag irgendwo. Auf unserem Kurs von des Windes Gnaden lag es nicht.

In der Nacht vom 22. zum 23. stieg das Wasser auf der »Capitana« fast schon bis zum Deck. Am Morgen sichteten wir Land. Hispaniola? Irgendeine Insel lag vor uns, vielleicht war sie nicht einmal bewohnt. Vielleicht hausten nur Krokodile auf ihr, noch eher jedoch war es möglich, daß wir sie überhaupt nicht anlaufen konnten.

Der Wind war uns gnädig. Er trieb die Schiffe auf die Küste zu. Der Admiral befahl, sie aneinanderzubinden. Näher und näher kam die Küste, wir wurden zurückgestoßen, in die Höhe gehoben und dann rasch von dem sandigen Strand angezogen. Ein Knirschen, ein Krachen, ein Splittern von Holz, ein letzter Ruck, der uns alle nach vorne warf. Stille, kein Schaukeln, kein Schlingern mehr. Wir saßen fest, und wieder geschah das Wunder, daß die beiden Siebe nicht auseinanderbrachen. Rasch stützten wir sie auf beiden Seiten ab, damit sie nicht kippten, und zogen sie dann noch weiter den Strand hinauf.

Erst jetzt wußte der Admiral, daß er diesen Strand schon einmal angelaufen hatte. Im Jahre 1494 war er hier gelandet, und den Hafen hatte er Santa Gloria getauft. Wir waren an der Küste Jamaikas gestrandet.

VIII

Daß die Kunde von unserer Niederlage vor Santa Maria de Belén bis Jamaika gedrungen war, war nicht glaubhaft. Dennoch legten wir uns die bange Frage vor, ob uns die Eingeborenen als Freunde oder Feinde empfangen würden. Viele von uns hatten diese Fahrt nicht überlebt, aber noch immer waren mehr als hundert Mäuler zu stopfen.

Die Schiffe hatten wir Bord an Bord ganz auf den Strand hinaufgezogen, davor lagen, bewacht von den Geschützen, die letzten Vorräte und das Gold. Der Admiral verbot allen, allen ohne Ausnahme, auf eigene Faust in das Innere der Insel vorzudringen. Er wußte nur zu gut, weshalb er dieses Verbot erließ. Wurde wieder geplündert, begannen unsere Matrosen frei im Lande herumzustreifen und wieder in die Hütten der Indianer einzudringen, konnte sich Retrete, ja sogar Belén nur zu leicht wiederholen. Unsere Festung war leicht in Brand zu stecken. Ich hörte, wie der Admiral zu seinem Bruder sagte: »Auf Jamaika gibt es kein Gold. Zum ersten Mal bin ich deshalb froh.«

Mehr als hundert hungrige Mägen... Wie sie füttern? Mit dem Schwert in der Faust machte ich mich mit drei Gefährten auf, ins Landesinnere vorzustoßen. Bieten konnte ich nicht viel – auch der Großteil der Glasperlen war in Santa Maria de Belén zurückgeblieben –, Gewalt konnte und durfte ich nicht anwenden, wollte ich nicht mich selbst und die anderen ins Verderben stürzen. Ich mußte die Freundschaft der Indianer suchen, sie allein.

In dem ersten Dorf, auf das ich stieß, aß ich mich zunächst selber satt. Früchte, Fische, Brot – längst hatte ich vergessen, wie das schmeckte. Lächelnd sah ich meine Gefährten an, die mit vollen Backen kauten. Manchmal war es schön, einen vollen Magen zu haben. Während ich das dachte, dachte ich auch schon, wie gefährlich anderen volle Mägen bald wieder werden würden. Zwölf Frauen besaß der Kazike, der uns bewirtete, und lange hatte die Fahrt von Veragua bis Jamaika gedauert.

Ein Stück Schnur für zehn getrocknete Fische, zwei Glasperlen für einen Laib Cassava-Brot, ein Falkenglöckchen für einen Korb voll Früchte, ein Kanu voll Fleisch für ein Messer – das war mein Angebot. Die Indianer nahmen es an. Zufrieden wanderten wir weiter, von Dorf zu Dorf. Im dritten forderte ich für ein Messer nicht nur das Fleisch, sondern auch das Kanu dazu. Auch diesem Vorschlag stimmten die Indianer zu.

Freundschaft, Handelseifer, wohin immer ich kam. In einem Dorf in Mellila gab uns der Kazike drei Hängematten und sechs Diener zum Geschenk. So reisten wir fortan sehr bequem und rascher dazu. Sogar wenn wir schliefen, kamen wir vorwärts.

Ohne Hemd kehrte ich zu den Schiffen und vollen Mägen zurück. Das Hemd hatte ich dem Kaziken Ameyro gegeben. Das Hemd, ein Messinghelm, ein Mantel für ein Einbaumkanu, sechs Paddler und die Zusicherung, daß wir alle in den nächsten Wochen mit Nahrung versorgt werden würden – auch mit diesem Tausch durfte ich zufrieden sein.

Wie ein siegreicher Feldherr wurde ich im Lager empfangen. Die Mägen waren gefüllt, und schon bewegte uns eine neue Frage: Wie Jamaika verlassen, wie Hispaniola erreichen? Die Schiffe mit neuen Planken zu versehen, neue Schiffe zu bauen war nicht möglich. Wir besaßen keine Äxte, keine Breitbeile, keinen einzigen Nagel, keinen Teer. Die beiden Kalfaterer waren in Belén gefallen. Auf ein Schiff warten, das zufällig Jamaika berührte? Es gab auf der Insel kein Gold, und deshalb konnten wir ebenso gut den Tod wie ein Schiff, das uns holte, erwarten. Wie Jamaika verlassen? Ich wußte einen Weg, doch ich behielt meine Gedanken für mich. Der Adelantado litt noch immer an der Wunde, die ihm im Kampf um Belén zugefügt worden war ...

»Ihr, Mendez, und ich ...«, sagte der Admiral und sah mich nicht an. »Nur wir beide kennen die Gefahr, in der wir alle schweben. Die Indianer können morgen schon unsere Feinde sein. Kein anderes Volk der Erde ist so unberechenbar ...«

»Außer unseren Matrosen.«

»Unsere Schiffe in Brand zu stecken wäre das Werk eines einzigen Angriffs. Und was dann?«

»Eines Angriffs bedürfte es nicht. Noch leichter fiele es ihnen, uns verhungern zu lassen.«

Colón nickte. »Und dann – ein schreckliches Ende, Mendez. Es gibt nur einen Weg, es abzuwenden.«

»Ihr wißt einen?« fragte ich.

Er sagte viel zu rasch: »Das Kanu, das Ihr gebracht habt, dieses Kanu allein kann uns retten. Würde einer nach Hispaniola fahren, um Hilfe zu holen, ein Schiff zu holen, das uns von hier fortbringt –«

Ich schüttelte den Kopf. »Das würde keiner wagen«, sagte ich. »In einem Kanu diesen Weg? Gut hundert Meilen mögen es bis zur Westküste Hispaniolas sein. Dreihundert Meilen sind es von dort bis Santo Domingo. Selbst wenn einer diese Fahrt wagte – sein Ziel erreichte er nie.«

»Keiner, Mendez?«

Ich hatte es satt, dieses Spiel mit Würfeln ohne Augen. »Auch ich nicht«, sagte ich zornig.

Jetzt sah mich Colón an. Er sagte, auf die zerfallende »Capitana« zeigend: »Ihr, Mendez, würdet sogar mit diesem Schiff Santo Domingo erreichen.«

Mein Zorn wuchs. In einem Kanu nach Hispaniola? Das war, das konnte nur eine Fahrt in den Tod sein. »Habe ich bisher zu wenig gewagt?« fuhr ich auf. »In Veragua etwa? Oder hier?

»Nur deshalb, Mendez, nur deshalb meinte ich, Ihr würdet auch dieses Wagnis auf Euch nehmen. Gott hat Euch bisher auf wunderbare Weise beschützt.«

Schon ruhiger, hob ich die Hand. »Er würde mich nicht mehr beschützen, wenn ich ihn derart herausforderte. Laßt die Mannschaft antreten. Kann sein, daß einer mehr Mut als ich besitzt.«

Eine Stunde später sprach der Admiral von seinem Plan. Die Antwort: Stillschweigen, verschlossene Mienen, Blicke, auf den Boden geworfen, sogar höhnisches Gelächter.

»Keiner also?«

Plötzlich trat der Adelantado vor. Er stützte sich noch immer auf seinen Stock. »Ich werde fahren«, sagte er durch die Zähne.

»Ich werde fahren«, sagte ich und wunderte mich, diese Worte gesprochen zu haben.

Colón trat auf mich zu und umarmte mich. Er hatte Tränen in den Augen.

Während der Admiral Briefe an die Souveräne und Ovando verfaßte, schrieb ich mein Testament nieder. Auch die Inschrift für meinen Grabstein – den wollte ich auch haben, wenn ich auf dem Meeresboden mein Grab fand – entwarf ich:

> Hier ruht in Frieden
> DIEGO MENDEZ
> welcher der königlichen Krone von
> Spanien bei der Entdeckung und Eroberung Indiens gemeinsam mit dem
> Admiral Don Cristóbal Colón getreulich diente. Er starb am ......
> und bittet um die Barmherzigkeit
> eines Paternosters und eines Ave-Maria.

Ich fügte noch hinzu, daß in den Stein ein indianisches Boot mit einem Einbaum und darüber das Wort *canoa* eingemeißelt werden solle. Dann machte ich mich an die Arbeit. Ich brachte an dem Canoe einen falschen Kiel an, fettete und teerte den Boden, versah Bug und Heck mit festen Planken, um Sturzwellen abzuhalten, und richtete einen Mast mit einem Segel auf.

Nach wenigen Stunden war das Boot klar zur Fahrt. Ich war überzeugt, daß es eine Fahrt in den Himmel auf dem Umweg über die Hölle sein würde.

Zwei Tage Fahrt entlang der Ostküste und gegen eine widrige Strömung... Plötzlich sah ich mich vier Canoes gegenüber, in denen Bewaffnete saßen. Ein kurzer Kampf, dann war ich überwältigt. Die Indianer zerrten mich an Land und weiter in den Urwald. Während sie wegen der Teilung der Beute zu streiten begannen, gelang es mir zu entkommen. Nach vier Tagen – mehrmals befürchtete ich, mich verirrt zu haben – betrat ich Santa Gloria wieder. Sofort sah ich mich nach einem neuen Canoe um.

IX

Vierzig Bewaffnete hatten uns der Küste entlang bis zur Nordostspitze Jamaikas das Geleit gegeben. Nun war ein Überfall nicht mehr zu befürchten. Vor uns lag das azurblaue, spiegelglatte Meer. Im letzten Augenblick war alles anders geworden. Nicht nur Bartolomeo Fieschi, der Genuese, hatte sich erboten, mich zu begleiten, auch zwölf andere – einfache Matrosen – waren zu dem Entschluß gelangt, ihre Haut zu Markte zu tragen. So fuhren wir nun in zwei Canoes, zehn Indianer dienten uns als Ruderer. Sie hatten sich unfreiwillig zu dieser Fahrt entschlossen und konnten sehr bald gefährlicher als das Meer sein.

Weißer Korallenstrand mit schlanken Palmen. Wasserfälle, die sich über Felsen ins Meer ergossen. Tiefzerklüftete Täler. Blaue Berge mit wolkenverhangenen Gipfeln. Hütten der Eingeborenen. Ständig wechselte das Bild, ein schönes Bild, doch wir hatten kaum ein Auge dafür. Wohl waren wir froh, daß der Himmel wolkenlos und die See ruhig war, zugleich aber machte gerade das die Hitze unerträglich. Es gab keinen Schutz gegen die glühenden Strahlen der Sonne, und das ewig spiegelnde Meer machte die Augen schmerzen. Bald ahmte ich Fieschi nach. Er hatte sich bäuchlings auf den Boden des Bootes gelegt und den Kopf mit beiden Händen bedeckt.

Die Indianer sprangen dann und wann ins Wasser und schwammen neben den Booten her, um sich zu erfrischen.

Noch murrten sie nicht. Noch lockten sie die Geschenke, die wir ihnen versprochen hatten, wenn wir Hispaniola erreichten. Doch ich gab mich keinem Zweifel hin, daß dies bald anders werden würde. Sie waren Entbehrungen, Anstrengungen und harter Arbeit weit weniger gewachsen als wir. Und sie fürchteten das Meer, wenn sie das Land nicht mehr sehen konnten.

Noch vor Einbruch der Nacht verloren wir die blauen Berge aus den Augen. Bald war die Küste zuerst ein silbern schimmernder Strich und dann eins mit der unendlichen Wasserwüste geworden. Wie immer fiel die Dunkelheit urplötzlich vom Himmel. Nachdem ich Rodrigo de Menses die Wache übergeben und befohlen hatte, die Indianer nicht aus den Augen zu lassen, legte ich mich wieder auf den Boden des Kanus. Das leise Glucksen der an die Bootswände schlagenden Wellen sorgte dafür, daß ich bald einschlief.

Als ich erwachte, hob sich die Sonne, schon feurig und rot, gerade aus dem Meer. Ich sah, daß Rodrigo de Menses schlief. Und ich sah auch, daß die Indianer während der Nacht die Wasserfässer bis zur Neige geleert hatten. Ich rüttelte Menses wach, und er zuckte nur müde die Achseln, als ich ihm vorhielt, was durch seine Schuld geschehen war.

Mindestens zwei Tage und zwei Nächte Fahrt lagen noch vor uns, und – wir besaßen keinen Tropfen Wasser mehr, wenn Fieschi nicht mit uns teilte. Ich rief zu ihm hinüber und erfuhr, daß es ihm noch ärger ergangen war als mir. Seine Indianer hatten nicht nur alles Wasser getrunken, sie hatten sich auch über den Proviant hergemacht.

Kein Lufthauch. Das Meer war glatt wie ein Spiegel. Wieder sagte ich mir, daß unsere Boote dem Untergang preisgegeben waren, wenn die Wellen nur ein wenig höher, wenn ihr Schlag nur ein wenig heftiger wurde, und doch sehnte ich das Ende dieser lähmenden Windstille herbei. Je höher die Sonne stieg, desto unerträglicher wurde die Hitze. Und der Durst begann unsere Kehlen, unseren ganzen Körper auszudörren, begann uns zu foltern, ließ uns Inseln sehen, die es nicht gab, ließ uns zu Quellen paddeln, die verschwanden, wenn wir sie erreicht hatten. Vielleicht war diese Pein auch deshalb so furchtbar, weil wir ringsum Wasser, nichts als Wasser sahen und doch keinen einzigen Tropfen Wasser zu trinken hatten.

Als die Sonne im Zenit stand, hörten die Indianer zu paddeln auf. Einer von ihnen sprang ins Wasser, begann plötzlich wild mit den Händen um sich zu schlagen und ging dann unter. Sein Tod bewegte uns kaum, so stumpf waren wir schon. Ich verteilte Zwieback und getrocknete Fische und sah, daß es den anderen wie mir erging: Keiner war imstande, auch nur einen einzigen Bissen zu schlucken. Wasser! Wenn wir nicht, noch bevor wir Hispaniola erreichten, auf irgendeine Insel stießen, erwartete uns der schrecklichste, der qualvollste aller Tode.

Ich beriet mit Fieschi, und auch er wußte keinen Rat. Auch er hoffte, wir würden auf eine Insel stoßen. Der Nachmittag verging, der Abend kam, die Nacht brach herein. Das Meer blieb weiter spiegelglatt, ein großer voller Mond stand über uns. Wasser! Ich sah, daß einer der Indianer Salzwasser trank, und hinderte ihn nicht daran. Er starb gegen Morgengrauen.

Die Nacht, eine qualvolle Nacht, ging vorüber. Wieder war die Sonne, die sich aus dem spiegelglatten, flimmernden Meer erhob, rot und erbarmungslos. Die Indianer lagen auf dem Boden des Bootes und winselten und stöhnten leise. Von Zeit zu Zeit kroch einer zur Reling, zog sich hoch und schöpfte mit der hohlen Hand Salzwasser, um es gierig zu trinken. Jetzt paddelten wir selbst, nach Osten, immer nach Osten.

Am Nachmittag starb einer der Indianer. Wir warfen seine Leiche ins Meer. Als einer meiner Gefährten Salzwasser trinken wollte, riß ich ihn zurück. Ein paar Augenblicke später trank er doch. Am Ende tranken alle, auch ich.

Am Abend paddelten wir nicht mehr und ließen das Boot treiben. Wieder dieser große satte Mond, der uns zu verhöhnen schien. Ich legte mich zu den Indianern und begann Gott anzuflehen, er möge mich sterben lassen.

Ich träumte von einer Quelle, die dem Boden des Bootes entsprang. Ganz nahe war das kühle Wasser, ich näherte ihm meinen Mund und konnte doch nicht trinken. Ich griff mit beiden Händen danach, und die Quelle wich zurück. Das änderte sich auch nicht, als ich näher herankroch. Ich sah das Wasser, ich spürte seine Kühle, und dennoch blieb meine Kehle trocken. Trinken, mich satt trinken... Mein Verlangen wurde übergroß.

Es war keine Quelle, ich hatte den Mond für eine Quelle angesehen. Mühsam setzte ich mich auf. Einer neben mir stöhnte leise. Ich berührte einen anderen, der mich aus glasigen Augen anstarrte, und spürte, daß er tot war. Der Tod saß schon im Boot. Und der Mond – im Mond, in seinem unteren Rand, stand eine Insel. Hatte sich schon Irrsinn meiner bemächtigt? Im Mond konnte keine Insel liegen...

Ich rieb meine brennenden Augen. Die Insel blieb. Wie eine Verfinsterung bedeckte sie den unteren Rand der gelben Scheibe. »Land!« wollte ich schreien, aber ich brachte nur einen heiseren, krächzenden Ton aus der Kehle. Land! Ich griff nach den Paddeln und ruderte zu Fieschi hinüber. Auch er hatte die Insel schon entdeckt. Er glaubte, es sei Hispaniola.

Es war nicht Hispaniola. Ein etwa eine halbe Seemeile langer und eine Seemeile breiter, aus den Fluten ragender Felsen – nicht mehr. Kein Baum, kein Strauch, kein Kraut, kein Fluß, keine Quelle. In der glühenden Sonne irrten wir umher, nach Wasser suchend. Endlich fanden wir eine Höhle, in der sich Regenwasser angesammelt hatte. Wir tranken und tranken... Die Indianer tranken zu viel. Einer von ihnen trank sich so voll, daß er urplötzlich, wie vom Blitz getroffen, zusammenbrach und starb. Die anderen begannen bald wieder zu stöhnen. Gräßliche Schmerzen plagten sie. Es war, als zerrisse ihnen das Wasser die Eingeweide.

In der Nähe des Strandes fanden wir Muscheltiere und dürres Holz. Mit Stein und Stahl schlug ich Feuer und ließ das dürftige Mahl zubereiten. Es mundete uns wie eine Götterspeise. Und dann – dann schleppten wir uns in die Höhle zurück, um zu schlafen.

Wir verschliefen einen halben Tag und eine ganze Nacht. Ich erwachte als erster. Um mir die Füße zu vertreten, pirschte ich mich zum östlichen Rand der kleinen Insel vor. Was war das? Träumte ich noch? Träumte ich schon wieder? Ich fuhr mit der Hand über die Augen. Ich träumte nicht. Vor mir lag, zum Greifen nahe, Kap Tiburon. Höchstens noch acht Seemeilen trennten uns von unserem Ziel, von Hispaniola.

X

»Er lebt also«, sagte Ovando, und ich hörte seiner Stimme nicht an, daß er sich freute.

»Er lebt. Und er wird am Leben bleiben, wenn Ihr Euch rasch entschließt, ihm Hilfe zu schicken.«

»Rasch? Es steht mir kein Schiff zur Verfügung. Mendez, ein Schiff, das ich entbehren könnte.«

Ich verstand nur zu gut. Colóns neue Entdeckungen bereiteten Ovando wenig Freude. Ein toter Colón – das hätte für ihn vielleicht das Amt des Vizekönigs bedeutet. Ein lebender Colón, der endlich Ophir entdeckt hatte – das konnte für ihn bedeuten, daß der Admiral in alle seine Rechte wiedereingesetzt wurde. Doch das, das durfte er nicht wagen! Er war ein Spanier und ein Christ...

»Ihr werdet das Schiff entbehren *müssen*«, sagte ich durch die Zähne. »Nicht nur der Admiral befindet sich auf Jamaika. Mehr als hundert Spanier sind dort gestrandet. Wollt Ihr die Schuld an ihrem Tode tragen?«

»Ich habe kein Schiff –«

»Und die Karavelle, die im Hafen liegt?«

»Wollt Ihr mir Vorschriften machen, Mendez?« Ovando fragte ruhig, leidenschaftslos.

»Das will ich, wenn Euch Euer Gewissen nichts vorschreibt.«

Er lächelte spöttisch. »Nicht nur mein Gewissen, auch mein Amt schreibt mir vor, auf das Wohl der Kolonie und nur darauf bedacht zu sein. Ich weiß, daß ein neuer Aufstand der Indianer in Xaragua bevorsteht. Würdet Ihr an meiner Stelle das einzige im Hafen liegende Schiff nach Jamaika senden, wenn Ihr wüßtet, daß Ihr es vielleicht morgen schon brauchen werdet, um rasch Truppen nach Xaragua zu bringen?«

Ich gab das spöttische Lächeln zurück. »Ich hätte, wäre ich an Eurer Stelle, die Truppen schon gestern nach Xaragua gesandt. Dann könnte ich morgen schon das einzige im Hafen liegende Schiff nach Jamaika senden.«

Er lächelte weiter. Er blieb weiter ruhig. »Der Statthalter bin ich, Diego Mendez –«

»Ein Spanier auch? Ein Christ auch?«

»Nicht ich trage die Schuld, daß der Admiral mit Schiffen nicht umzugehen weiß.«

Ich konnte nicht mehr an mich halten. Mit geballten Fäusten drang ich auf Ovando ein.

»Ihr seid ein Lump –«

Er trag rasch zurück und klatschte in die Hände. Zwei Bewaffnete stürzten in den Raum.

»Ergreift ihn«, befahl Ovando. »Werft ihn in den Kerker. Er ist ein Rebell.«

Sieben Monate waren vergangen, als es Ovando gefiel, mich freizulassen. Unter Bewachung wurde ich auf ein Schiff gebracht, das sofort in See stach. Colóns Briefe an die Souveräne waren mir ausgehändigt worden. Meine Fragen beantworteten meine Wächter nicht. Ich konnte fast glauben, sie wären stumm.

Diego de Calpe, der Kapitän, war um so gesprächiger. Er mochte Ovando nicht leiden und erzählte mir, daß der Statthalter erst vor kurzem achtzig Kaziken bei lebendigem Leibe hatte verbrennen lassen. Die Indianer dauerten mich gewiß, doch Colóns Schicksal lag mir mehr am Herzen.

»Der Admiral?« sagte Calpe zögernd. »Das wißt Ihr nicht?

Der Admiral ist tot. Ovando hat heute ein Schiff nach Jamaika geschickt. Weshalb? Weil er völlige Gewißheit hat, daß Colón tot ist –«

»Tot?« schrie ich auf. »Dafür wird die Königin Ovando furchtbar strafen.«

»Das gebe Gott«, sagte Calpe. »Gern würde ich zusehen, wie er bei lebendigem Leibe verbrannt wird. Wollt Ihr ein Glas Wein, Mendez? Wein hilft über alles hinweg.«

Ich nickte nur. Ich setzte das Glas an die Lippen und konnte nicht trinken, wie damals, als die Quelle aus dem Boden meines Canoes gesprudelt war.

Sechster Teil

DIE GROSSE DUNKELHEIT

(Nach dem Bericht des Fernando Colón)

> Meinem Sohn Diego befehle ich, eine Kapelle zu erbauen und drei Kaplane zu erhalten, die jeden Tag drei Messen lesen sollen, eine zu Ehren der Heiligen Dreifaltigkeit, die zweite für die Empfängnis Unserer Lieben Frau, die dritte für meine Seele. Diese Kapelle soll auf Hispaniola errichtet werden, der Insel, die ich geliebt und gehaßt habe wie eine treulose schöne Frau.
>
> *Aus dem am 25. August 1505
> verfaßten Testament des Admirals*

I

Die meiste Zeit verbringt der Admiral auf einer Landzuge, die weit ins Meer hinausragt. Dort steht er, die Hand über den Augen, und blickt auf den Ozean hinaus. Er weiß, daß er eines Tages das Schiff, auf das er so sehnsüchtig wartet, erblicken wird. Nicht einen Augenblick erwägt er die Möglichkeit, Diego Mendez und Bartolomeo Fieschi könnten Opfer des Ozeans geworden sein, könnten Hispaniola nicht erreicht haben.

Doch die Zeit verfließt. Der Sommer vergeht, es wird Herbst. Dem Herbst folgt ein Winter, der mit beißenden Nordwinden und Regenschauern den zerfallenden Karavellen den Rest gibt. Hütten müssen erbaut werden, und auch sie bieten wenig Schutz gegen Kälte und Einsamkeit. Die Matrosen, an Gefahren, ein ewig in raschem Fluß dahingleitendes Leben gewöhnt, beginnen zu murren: vor Heimweh, vor Langeweile, zermürbt vom Nichtstun. Ein Gerücht flackert auf, verlöscht und kommt wieder: Auch die Fahrt nach Hispaniola hätten die Schiffe noch heil hinter sich gebracht; daß sie hier vermodert sind, ist Schuld des Admirals allein; von allem Anfang an ist es seine Absicht gewesen, nach Jamaika zu fahren und die Schiffe dort stranden zu lassen. Der Grund liegt auf der Hand: Colón darf Hispaniola nicht mehr betreten.

Einmal geboren, wächst das Gerücht von Tag zu Tag: Die Canoes hat Colón nach Santo Domingo geschickt, um Ovando Gold für ein Schiff zu bieten, das ihn holen soll. *Ihn* holen! Denn die anderen werden hier bleiben, hier verhungern, hier umkommen. Nicht ohne Grund hat der Admiral Diego Mendez, seinen Freund, und einen Genuesen nach Hispaniola gesandt.

Auch zu Francisco de Porras findet das Gerücht seinen Weg. Er päppelt es weiter auf: Genau so verhält es sich und nicht anders. Colón wird nur zu bald Jamaika den Rücken kehren und der Adelantado auch. Die anderen? Die Mannschaft? Auf sie wartet ein zweites La Navidad, wenn – wenn –

Das spricht Francisco de Porras schon laut aus, in einer Versammlung der Unzufriedenen:

»Wenn wir uns keine Canoes beschaffen und die Indianer zwingen, uns nach Santo Domingo zu rudern. Sollen wir hier jämmerlich umkommen, damit der Genuese daran sein Vergnügen hat?«

Einer fragt: »Und wenn man uns deshalb vor Gericht stellt? Wenn man uns der Meuterei anklagt...?«

Porras lacht laut auf. »Glaubt Ihr, daß Ovando das tun wird? Er haßt den Genuesen und wird froh sein, wenn er uns ohne ihn sieht.«

»Und die Königin?«

»Die Königin ist weit.«

»Sie zahlt uns unseren Sold.«

»Sie zahlt ihn?« Nun grinst Porras. »Sie? Don Alonso de Morales zahlt ihn, der Großschatzmeister von Kastilien. Meine Schwester –«

»Liegt vielleicht gerade jetzt mit ihm im Bett!«

Gebrüll, Johlen, Hände, die klatschend auf Schenkel niedersausen. Dann Totenstille, als Porras sagt:

»Klagen helfen uns nichts. Wir müssen handeln. Noch besser, wenn wir in die Canoes steigen, nachdem ein Hindernis beseitigt worden ist.«

Ein Tag wird bestimmt. Am 2. Januar wird Cristóbal Colón ermordet werden. Achtundvierzig Mann heben zustimmend die Hand, nachdem Francisco de Porras diesen Vorschlag unterbreitet hat.

Eine trübe Weihnacht ohne Lichterglanz. Zwei Tage später erkrankt der Admiral, die Gicht plagt ihn wieder, und außerdem fiebert er. Auch das ist Wasser auf die Mühle von Porras. Ein alter, gebrechlicher Mann ist Colón; sich aufzuraffen und zu handeln – dazu scheint er nicht mehr fähig. Ein alter Mann, nur noch eine Last für alle hier und – auch für die Krone. Frohlocken wird die Königin, wenn sie erfährt, daß den Greis auf Jamaika der Tod ereilt hat! Ein natürlicher Tod... Um das bezeugen zu können, muß noch einer sterben: Bartolomé Colón.

Ein Jahreswechsel ohne einen einzigen Tropfen Wein. Fieberschauer schütteln den Admiral. Das Gerücht läuft im Lager um, daß er schon im Sterben liegt. Aber darauf will Porras nicht warten. Und außerdem ist Bartolomé Colón schon wieder gesund.

Die Tür wird aufgestoßen. Mit drei Mann dringt Porras unangemeldet ein. Er pflanzt sich, die Waffe in der Hand, vor dem Bett des Kranken auf.

»Was hat es zu bedeuten, daß Ihr keinen Versuch unternehmt, nach Hispaniola zu fahren? Ist es Euer Wunsch, uns hier umkommen zu lassen?«

Colón richtet sich mühsam auf. Er erkennt Porras nicht gleich. »... nach Hispaniola fahren?« murmelt er. »Ich wollte, ich wäre schon dort. Ich wollte, ein Arzt würde sich um mich kümmern.«

»Ein Arzt?« Porras lacht laut auf. »Den braucht Ihr nicht mehr, Colón. Der Tod ist der beste Arzt.«

Jetzt erkennt der Admiral den Mann, der vor ihm steht. Er versteht seine Worte nur zu gut. »Wißt Ihr einen Weg?« fragt er schroff. »Einen Weg über das Meer ohne Schiff?«

»Das Schwert heben und zustoßen«, geht es Porras durch den Kopf. »Ein Augenblick nur...« Doch irgend etwas hält ihn zurück, was es ist, begreift er selber nicht.

»Ich weiß ihn –«

»Dann will ich ihn morgen hören, Porras. Morgen –«

»Morgen?« Das ist nun eine einzige Drohung. »Heute, Colón! Bleiben oder in Canoes steigen – das ist der Weg. Der Weg nach Kastilien!« Laut schreit Porras diese letzten Worte heraus – sie sind die Parole.

»Nach Kastilien!«

»Nach Kastilien!«

Die Tür wird aufgerissen. Aber es sind nicht allein Verschwörer, die in den Raum stürmen, in dem der Kranke liegt, auch jene, die dem Admiral treu geblieben sind, dringen, von Bartolomé Colón geführt, ein.

»Nach Kastilien!«

Der Raum ist zu klein, als daß es zu einem Kampf kommen könnte. Nun versucht Porras, sein Schwert zu zücken, Bartolomé Colón schlägt es ihm aus der Hand. Flüche, Geschrei. Endlich bekommt der Adelantado eine Lanze in die Hand. Mit ihr jagt er die Verschwörer hinaus, als letzten Francisco de Porras. Einen Augenblick zögert er. Soll er Porras von hinten durchbohren? Das wäre seiner nicht würdig. Morgen wird er das tun, von Angesicht zu Angesicht.

Keuchend, unter ihrer Last beinahe zusammenbrechend, schleppen die Verschwörer das Gold zu den am Ufer liegenden zehn Canoes. Die Indianer verhalten sich still, oft genug haben sie gehört, daß sie der geringste Laut das Leben kosten wird. Endlich, endlich ist die kostbare Fracht verstaut. Geräuschlos tauchen die Paddel ins Wasser. Die Boote gleiten ins Meer hinaus. Achtundvierzig Mann und die Brüder Porras haben Jamaika den Rücken gekehrt und die Fahrt nach Hispaniola angetreten.

II

Bald darauf zieht der Hunger in die Hütten der Zurückgebliebenen ein. Ameyro schickt keine Lebensmittel mehr, auch die Indianer aus Mellila zeigen sich nicht mehr im Lager der Spanier. Alle besitzen sie nun Glasperlen, Falkenglöckchen und Messingringe genug; was die weißen Männer sonst noch zu bieten haben, lockt sie nicht. Außerdem hoffen sie, daß die Eindringlinge nun doch endlich – wie die anderen – die Insel verlassen werden. Gewiß, sie sind vom Himmel herabgestiegen, aber das ist kein Grund, daß sie nicht wieder in den Himmel zurückkehren.

Der Adelantado versucht es mit Güte und erntet nur wenig Erfolg. Jetzt ist alles anders geworden. Hat Diego Mendez für ein Schnurende zehn getrocknete Fische erhalten, verlangen die Indianer von ihm für drei getrocknete Fische ein Messer, zehn Glasperlen und einen Messingring. Gewalt anwenden? Das ist zu gefährlich. Die kleine Schar – viele sind krank – wäre verloren, würden die Indianer zu den Waffen greifen.

So wartet der Admiral noch sehnsüchtiger als bisher auf das Schiff, das ihn von dieser Not erlösen wird. Und allmählich beginnt auch er sich mit dem Gedanken vertraut zu machen, die Überfahrt nach Hispaniola oder dem näher gelegenen Cubagua mit Booten zu wagen. Aber was geschähe dann mit dem Gold? Das Gold, das viele Gold – nicht einmal die Hälfte hat Porras mitgenommen – auf Jamaika zurücklassen? Die Früchte für alle Mühsal, alle Not, alle bestandenen Gefahren zurücklassen? Dazu kann sich Colón nicht entschließen.

Auf den Booten der Insurgenten herrscht eine fröhliche, ja ausgelassene Stimmung. Francisco de Porras hat bewiesen, daß ihm der Titel eines Admirals viel eher als dem Genuesen gebühren würde. An Lebensmitteln herrscht kein Mangel, die Indianer paddeln, und die See ist ruhig und glatt. Entlang der Küste führt die Fahrt, immer nach Osten, dann und wann wird gelandet. Indianerdörfer werden überfallen und völlig ausgeplündert. Beklagen sich die Eingeborenen, versichert ihnen Porras, der Admiral werde allen Schaden ersetzen, ganz sicher werde er das tun. Werde er es nicht tun, dann – könnten sie ihn ruhig erschlagen. Er sei ein Feind der Indianer und ein Unheilbringer.

Das Meer bleibt weiter ruhig und glatt, als das Land zurückgeblieben ist, zwei Tage lang bleibt es so. Dann aber erhebt sich plötzlich ein widriger Wind. Kein Sturm, nur ein Wind. Die Wogen beginnen zu wachsen, und die Boote, viel zu schwer beladen, schaukeln immer mehr. Sie klettern Wasserberge hinauf, stürzen in Täler, drehen sich im Kreise, füllen sich mit Wasser. Als das erste umkippt und sich die Insassen nur mit

Mühe retten können, greift nackte Angst, Angst um das Leben nach allen.

Immer heftiger werden die Windstöße, immer aufgeregter wird die See. Es gibt nur einen Weg, sich zu retten: Die Boote müssen erleichtert werden. Das Gold über Bord werfen? Um das zu tun, ist keiner geflüchtet. Die Indianer über Bord werfen? Warum nicht?

So werden die Indianer gezwungen, ins Wasser zu springen. Sie sind geschickte Schwimmer, aber der Weg zurück zum Land ist auch für sie zu weit. Immer wieder schwimmen sie zu den Booten heran, um sich anzuklammern, um wieder zu Atem zu kommen. Die Spanier, nun schon halb irr vor Angst, gewähren ihnen diesen Halt nicht. Sie hacken ihnen die Hände ab, stoßen sie mit den Schwertern zurück. Man sieht Hände, die sich am Dollbord festgekrallt haben, *nur* Hände, Hände, die allmählich erschlaffen, loslassen, ins Wasser fallen, sinken, den Körpern folgen, zu denen sie gehören.

Noch immer sind die Boote zu schwer. Wieder kippt eines um, das Gold folgt den abgehackten Händen. Das Gold ins Wasser werfen? Die Vorräte ins Wasser werfen? Die Waffen ins Wasser werfen? Oder den Indianer, der im Boot geblieben ist, um es zu lenken? Ohne den Indianer ist man verloren. Ohne Vorräte ist man verloren. Nur zu leicht kann es sein, daß man seine Waffe brauchen wird. Das Gold über Bord werfen? Sich von dem Gold trennen? Vielleicht beruhigt sich die See wieder, vielleicht halten sich die Boote doch über Wasser...

Die See beruhigt sich nicht. Immer höher werden die Wellenberge, immer wilder pfeift der Wind, der nun allmählich doch ein Orkan wird. Die Goldbarren über Bord werfen, nur die Goldbarren? In einem Boot beginnt man damit, in den anderen folgt man dem Beispiel rasch. Das wird genügen... Es genügt nicht. Wieder kippt ein Boot um, diesmal ertrinken zwei Spanier. Ein Indianer wirft die Paddel weg, springt ins Meer, kämpft eine Weile, geht unter. Wolken bedecken den Himmel, Nebel kommt auf.

Zurück zum Land, nur zurück! Zurück nach Jamaika! Aber die Boote sind noch immer zu schwer. Das Gold über Bord werfen oder das Leben wegwerfen? Nun zögert keiner mehr. Goldene Ringe fallen ins Wasser, Armketten, Fußspangen, goldene Adler, Becher; die ganze Beute einer langen Fahrt verschlingt das gefräßige Meer.

Sieben Boote und vierunddreißig Spanier erreichen Jamaika. Sie besitzen kein Gold mehr, keine Vorräte, keinen Mut. Die Fahrt noch einmal wagen, wenn sich das Meer wieder beruhigt hat? Nach Santa Gloria zurückkehren? Einstweilen hierbleiben? Noch gehorchen die vierunddreißig Porras, der vorschlägt, sich zunächst den Magen zu füllen und dann abzuwarten.

Sie überfallen das zunächst gelegene Indianerdorf und stoßen auf erbitterten Widerstand. Der Kampf mit den Indianern fordert zwei weitere Opfer.

Von einem Tag zum anderen wird der Hunger im Lager größer. Krankheiten sind die Folge. Würden die Indianer angreifen, könnte der Adelantado mit Mühe gerade noch zehn Mann zu den Waffen rufen. Und das Schiff aus Hispaniola zeigt sich nicht. Bartolomé Colón glaubt längst nicht mehr, daß es je Santa Gloria anlaufen wird. Cristóbal Colón hofft noch immer.

Mit Hoffnungen lassen sich leere Mägen nicht füllen. Ein Buch ist es, das den Admiral einen Rettungsanker ersinnen läßt, eines der wenigen Bücher, die ihm geblieben sind: die »Ephemeriden« des Regiomontanus, in dem alle Mondfinsternisse für die kommenden dreißig Jahre vorhergesagt sind. Sehr bald schon, am 29. Februar, soll eine völlige Verfinsterung des Mondes eintreten. Sie könnte man nützen. Und wenn Regiomontanus irrt? Die Antwort, die Colón sich selber gibt, ist einfach: Regiomontanus darf nicht irren.

Dem Adelantado, der nicht viel von diesem Plan hält, gelingt es, fast alle Kaziken der Insel im Lager zu versammeln. Der Admiral begrüßt, bewirtet sie mit den letzten Vorräten und hält dann eine Ansprache. Ein Dolmetscher übersetzt:

»Wir Christen beten einen Gott an, der die Guten belohnt und die Bösen bestraft. Sehr rasch straft dieser Gott. Porras und seine achtundvierzig Mann sind ein Beispiel dafür. Hat Gott sie schon hart gestraft, wird er euch Indianer noch härter strafen. Denn er zürnt euch, weil ihr uns, seine Boten, hungern laßt. Er hat euch, milde wie er ist, noch Bedenkzeit gegeben. Aber als Zeichen seines Zorns wird er heute nacht den Mond seinen Schein verlieren lassen. Eine Warnung wird das sein, eine einzige, eine letzte Warnung. Werdet ihr sie in den Wind schlagen, wird morgen schon der Mond für immer vom Himmel verschwinden.«

Betroffene Gesichter, Erschrecken, aber auch Spott und Gelächter. Der Admiral öffnet den Mund nicht mehr, sein Herz schlägt schnell und unruhig. Wie, wenn sich des Regiomontanus Voraussage doch nicht erfüllt? Was dann? Dann? Dann werden die Indianer morgen schon angreifen...

Aber die Vorhersage erfüllt sich. Schon als der Mond aufsteigt, beginnt die Verfinsterung, und je höher er aufsteigt, desto mehr nimmt sie zu. Der Mond steht am Himmel und leuchtet nicht mehr... Nun lacht keiner der Indianer, keiner wagt es, zu spotten. Die Kaziken knien vor Colón nieder und flehen ihn mit erhobenen Händen an, den Mond wieder leuchten zu lassen. Sie versprechen ihm, alles zu bringen, was er fordern werde.

Colón zieht sich in seine Hütte zurück, nachdem er versprochen hat, alles zu tun, um die erzürnte Gottheit zu besänftigen. Nachdem er mit dem Halbstundenglas die Dauer der Finsternis gemessen hat, um die Länge von Jamaika errechnen zu können, verläßt er die Hütte wieder und verkündet, daß sein Gott noch einmal gewillt sei, Gnade vor Recht ergehen zu lassen.

Schon am nächsten Morgen hungert keiner der Spanier mehr. Früchte, Brot, getrocknete Fische, Fleisch – alles schleppen die verängstigten Indianer ins Lager. Cristóbal Colón ist für sie ein Gott geworden, und einen Gott darf man nicht hungern lassen, auch wenn man selbst das Nötigste entbehrt.

Noch einmal versucht Porras die Überfahrt. Sie mißlingt abermals und fordert wieder Opfer. Achtundzwanzig Spanier bleiben am Leben. Sie hausen wie Heuschrecken auf der Insel, fressen alles kahl. Und sie werden von den Indianern nicht für Götter angesehen. Sie sind Feinde des weißhaarigen Gottes im Lager, und dieser Gott wird dankbar sein, wenn man seine Feinde erschlägt.

III

Ein Schiff! Ein Schiff nähert sich Jamaika! Alle stürzen zum Strand, jubeln, winken, umarmen einander. Ein Schiff ist da, die Rettung ist da! Colón schießen Tränen in die Augen. Gott hat seine Gebete nun doch erhört...

Das Schiff ankert weit draußen im Meer. Ein Boot wird ins Wasser gelassen. Drei Insassen... Wer mag es sein? Diego Mendez? Fieschi? Die Wellen heben das Boot, lassen es in Tälern verschwinden, bringen es dem Land näher. Der Admiral beißt sich in die Lippen, als er erkennt, daß Diego de Escobar in dem Boot sitzt. Roldáns eifrigster Parteigänger. Das ist kein gutes Zeichen. Escobar heißt der rettende Engel. Wie seltsam...

Auch Escobar beißt sich in die Lippen, als er des Admirals ansichtig wird. Colón lebt also noch, lebt noch immer. Ovando wird wenig Freude haben, wenn er das erfährt. Auch mit seinem Boten wird er nicht zufrieden sein. Doch das läßt sich nicht ändern. Escobar tut so, als wäre er freudig bewegt, als er auf den Admiral zugeht.

»Wir haben von Eurem Mißgeschick gehört –«

»Wir?« denkt der Admiral und fragt: »Diego Mendez hat Santo Domingo erreicht?«

Escobar wird umringt, alle drängen sich heran. »Er brauchte für die Fahrt nicht länger als ich bis hierher«, sagt Escobar und nickt.

»Auch Fieschi hat die Fahrt mit heiler Haut überstanden?«

»Auch er.«

Der Admiral ballt die Fäuste. »Die beiden haben Santo Domingo erst vor wenigen Tagen erreicht?«

»Vor acht Monaten.«

»Und Ovando hat –?«

Colón kann die Frage nicht aussprechen. Einer schreit: »Ovando wollte warten, bis wir alle verhungert sind!«

»Bis uns die Indianer erschlagen haben!«

»Uns braucht er nicht, er wollte nur das Gold!«

»An den Galgen mit Ovando!«

Escobar sieht in haßverzerrte Gesichter, sieht drohend gegen ihn erhobene Fäuste. Was erst, wenn er aussprechen wird, weshalb er den Hafen nicht angelaufen hat? Er sagt hastig: »Aber nun hat Eure Not ein Ende gefunden. Ein Teil der Mannschaft ist ins Innere der Insel gezogen?«

Auch das versteht Colón. Escobar ist ein Spion, und Ovando hat ihn nur deshalb hierher geschickt, weil er erfahren will, wer noch am Leben ist, wie viele noch leben.

»In Gräber«, sagt er. »In Gräber hier und auf dem Meeresgrund.«

Escobar zuckt die Achseln. »Wir konnten Euch kein Schiff senden, das dürft und müßt Ihr mir glauben, Colón. Als Mendez ankam, waren gerade alle Schiffe nach Spanien unterwegs.«

»Alle?« Colón lacht laut auf.

»Er lügt!«

»Schlagt ihn tot!«

»Ihn totschlagen? Holt einen Strick!«

Die zwei, die mit Escobar an Land gegangen sind, greifen nach ihren Waffen. Nur dem Admiral ist es zu verdanken, daß kein Handgemenge entsteht, daß kein Mord geschieht. Er zeigt rasch auf seine Hütte.

»Kommt«, sagt er zu Escobar. »Es wird alles wieder gut werden.«

Porras und die achtundzwanzig anderen Rebellen wissen nichts von Escobar und dem Schiff. Sie werden von den Indianern gehetzt, aus dem Urwald zur Küste, von der Küste in den Urwald zurück. In Fetzen hängen ihnen die Kleider vom Leibe, ihre Waffen sind stumpf geworden. Sie nähren sich von Beeren, Muscheln und Wurzeln. Auch ihre Boote besitzen sie nicht mehr.

Porras ahnt, welches Schicksal ihm droht. Was er weiß, wissen auch seine Kumpane: daß es im Lager an Nahrung keinen Mangel gibt. Früher oder später wird er also – allein sein. Eher morgen schon als übermorgen werden seine Gefährten, die ihn längst hassen, den Weg antreten, der sein Ende bedeuten wird: den Weg ins Lager zurück. Und Colón wird sie gnädig aufnehmen, wird wieder einmal seine Milde beweisen...

Porras berät sich mit seinem Bruder, und die beiden finden einen verzweifelten Ausweg: das Lager zu überfallen, Colón und seinen Bruder zu ermorden, sich des Goldes und der Nahrungsmittel zu bemächtigen. Ihre Spießgesellen stimmen diesem Plan zu. Denn sie sagen sich, daß das Gold für sie für immer verloren ist, wenn sie zu dem Admiral zurückkehren und um Gnade winseln.

Noch während der Nacht ist das Schiff wieder in See gestochen. Seine Gefährten beruhigt der Admiral: Das Schiff sei zu klein gewesen, sie alle und das Gold aufzunehmen, bald jedoch würden zwei andere Schiffe kommen, um sie endlich zu erlösen und nach Santo Domingo zu bringen. Darum hat Colón den Statthalter auch gebeten, in einem Schreiben vor allem, das Escobar lächelnd immer wieder liest. Es endet mit den Worten: »So empfehle ich mich und meine Gefährten Gottes und Eurer *Gnade*.«

Durch einen Überläufer – das hat Francisco de Porras nicht verhindern können – erfährt der Admiral von dem geplanten Überfall. Er stellt eine Wache auf, und kaum hat er das getan, erfährt er, daß die Rebellen schon im Anmarsch sind. Achtundzwanzig Spanier werden gegen achtundvierzig Spanier kämpfen, mit Schwertern, mit Lanzen, mit den Fäusten. Denn Pulver gibt es schon längst nicht mehr.

Ein Gefecht? Es kommt zu einer Schlacht, die Erbitterung wächst nur noch, als Blut zu fließen beginnt, nachdem Bartolomé Colón Juan Sanchez – den Steuermann, der Quibian entkommen ließ; wie lange ist das her! – getötet hat. Juan Barber fällt als nächster, Pedro de Ledesma stürzt über eine Felsklippe und so unglücklich, daß ihm der Kopf gespalten wird. Einer der Rebellen nach dem anderen haucht seinen letzten Seufzer aus. Die vollen Mägen besiegen die leeren.

Eine Stunde wird gekämpft, eine zweite. Nun stehen nur noch zwanzig Spanier fünfundvierzig Spaniern gegenüber, und Porras erkennt, daß die Göttin des Sieges den Lorbeer dem Adelantado reichen wird. Ihn töten! Das kann dem Kampf noch eine andere Wendung geben! Er stürzt sich auf ihn, spaltet mit einem einzigen Schwerthieb den Schild seines Feindes und zückt die Waffe zum entscheidenden Stoß. Aber dann, schon den Triumph vor Augen, den verhaßtesten Gegner getötet zu haben, stößt er einen dumpfen Schrei aus und fällt aufs Gesicht. Er wird nie wissen, wer ihm eine Lanze zwischen die Schulterblätter gestoßen hat: einer seiner eigenen Leute oder ein Feind...?

Als die Rebellen sehen, daß Porras gefallen ist, werfen sie die Waffen weg und ergreifen die Flucht. Bartolomé Colón läßt sie laufen. Er weiß, daß sie zurückkehren und um Gnade bitten werden.

Auch Zuschauer hat die Schlacht angelockt. Staunend sehen die Indianer zu, wie die weißen Männer einander bekämpfen und töten. Als die Rebellen geflohen sind, wagen sie sich an die Gefallenen heran. Sie betasten die Wunden, tauchen die Finger in Blutlachen und führen sie an die Lippen. Ihre Verwunderung wächst. Das Blut ist wirklich Blut, die Wunden sind tatsächlich Wunden, die Toten sind tatsächlich tot. Wie können Unsterbliche sterben? Dieses Rätsel können die Indianer nicht lösen, und so stellen sie sich eine andere Frage: Sind sie belogen worden? Sind am Ende die Unsterblichen sterbliche Menschen wie sie?

Bartolomé Colón behält recht. Schon am nächsten Tag schleichen die Rebellen ins Lager und bitten um Gnade. Sie gestehen alles und führen nur an, daß sie keine Strafe mehr verdienen, weil sie von Gott schon genug gestraft worden sind. Der Admiral gewährt ihnen Vergebung. Nur die Anführer begnadigt er nicht. Francisco de Porras – der nur eine harmlose Fleischwunde davongetragen hat – wird ebenso wie sein Bruder in Ketten gelegt.

Vierundsechzig Spanier sind noch am Leben. Sie beginnen wieder auf das Schiff zu warten, das sie nach Hispaniola bringen soll.

»Er lebt also.«
»Wie sein Bruder.«
Ovando läuft unruhig von einer Wand zur anderen. Viele Sorgen quälen ihn: In Higuey haben die Indianer ein Boot überfallen und alle acht Insassen niedergemacht; Cotabanama, ein Häuptling, hat auf der Insel Saona die erst vor kurzem errichtete Festung erobert und in Brand gesteckt; auch in Xaragua gärt es wieder. Und nun noch diese Sorge: Cristóbal Colón hat neue, reiche Länder entdeckt und lebt!

»Er hat viel Gold nach Jamaika gebracht?«
»Viel Gold«, sagt Escobar einsilbig. Auch er macht sich Sorgen: Ovando pflegt Werkzeuge wegzuwerfen, die ihm nicht mehr dienlich sind.

»Und die Indianer?«
»Sie sind friedfertig. Dafür waren sie immer bekannt.«
Ovando bleibt vor Escobar stehen und wirft ihm einen spöttischen Blick zu. »Was würdet Ihr an meiner Stelle tun?« fragt er.

»Warten. Wenn Ihr das Schiff nicht schickt, wird irgendeinmal... Ihr versteht...«

»Ihr seid ein Narr«, sagt Ovando grob. »Und die Königin? Und der König? Und meine Feinde?«

»Las Casas...«, murmelt Escobar.
Ovando lacht laut auf, aber in seinem Lachen ist keine Fröh-

lichkeit. »Las Casas weiß schon, daß der Admiral lebt. Er wird mich steinigen – mit Worten. Und wenn Colón sterben sollte, würde er mich nicht nur steinigen. *Ihm* kann ich nicht verwehren, daß er Briefe nach Kastilien schickt.«

»Dann weiß ich keinen Weg«, sagt Escobar betroffen.

Wieder nimmt der Statthalter seine unruhige Wanderung auf. Wieder bleibt er nach einer Weile vor Escobar stehen. »Es gibt nur einen Weg«, sagt er ungnädig und schroff. »*Zwei* Schiffe müssen nach Jamaika fahren. Das eine – es wird das Gold holen – wird nach Santo Domingo zurückkehren. Das andere wird Cubagua anlaufen und dann nach Spanien fahren.«

»Mit dem Admiral –«
»Und mit Euch als Kapitän.«

Escobar zuckt zuerst zusammen und senkt dann den Kopf. Er weiß, daß eine Auflehnung, daß Widerspruch nichts fruchten würde. Das Werkzeug ist stumpf geworden und ist in der Neuen Welt nicht mehr brauchbar. Vielleicht ist es für Spanien noch gut genug.

Es ist lange her, daß der Mond vorübergehend seinen Schein verloren hat. Aber erst vor kurzem ist offenbar geworden, daß die weißen Götter nicht unsterblich sind. Die Lieferungen der Indianer bleiben zwar nicht aus, aber sie sind kein Geschenk mehr. Der Tauschhandel lebt wieder auf. Glasperlen, Messingringe, Schellen? Die Kaziken schütteln nur den Kopf, wenn ihnen dieses Angebot gemacht wird. Sie haben längst erkannt, wie sehr die Fremden am Gold hängen, und was die Fremden lieben, muß von hohem Wert sein. So fordern sie nun Gold für Fleisch, getrocknete Fische und Brot.

Zuerst lehnen die Spanier diesen Vorschlag mit einem Hohngelächter ab. Doch sie geben bald nach, als sie bitterer Hunger zu quälen beginnt. Und so geht der letzte Rest der goldenen Beute verloren: Armspangen werden zu Cassava-Brot, Halsketten verwandeln sich in Fische, die Adler Veraguas in Früchte. Als endlich – sieben Monate sind seit Escobars

Ankunft wieder vergangen – zwei Schiffe Santa Gloria anlaufen, ist für das eine keine Fracht da. Das Gold ist in hungrige Mägen gewandert und zu Kot geworden.

IV

Am 7. November 1504 betritt Cristóbal Colón den Boden seiner zweiten Heimat wieder. Er ist krank, schwer krank. Dennoch entwirft er sofort neue Pläne. Die fünfte Fahrt, die Fahrt nach Veragua! Sie wird die Krönung seiner Seefahrerlaufbahn sein.

Er reist nach Sevilla, mietet dort ein Haus und wartet darauf, an den Hof gerufen zu werden. Doch niemand ruft ihn, lädt ihn ein. Ist er in Ungnade gefallen? Bedarf man seiner nicht mehr? Bald erfährt er den Grund, weshalb man seiner vergißt: Die Königin ringt mit dem Tode. Wenn Spaniens größte Herrscherin auf dem Sterbebett liegt, hat man keine Zeit für Veragua und seinen Entdecker. Das sieht auch Colón ein.

Die Königin stirbt. Wieder wartet Colón darauf, an den Hof gerufen zu werden. Die Trauer um Isabella? Gewiß: Der König trauert um Isabella und hat für Veragua und seinen Entdecker keine Zeit. Der Dezember kommt, der Januar. Trauert Ferdinand noch immer? Nun wird Colón ungeduldig und schreibt seinem Sohn, Don Diego, der Soldat der Leibgarde ist, einen Brief, in dem er viele Fragen stellt. Diego rät ihm, sich an den König selber zu wenden.

Diesen Rat befolgt der Admiral sofort. Er schildert seine neue Entdeckung, beklagt sich darüber, daß die Brüder Porras von Ovando in Freiheit gesetzt worden sind, beklagt sich noch mehr über Ovando selber und vergißt nicht zu fordern, daß der mit der Krone geschlossene Vertrag nun endlich erfüllt werde.

Ferdinand liest den Brief und legt ihn beiseite. Weiß dieser Genuese nichts anderes als Klagen zu erheben und zu fordern?

Ein Quengler ist er, habgierig ist er und lästig dazu. Forderungen stellt er? Er, der seine Versprechungen nicht gehalten hat, Hispaniola nicht verwalten konnte und zwei Schiffe voll Gold an die Indianer verschenkt hat...?

Der Brief bleibt liegen. Ferdinand vergißt ihn. Er hat andere Sorgen. Wie wird er die Infantin Juana, die Philipp von Österreich geheiratet hat, um ihr Erbgut bringen?

Heiraten müßte er... Aber wen?

Der Februar kommt, der März vergeht, der April. Im Mai ist Colón endlich kräftig genug, ein Maultier besteigen zu können. Seine Reise führt ihn nach Segovia. Wieder verstreicht ein Monat, bevor ihn der König empfängt.

Ferdinand hört gelangweilt zu, als der Admiral von seiner Entdeckung spricht. Veragua? Dorthin sind längst andere unterwegs. Über Ovando beklagt sich der Admiral? Man ist mit Ovando durchaus zufrieden. Forderungen stellt Colón? Gold? Geld? Wenn man das besäße! Die Titel? Sie kann man dem Greis lassen, Titel kosten nichts. Man kann sie dem alten Mann lassen, wenn er ein Dokument unterzeichnet, daß er auf seine Einkünfte als Vizekönig von Indien verzichtet...

Colón verzichtet nicht. Er reist dem Hof nach Salamanca nach und später nach Valladolid. Dort wird er wieder krank und schreibt abermals Briefe. Er braucht Geld, viel Geld. In Santo Domingo will er eine Kapelle errichten lassen, einen Fonds zur Wiedereroberung des Heiligen Grabes will er stiften, seine Söhne will er sicherstellen. An eine fünfte Fahrt denkt er längst nicht mehr.

Die Briefe bleiben wieder liegen. Andere Sorgen quälen den König. Nun weiß er wohl, wen er heiraten wird, wer ihm einen Erben des Thrones von Kastilien schenken wird, aber Juana ist in La Coruña gelandet und fordert ihr Recht. Dieser Admiral! Wenn er doch schon stürbe...

Columbus auf dem Sterbebett

Juana! Colón jubelt, als er hört, daß Juana den Boden Spaniens betreten hat. Sie ist eine Tochter Isabellas, sie hat mit offenem Mund zugehört, wie er nach der Rückkehr von seiner ersten Fahrt von Indien und seinen Wundern erzählt hat. Zu ihr wird er aufbrechen, und sie wird ihm Gerechtigkeit widerfahren lassen ...

Doch die Gicht vereitelt dieses Vorhaben. So macht sich Bartolomé Colón auf den Weg nach La Coruña. Er ist der richtige Fürsprecher, er wird die richtigen Worte gebrauchen. Fast ist Colón jetzt froh, daß er die Last des Kampfes um sein Recht auf die Schultern seines Bruders abgewälzt hat. Die fünfte Fahrt? Vielleicht wird Bartolomé sie wagen ...

Am 20. Mai, dem Vortag zum Himmelfahrtsfest, tritt der Admiral dann doch selber seine fünfte und letzte Fahrt an. Diego, sein Bruder, Don Diego, sein Sohn, Fernando, sein zweiter Sohn, Diego Mendez und Bartolomeo Fieschi hören, wie er leise murmelt: »In manus tuas, Domine, commendo spiritum meum«, bevor er die Karavelle besteigt, die ihn in das Land führen wird, in dem keiner nach Gold fragt.

Anhang

QUELLENHINWEISE

Rinaldo Caddeo, Giornale di Bordo di Christoforo Colombo.
Bartolomeo Las Casas, Historia de las Indias.
Johann Fastenrath, Christoph Columbus (Leipzig 1895).
Gonzalo Fernandez de Oviedo, Historia general de las Indias.
Richard Henning, Columbus und seine Tat (Bremen 1940).
Washington Irving, History of the Life and Voyages of Christopher Columbus.
Ernst Gerhard Jacob, Christoph Columbus, Bordbuch, Briefe, Berichte, Dokumente (Bremen 1956).
Samuel Eliot Morison, Admiral of the Ocean Sea (Deutsch: Das Leben des Christoph Columbus. Bremen 1948).
Carlos Pereyra, Historia de Americana española.
Oskar Peschel, Geschichte des Zeitalters der Entdeckungen (Leipzig 1930).
José de Vasconceloz, Vida de rey Juan II.
Lope de Vega, Nuevo Mundo descubierto por Christobal Colón.
Anton Zahorsky, Das Bordbuch des Columbus (Zürich 1941).

Die Vorlagen für die in diesem Band enthaltenen Abbildungen stellten freundlicherweise die *Österreichische Nationalbibliothek, Wien,* und die *Durlacher Werkstatt, Karlsruhe,* zur Verfügung, sofern sie nicht im Verlagsarchiv vorlagen. Die Karte auf den Seiten 350/351 wurde von *Manfred Salemke* gezeichnet.

ZEITTAFEL

25. August 1451	Columbus in Cogaletto/Genua geboren
1463	Erste Seefahrten des Columbus im Ligurischen Meer
1470	Übersiedlung nach Savona
1476	Columbus übersiedelt nach Portugal
1479	Heirat mit Felipa Moniz Perestrello in Lissabon
1481	Thronbesteigung João II.
1483	Columbus verläßt Portugal und begibt sich nach Spanien
1484	Tod der Frau Columbus'
1486	Erstes Auftreten am spanischen Königshof
17. April 1492	Abschluß des Vertrages zwischen Columbus und der spanischen Krone, der als »Capitulación de 1492« in die Weltgeschichte eingegangen ist
3. August 1492	Antritt der 1. Fahrt von Palos aus
12. Oktober 1492	Columbus entdeckt Guanahani (San Salvador, jetzt Watling-Insel)
27. Oktober 1492	Columbus entdeckt Cuba
6. Dezember 1492	Columbus entdeckt Haiti (Hispaniola)

4. März 1493	Landung in Lissabon
15. März 1493	Landung in Palos
25. September 1493	Antritt der 2. Fahrt von Cadiz aus
22. November 1493	Columbus wieder in Hispaniola, nachdem er die Kleinen Antillen und Puerto Rico entdeckt hat
2. Mai 1494	Entdeckung von Jamaica
10. März 1496	Columbus tritt die Rückfahrt an
11. Juni 1496	Columbus wieder in Cadiz
30. Mai 1498	Columbus tritt von San Lucar de Barrameda aus die 3. Fahrt an
31. Juli 1498	Entdeckung von Trinidad
25. November 1500	Columbus – in Ketten – wieder in Cadiz
9. Mai 1502	Columbus tritt zusammen mit seinem Bruder Bartolomeo und seinem Sohn Diego die 4. Fahrt an, wieder von Cadiz aus
29. Juni 1502	Vor Santo Domingo
25. September 1502	Columbus betritt in Puerto Linón (Costa Rica) den Boden Mittelamerikas
26. November 1502	Nach einer Fahrt entlang der Küste Mittelamerikas in Puerto del Retrete (jetzt Puerto de Escribanos)
16. Dezember 1502	Columbus erreicht die Stelle, wo heute am Nordausgang des Panamakanals die Stadt Colón liegt
1. Mai 1503	Antritt der Rückfahrt
14. Juni 1503	Strandung an der Küste Jamaicas
28. Juni 1504	Aufbruch von Jamaica
7. November 1504	In San Lucar de Barrameda

26. November 1504	Tod Isabellas
20. Mai 1506	Tod des Columbus in Valladolid
1514	Tod des Bartolomeo Colón
1515	Tod des Diego Colón
23. Januar 1516	Tod Ferdinands

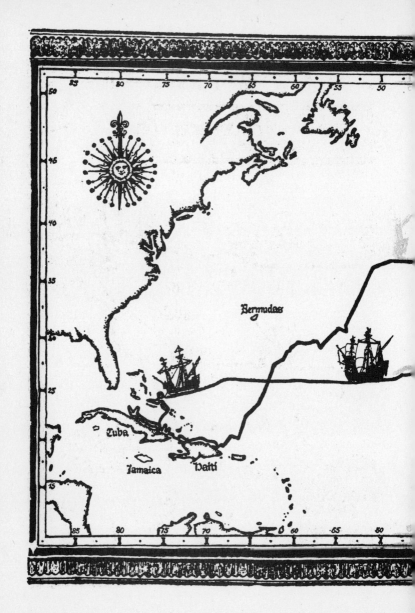

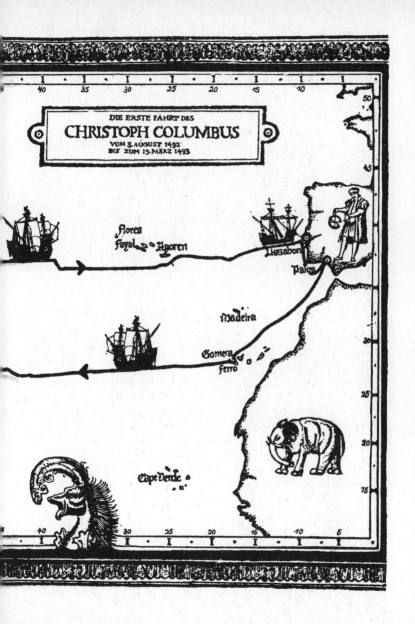

TERRA-X

Expeditionen
ins Unbekannte

Eine Auswahl:

Gottfried Kirchner
TERRA-X
Schatzsucher,
Ritter und Vampire
19/468

TERRA-X
Gräber, Gold
und Geisterstädte
19/562

TERRA-X
Von Mallorca zum Ayers Rock
19/628

TERRA-X
Von der Via Mala
zu den Diamantenbergen
19/674

TERRA-X
Von Babylon
zum Bernsteinwald
19/742

19/742

HEYNE-TASCHENBÜCHER